# 100 sujets pour réussir l'oral de culture générale

Tania Sanchez

Agrégée de philosophie
et diplômée d'HEC

Bréal
by Studyrama

Je remercie infiniment Thomas, Adrien et Margaux
pour leurs précieuses relectures.

Je remercie également Léo et Jérôme-Alexis
pour leurs idées atypiques de sujets.

J'ai également une pensée pour mes élèves et étudiants,
qui m'ont donné envie d'écrire cet ouvrage.

Corrections : Marie-Noëlle Garnier
Mise en page : Loïc Pennanéac'h


ISBN : 978 2 7495 5077 0

# Sommaire

# Partie 1

# Méthode

# 1

# Pourquoi ce livre est indispensable à tous les élèves de classes préparatoires, et comment l'utiliser

L'épreuve de culture générale, bien que redoutée par les étudiants de classes préparatoires, est peu préparée durant les deux années de formation. En effet, si l'épreuve écrite est assortie d'un programme (une notion qui change chaque année), pour l'oral, l'étendue des possibles est vaste : le sujet peut porter, virtuellement, sur tout, à l'exclusion de la notion au programme de l'écrit.

Pourtant, *tout* ne peut pas être un sujet de culture générale. « La forêt » peut sembler un sujet farfelu et impossible à traiter pour un étudiant, mais c'est pourtant un sujet sur lequel on peut construire une analyse philosophique. « La pomme de terre », en revanche, n'est pas un sujet probable de culture générale. Ces deux exemples ne sont pas du tout comparables, ainsi que nous le montrerons dans cet ouvrage.

L'objectif de cet ouvrage est triple :

- **vous rassurer** en vous donnant les moyens de vous en sortir sur tout type de sujets, même les plus déroutants ;
- **vous mettre en garde quant aux écueils** les plus fréquents, et **vous donner les conseils de méthode décisifs pour réussir ;**
- **vous offrir un répertoire de références** à la fois assez consistant pour être mobilisé quel que soit le sujet, mais assez bref pour qu'il soit possible de retenir toutes ces références.

Pour tirer profit au mieux de cet ouvrage, il faut commencer par lire les les chapitres 2 (Qu'est-ce qu'une colle réussie ?) et 3 (Les attentes du jury).

Maîtriser la méthode de la colle de culture générale est indispensable : **il est inutile de retenir par cœur des centaines de références si celles-ci sont présentées sans méthode**. Ensuite, vous pouvez vous référer à l'index de cet ouvrage, et naviguer entre les sujets, en commençant par les labels que vous maîtrisez le moins. Par exemple, il est plus fréquent d'étudier la notion « la justice » que « l'histoire » en classe de terminale, et il peut être stratégique de commencer par combler les labels pour lesquels vous n'avez aucune référence. Vous pouvez également étudier de manière systématique l'un des types de sujets, pour vous familiariser avec la construction de la problématique et du plan, en fonction de la forme de l'intitulé (notion, expression, citation ou question).

Les propositions de corrigés suivent deux formats : un format court (trois parties rédigées) et un format long (introduction, trois parties et transitions). Dans le format long, l'introduction est incomplète : nous ouvrons seulement des pistes de problématisation et, par exemple, nous ne rédigeons pas l'annonce du plan puisque celui-ci est explicité dans les titres. Nous avons choisi de ne pas rédiger la conclusion, car c'est une partie qui doit être très brève et qui, en général, ne pose pas de difficulté aux candidats.

Cet ouvrage est **concis**, afin qu'il soit réaliste pour les candidats de le lire en entier. Ce n'est donc pas un livre exhaustif, ni en termes de référence ni en termes de rédaction. À défaut d'exhaustivité, nous avons toutefois la prétention de couvrir un très grand nombre de champs possibles, même les plus surprenants, ce qui vous met dans les meilleures dispositions pour réussir. Nous avons fait le choix de l'accessibilité.

Certains sujets sont traités de façon scolaire, d'autres de manière plus inattendue : nous voulons vous montrer qu'il y a **plusieurs façons de réussir, et plusieurs modèles de bonnes « colles »**.

Pour ce qui est des références, celles que vous lirez ici sont un mélange de références très classiques, à maîtriser dès la classe de terminale, et de références originales, qui pourront vous distinguer lors du concours. Pour trouver par vous-mêmes de nouvelles références originales (*cf.* Annexes), il faut fureter en bibliothèque, au hasard ou à l'intuition, feuilleter des livres, lire les passages qui retiennent votre attention, et prendre en note des citations.

Dans les annexes, vous trouverez un tableau de références à recopier et à compléter pour vous aider à vous constituer votre propre répertoire.

Ce livre peut également vous permettre de préparer l'épreuve du **triptyque** : pour construire l'exposé du convaincant, même si ce dernier ne dure que 4 minutes, la méthode de l'oral de culture générale peut vous être très utile.

Ce livre s'adresse aussi à tout étudiant qui préparerait l'oral de philosophie de l'ENS, et aux étudiants inscrits aux concours du CAPES et de l'agrégation de philosophie pour lesquels il y a un oral de philosophie hors programme.

Vous pouvez écrire sur ce livre, l'annoter dans la marge, ajouter les définitions de certains termes, le surligner. Ce n'est pas un objet sacré, c'est un manuel qui doit vous accompagner dans la préparation aux oraux, et pour cela, vous devez vous l'approprier !

2

# Qu'est-ce qu'une colle réussie ?

## A. La recette presque miracle...

Il existe trois types de sujets.

Le premier est le sujet **notion** (la montagne, la mélancolie, le labyrinthe) : à partir d'un seul mot, vous devez construire un problème philosophique. C'est habituellement le sujet que les étudiants craignent le plus.

Le deuxième est le sujet **expression** ou **citation** (la société patriarcale, « C'est une erreur de croire que le peintre est devant une surface blanche », « Le lièvre et la tortue ») : cette catégorie regroupe deux sous-catégories, dont le traitement est parfois différencié par les étudiants, alors qu'en réalité, l'approche à adopter est semblable.

Le troisième est le sujet **question** (Pourquoi obéir ? L'art peut-il se passer de règles ? Y a-t-il une harmonie du monde ?) : ces énoncés sont semblables à ceux rencontrés en classe de terminale et peuvent sembler plus faciles mais, en réalité, ce type de sujets est difficile à traiter, car on risque d'accumuler les banalités, et de ne pas faire l'effort de penser l'intitulé.

SUJET NOTION : pour ce type de sujet, vous pouvez, au brouillon, mettre le concept au centre de la feuille et lui associer des termes. Le but est de trouver des synonymes afin de montrer pourquoi ces termes ne sont pas équivalents (par exemple la sympathie et la gentillesse), mais aussi des antonymes, c'est-à-dire des termes contraires, car parfois, deux antonymes peuvent permettre de construire deux des trois parties de l'oral (par exemple, le possible comme opposé au réel, mais aussi le possible comme opposé à l'impossible).

**SUJET EXPRESSION OU CITATION** : il faut, même quand l'expression a un sens métaphorique courant, la traiter dans sa littéralité, c'est-à-dire revenir au sens des mots qui composent l'expression et se demander si le sens métaphorique est justifié. Par exemple, on peut penser que « vérifier l'information » signifie « vérifier ses sources, vérifier qu'une chose que l'on nous a dite est vraie », mais si l'on fait un oral sur les moyens de vérifier l'information, on passe à côté du problème, car on ne voit pas que « vérifier l'information » est un pléonasme : une information n'est information que si elle est vraie (voir sujet « vérifier l'information ») ! Quand il s'agit d'une citation qui est une phrase entière, on peut construire les deux premières parties de l'oral en défendant la thèse de l'auteur, puis en s'y opposant ; ou l'inverse, selon celle qui est le plus couramment admise, c'est-à-dire correspondant à l'apparence et que l'on souhaite dépasser.

**SUJET QUESTION** : face à un tel sujet, on peut être tenté de ramener le sujet à une grande question générale ou, pire, à une notion, pour se rassurer, par exemple transformer la question « Pourquoi rechercher la vérité ? » en « la vérité », mais il faut impérativement l'éviter. Traiter vaguement une notion plutôt qu'une question précise, c'est le meilleur moyen de réciter des références sans ligne problématique, c'est-à-dire produire un bavardage inutile pendant dix minutes. Il faut cultiver son étonnement vis-à-vis de la question posée pour y répondre de manière pertinente.

Les sujets très larges (Pourquoi rechercher la vérité ?) ou très restreints (le labyrinthe) ne demandent pas la même approche : il faut que vous soyez flexibles, et que vous n'appliquiez pas mécaniquement une méthode, indépendamment du sujet qui vous est proposé.

### Les grandes lignes de la méthode

Un oral de culture générale dure au maximum dix minutes, pendant lesquelles vous devez proposer :
- une introduction problématisée ;
- trois parties liées par des **transitions** ;
- une conclusion (brève).

Cet oral est suivi d'un entretien de dix minutes.

L'introduction est la partie la plus importante de votre oral : c'est là où vous devez analyser les concepts et construire un problème. Votre note est quasiment jouée à la fin de l'introduction, c'est pourquoi il faut, dès le début de la colle, montrer que vous êtes capables de penser. L'introduction est le moment où vous êtes seul face au sujet, avec votre bon sens. Il ne faut pas fuir cette rencontre. Si vous identifiez le problème, vous êtes sur les bons rails et votre exposé devrait convaincre. Pour exercer votre sens critique, la lecture de ces corrigés peut vous aider à prendre conscience de la liberté que l'on peut s'accorder par rapport à un intitulé et vous donner des exemples de construction de problèmes. Si nous n'avons pas rédigé toutes les introductions, il faut toutefois vous rappeler que les plans que nous proposons sont construits **après une réflexion au brouillon sur le sujet. Cette réflexion sert d'appui à l'introduction problématisée.**

Dans chaque partie, vous devez défendre une **thèse**. L'articulation entre les trois thèses doit être **logique** et non pas arbitraire. Dans l'idéal, chaque partie se découpe en trois sous-parties. Dans ce livre, par souci de concision, nous n'avons pas séparé les parties en sous-parties. Il n'est pas impératif de mentionner une référence par sous-partie. Il vaut mieux **approfondir** les références que les multiplier. **Vous ne devez pas donner l'impression au jury que vous ajoutez des petits tirets appris par cœur** ! N'oubliez pas de faire une transition entre deux parties, pour mettre en évidence la logique de votre déroulé.

Vous devez ensuite conclure rapidement, en étant **le plus clair** possible, afin de faire (ré)entendre au jury votre fil problématique.

L'organisation de votre brouillon n'est pas à négliger : vous pouvez par exemple prendre votre feuille au format paysage, et la séparer en trois colonnes et trois lignes (neuf cases pour neuf sous-parties). Cela vous permet d'ajouter plus facilement les idées, car celles-ci ne vous viennent pas nécessairement dans l'ordre du plan. C'est également une présentation plus facile à lire. Un brouillon propre et bien organisé fait meilleure impression face au jury qu'une feuille pleine de ratures !

### Les impératifs de la préparation de l'épreuve de culture générale

Si la note tient surtout à l'application judicieuse de la méthode et à la capacité à produire une analyse conceptuelle, on ne fait pas de miracle sans un socle minimal de références. C'est pourquoi il vous faut :

- connaître les grandes lignes du récit biblique et de la mythologie (*cf. L'Indispensable en culture générale*, Jean-Marie Nicolle) ;
- connaître les institutions françaises et leur fonctionnement (Assemblée nationale, Sénat, modes de scrutin) ;
- maîtriser la chronologie élémentaire des écrivains et des penseurs (*a minima* le siècle auquel ils appartiennent) ;
- réviser les ordres de grandeur (population mondiale, pourcentage de la population en dessous du seuil de pauvreté, etc.) ;
- réviser la chronologie élémentaire de l'histoire des sciences et des techniques (apparition de la vie sur Terre, apparition de l'espèce humaine, héliocentrisme, maîtrise de l'électricité, etc.).

Tous ces éléments méritent des fiches, que vous relirez avant vos oraux !

## B. Termes à proscrire et erreurs courantes

Lorsqu'on est trop vague, on laisse à notre interlocuteur la charge de préciser à notre place notre propos, or c'est à vous de produire une réflexion, et non au jury. Dans le tableau ci-dessous, vous trouverez une liste de termes à proscrire : la plupart d'entre eux sont à éviter précisément en ce qu'ils rendent le propos vague.

Pour limiter vos tics de langage, mettez-vous en binôme avec un camarade et essayez de repérer mutuellement vos béquilles et expressions incorrectes.

| À proscrire | Solution de remplacement |
|---|---|
| au final | en fin de compte |
| l'impact (anglicisme) | l'effet |
| influence/influencer | l'influence est trop vague : il faut caractériser le type d'influence auquel on fait référence, et se débarrasser du mot. |
| réaliser (au sens de s'apercevoir – anglicisme) | se rendre compte de |
| semble être… (+ adjectif) | semble + adjectif (le verbe être est en trop) |
| pallier à quelque chose | pallier quelque chose (verbe transitif) |
| zone de confort | expression à la mode, à éviter à tout prix ! |

| À proscrire | Solution de remplacement |
|---|---|
| de base | à l'origine |
| quelque part | inutile : c'est une béquille, un tic de langage |
| d'une certaine manière / façon ; dans une certaine mesure | dites pourquoi vous devez nuancer (dire : « attention, ce n'est pas complètement ce que je veux dire » ne suffit pas !) |
| confusion discours direct et indirect | question indirecte en « si » : pas de point d'interrogation à la fin ni d'inversion sujet-verbe. |
| Tracer des guillemets avec les doigts pour signifier que le terme n'est pas adapté. | Si le terme n'est pas adapté, il ne faut pas l'utiliser. Les guillemets ne règlent pas le problème (et vous font courir le risque d'être ridicule). |
| conclure par « c'est subjectif, c'est relatif » | Il ne faut jamais s'abandonner au relativisme. Sinon, à quoi bon avoir parlé durant dix minutes ? |
| un petit peu (familier, oral) | utiliser un adverbe |
| avancer | terme en vogue, mais qui ne veut rien dire ! |
| une alternative (anglicisme) | une alternative est un choix à deux branches (ou bien, ou bien), et non pas l'une de ces deux branches ! |
| Je pense que | Nous pourrions considérer que |
| En fait | En fin de phrase, c'est une béquille à supprimer. Par opposition à « en apparence », préférez « en réalité » |
| Les avantages, les inconvénients et les limites | Attention à ne pas construire un plan mécanique, ou un plan de géopolitique. Ce type de plan montre que vous n'avez pas correctement posé le problème en introduction. |
| un(e) célèbre… (citation, philosophe, œuvre) | Si vous mentionnez une référence très connue, il n'est pas nécessaire de souligner le manque d'originalité de celle-ci. La règle est toujours la même : la précision apporte-t-elle quelque chose ? Ici, dire qu'une œuvre est célèbre n'apporte rien : le jury le sait déjà ! |

| À proscrire | Solution de remplacement |
| --- | --- |
| Il est évident que… / un biais évident…<br>Tout simplement | Souvent, cette référence à l'évidence est le symptôme que vous n'avez pas repéré ce qui, précisément, n'était pas si évident.<br>De même, l'expression « tout simplement » est un tic de langage à éviter, pour les mêmes raisons. |
| Ensuite, … | Le terme « ensuite » n'est pas une bonne façon de relier deux sous-parties, car vos idées ne doivent pas être juxtaposées mais articulées de manière logique. |
| Utilisation du futur proche (« il va écrire », « qui va montrer », « elle va être ») | C'est LA maladresse la plus fréquente parmi les étudiants. Parler au futur proche alourdit votre phrase, et n'apporte rien : on ne doit pas décrire les choses passées au futur proche, à la manière d'une mauvaise voix off d'un documentaire d'histoire… |
| voilà | Cette expression manifeste un relâchement dans l'expression. Elle est à éviter à tout prix ! |
| les mœurs | Ici, c'est une remarque de prononciation. Le « s » de mœurs ne se prononce pas (même s'il est fréquent de l'entendre à la télévision) |
| Ajout de « bien » après un verbe (« montre bien », « souligne bien ») | Ce « bien » est souvent le signe que l'argument que vous soulevez vous semble peu convaincant, et que vous tentez de lui donner plus de force par ce « bien », mais vous obtenez l'effet contraire à celui recherché. |

3

# Les attentes du jury

Le jury n'a pas d'attentes insurmontables. Imaginez-vous à leur place : pendant plusieurs semaines, ils assistent à des dizaines d'oraux chaque jour. Le meilleur moyen de les convaincre est de vous **distinguer** et de les tirer de la **morne répétition de morceaux de fiches apprises par cœur**. Le jury veut que vous **pensiez**, et il veut s'assurer que vous êtes capable de vous appuyer sur **votre** culture générale pour construire cette pensée.

Parmi les critères d'évaluation les plus souvent mentionnés dans les rapports de jury (que, bien entendu, vous devez lire !), figurent la **cohérence** et la **pertinence** du propos.

Le sujet que le jury vous donne n'est pas un prétexte pour répéter votre cours ou des fiches. Il faut d'abord le traiter dans sa **littéralité**, c'est-à-dire partir du sens courant de chacun des mots qui composent le sujet.

La formulation de certains sujets **est faite pour produire l'étonnement du candidat** : lorsque c'est le cas, il **faut faire quelque chose de cet étonnement**, et non pas le nier et traiter le sujet comme si rien de n'était ! Dans l'introduction, il faut expliquer en quoi la formulation du sujet est étonnante. Si plusieurs interprétations de l'expression donnée sont possibles, il faut que vous précisiez lesquelles.

Soyez soucieux de préserver les oreilles du jury en leur épargnant toutes les fautes de langue, les expressions convenues qui n'ont plus de sens (« avancer », « le ressenti »), de même que les tics de langage. Pour ce faire, reportez-vous au tableau des pages 18-20 « Termes à proscrire et erreurs courantes ».

Il faut, comme pour tout oral, soigner votre tenue et éviter tout détail qui pourrait attirer l'attention. Par exemple, il est souhaitable de ne pas porter de vêtement qui mentionne ostensiblement une marque ou un slogan : la seule chose qui doit éveiller la curiosité du jury, c'est le déploiement de votre pensée. C'est pourquoi il faut également éviter tous les gestes parasites qui détournent le jury de l'écoute de votre colle. Vous pouvez parler avec les mains, si cela fait partie de vos habitudes, mais pas gesticuler. Pour l'éviter, vous pouvez, si vous êtes assis(e) pour l'oral, poser vos avant-bras sur la table devant vous à peu près à mi-hauteur entre le poignet et le coude. Il est préférable de laisser votre brouillon posé sur la table, plutôt que de le tenir dans votre main, car vous risquez, sinon, de l'agiter. Vos pieds doivent également être posés par terre. Mettez le poids de votre corps sur vos talons pour ne pas battre du pied ou bouger les jambes. Il est important de soutenir le regard du jury. Si cela vous intimide, vous pouvez regarder tantôt votre feuille, tantôt le jury et faire des allers-retours réguliers, même si vous ne maintenez pas longtemps le contact visuel à chaque fois.

# Partie 2

# 100 sujets corrigés

# Sujets notions

## L'involontaire

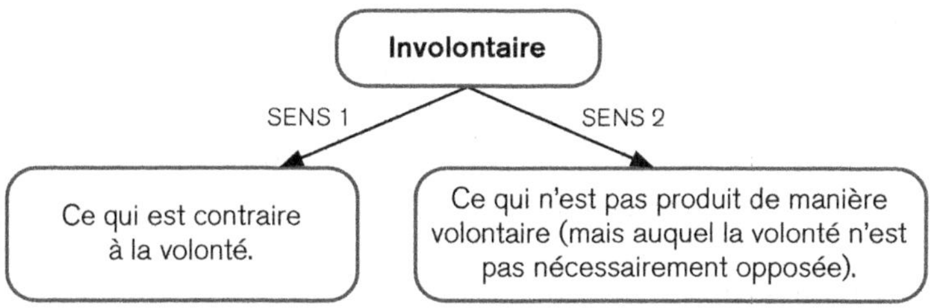


### 1. L'involontaire, c'est, au sens propre, ce que l'on fait sans l'intervention de la volonté

L'involontaire désigne tout d'abord, dans son sens littéral, tout ce que nous faisons malgré nous. En ce sens, ce serait un défaut, un manque de volonté, une partie de nous qui échappe au contrôle. La volonté serait, selon Rousseau, une faculté spécifiquement humaine de ne pas suivre son instinct, alors que l'animal ne pourrait agir qu'involontairement. C'est la thèse qu'il développe dans le *Discours sur l'origine de l'inégalité parmi les hommes* : l'homme dispose de la faculté de se perfectionner. Cette faculté lui permet de s'améliorer, mais aussi de retomber « plus bas que la bête même ». L'involontaire, qui est ce que l'on observe dans les comportements instinctifs, notamment chez l'animal, n'est pas toujours plus mauvais que le mouvement volontaire, mais il est le propre des êtres dépourvus de la faculté de se perfectionner. Le premier sens de l'involontaire est un involontaire qui se détache en négatif de la volonté : là où il y a de l'involontaire, en matière humaine, il y aurait dû y avoir de la volonté, dans la mesure où celle-ci nous distingue de l'animal.

## 2. L'involontaire comme moyen de se connaître

Mais l'involontaire est aussi ce qui échappe à notre contrôle, et qui révèle une partie du moi à laquelle la conscience ne peut avoir accès. Cet involontaire-là est un révélateur. S'il est une faille dans le contrôle, il n'est pourtant pas un défaut, en tant qu'il peut nous permettre de nous comprendre nous-mêmes. Par exemple, le lapsus est un mot que l'on prononce à la place d'un autre : selon Freud, dans *Psychopathologie de la vie quotidienne*, le lapsus est toujours révélateur. Il est une irruption de l'inconscient dans le discours qui est habituellement une production volontaire, et donc consciente. L'acte manqué est selon Freud un autre exemple d'involontaire qui a un sens : ainsi, j'oublie une ordonnance parce que je ne veux pas prendre le médicament qui m'a été prescrit. L'involontaire, en tant qu'on le considère comme l'opposé d'un geste volontaire et calculé, c'est aussi la spontanéité, c'est-à-dire l'élan que l'on ne contrôle pas et qui donne de la valeur aux relations humaines. Ce versant de l'involontaire n'est pas un défaut de volonté, mais le symptôme de ce que la volonté nous empêche de voir – peut-être le désir, que l'on distingue, de ce fait, de la volonté.

## 3. L'involontaire : ce qui produit le rire ?

Nous pouvons également analyser l'involontaire non pas d'un point de vue moral ou existentiel, mais sous le prisme de ce qu'il produit. Plus précisément, nous pourrions soutenir que l'involontaire est ce qui cause le rire. Selon Bergson, dans *Le Rire*, c'est le mécanique plaqué sur du vivant qui provoque le rire. Par exemple, quand un individu bute sur un mot, ou qu'il bégaie de manière inattendue et involontaire, la répétition d'une syllabe peut déclencher le rire parce que cette répétition introduit une sonorité mécanique qui interrompt la variété de sons à laquelle on s'attend. Cette variété est un symptôme de la plasticité du vivant, de l'organique. L'involontaire, ce serait alors la machine qui déborde sur le vivant. Bergson écrit, au sujet de notre rire quand quelqu'un trébuche : « Ce n'est [...] pas son changement brusque d'attitude qui fait rire, c'est ce qu'il y a d'involontaire dans le changement, c'est la maladresse. » Lorsque nous agissons de manière involontaire, il semble que nous ne ressemblions plus à des êtres vivants, mais à des machines, et cela provoque le rire. L'involontaire, c'est le mouvement du corps quand l'esprit le quitte.

# La jeunesse

## 1. L'âge des premières fois

Dans un premier temps, on se propose de définir la jeunesse comme la période des premières fois. L'âge adulte serait quant à lui le moment des « autres » fois, et la vieillesse celui des dernières fois, à ceci près que, le plus souvent, nous savons reconnaître la première fois quand elle se présente, mais pas la dernière. Dans le dernier court roman du recueil 7 de Tristan Garcia, le personnage principal ressuscite plusieurs fois et prend la mesure de ce qu'est la jeunesse. Il doit revivre toutes les premières fois, faire semblant de tout découvrir, ce qui le frustre car, déjà mature, il voudrait tout de suite parvenir à l'âge adulte, et notamment à l'indépendance. Le narrateur remarque aussi que, pour que la vie soit supportable, il doit prendre des décisions différentes dans chacune de ses existences afin de connaître d'autres premières fois.

## 2. La nostalgie des « vieux » : il n'y a de jeunesse que projetée dans le regard de ceux qui considèrent l'avoir perdue

Cependant il semble que la jeunesse soit un âge, une époque et un état d'esprit créés par ceux qui ont le sentiment de l'avoir laissée derrière eux et qui l'idéalisent. La jeunesse n'est vécue comme un âge d'or que par ceux qui l'ont quittée. Le « jeune », lui, ne souhaite qu'une seule chose : jouir des privilèges des adultes, à la manière de Phil et Vinca, dans *Le Blé en herbe* de Colette. Les deux adolescents de seize ans rêvent de la liberté qu'ils auront après le baccalauréat. Leur jeunesse est rythmée par les décisions de leurs parents, par exemple celle de partir en vacances ensemble chaque été, et ils rêvent de ce qu'ils pourront faire à leur majorité quand ils ne devront plus les suivre. L'injonction « profite de ta jeunesse » vient de ceux qui ne se sentent plus jeunes : la « jeunesse » ne se reconnaît pas elle-même comme telle et, surtout, elle ne considère pas cette époque comme avantageuse – si ce n'est parce qu'on le lui répète.

## 3. La jeunesse : ni un prétexte ni une marque de génie

En ce sens, lorsque l'on prend conscience que la jeunesse est un concept plutôt qu'une époque de la vie, et qu'elle est principalement créée *a posteriori* par ceux qui la regrettent et la reconstruisent, on peut se demander si nous n'aurions pas intérêt à déconstruire cet idéal. Désacraliser la jeunesse, ce serait libérer les « jeunes » comme les « vieux ». L'admiration pour le talent, proportionnelle au jeune âge de celui qui le possède, crée pour les jeunes une urgence de se distinguer, et pour ceux qui ne le sont plus le regret de ne jamais pouvoir rien faire de mémorable ou d'admirable. Il s'agirait alors de ne plus nécessairement mentionner l'âge d'un individu pour magnifier sa performance (« il n'a que six ans ! ») et de pas refuser le génie à ceux qui produisent de l'extraordinaire à vingt ans passés. Il ne faudrait ni présenter la jeunesse comme un prétexte qui excuserait toutes les fautes, ni comme l'âge où toute production deviendrait miraculeuse pour la seule raison que son producteur est jeune. Réduire la jeunesse à un âge, c'est méconnaître la dimension existentielle du concept, c'est-à-dire le rapport au monde que l'on prête à celui que l'on désigne comme jeune.

# L'interprète

## 1. Celui qui joue une partition déjà écrite

L'interprète est tout d'abord nécessaire à la réception de certaines œuvres d'art : la pièce de théâtre est faite pour être interprétée par des comédiens, la partition de musique pour être jouée. L'interprète, en tant qu'il joue une partition déjà écrite, est au service d'un geste créateur qui le précède et qu'il rend audible, ou visible, pour le spectateur. L'interprète conditionne la transmission d'une œuvre.

**Transition :** Mais considérer l'interprète comme un vulgaire applicateur, n'est-ce pas manquer la dimension créatrice de son geste ? L'interprète ne se contente pas de lire un texte de théâtre ou une partition : précisément, il l'interprète, il ajoute quelque chose au texte écrit, pour le transmettre. Le comédien, lorsqu'il ne fait que lire, dit qu'il répète à l'italienne, c'est-à-dire sans jouer les phrases. S'il est possible de séparer la version simplement lue de la version interprétée, cela ne signifie-t-il pas que, par l'interprétation, on ajoute quelque chose à l'œuvre ?

## 2. Celui qui traduit

L'interprète est un traducteur : d'abord, au sens strict, en tant qu'un interprète est, par sa profession, celui qui traduit les mots d'une langue dans ceux d'une autre langue. Dans *Un cœur si blanc*, de Javier Marías, le narrateur, interprète, se joue de la trahison nécessaire de tout traducteur. Il introduit volontairement, dans un échange entre le chef du gouvernement espagnol et la reine d'Angleterre, une fausse traduction : l'Espagnol demande si la reine veut du thé, et le traducteur demande à la reine, en prétendant traduire, si son peuple l'aime. Il le fait pour pimenter l'échange, mais nous pourrions nous demander si ce n'est pas là une façon pour l'auteur de mettre en lumière le rôle créateur de tout interprète. Si la question qu'il pose n'est pas une traduction, il soulève toutefois le problème de la traductibilité de toute langue : les autres répliques n'étaient-elles pas elles aussi des trahisons, bien que considérées comme correctes ?

**Transition** : Considérer l'interprète comme celui qui ajoute à l'œuvre originale son intention, en la donnant à voir ou à entendre, n'est peut-être toutefois pas fidèle à ce que fait l'interprète : son geste interprétatif pourrait être considéré comme une nouvelle production, et non comme la transformation d'une œuvre existante.

## 3. Celui qui produit

En effet, au sens strict, l'interprète ne transforme pas l'œuvre, mais il en produit une autre. La pièce, telle que jouée par les comédiens, est différente à chaque représentation et nous pourrions la considérer comme une nouvelle œuvre. Dans *Le Procès* de Kafka, les glossateurs, c'est-à-dire ceux qui interprètent la **parabole de la loi**, produisent à son sujet des textes bien plus longs que la parabole elle-même et leurs critiques font oublier le texte original. Pour K. – l'accusé de ce roman –, « l'histoire du début était devenue méconnaissable ». L'interprète, quand il est exégète d'un texte, c'est-à-dire quand il étudie ce texte et produit à son sujet d'autres textes, n'est plus ni un serviteur de l'œuvre, ni un transformateur de celle-ci : il est un producteur à part entière qui crée un nouveau réseau de sens, au point que le texte original peut tomber dans l'oubli. Cela se produit quand l'ouvrage de seconde main devient tellement célèbre que plus personne ne consulte le texte dont il est la critique. C'est peut-être ce que l'on observe dans certains travaux universitaires, où le chercheur, commentateur, finit par éclipser le texte qui était l'objet de ses recherches.

# La surveillance

La surveillance correspond d'abord à une expérience courante de la vie : on dit d'un patient dont l'état n'est pas jugé stable qu'il est placé sous surveillance médicale ; lors d'un examen, les étudiants sont surveillés afin qu'ils ne puissent pas frauder. Pourtant, le terme semble faire référence à la pratique sociale de la surveillance, qui encadre ce que l'on s'autorise, ou non, à faire en présence d'autrui. Si l'on se sent toujours surveillé ou observé, notamment lorsqu'on ne peut pas savoir si l'on est, à un moment précis, sous surveillance, il semble que notre liberté soit réduite. Pourtant, cette surveillance est souvent demandée par les citoyens, dans le but d'éviter que la liberté des uns ne fasse obstacle à celle des autres. La surveillance est-elle indispensable à la vie en société ? Une société qui emploie la surveillance est-elle nécessairement une société liberticide ?

## 1. La surveillance est une limitation des libertés individuelles

Se sentir surveillé, c'est se sentir à la portée de l'œil d'un autre individu, même lorsque je ne peux pas voir cet œil. Il semble que la surveillance, lorsqu'elle est un outil social, se distingue des situations explicites de surveillance (comme un examen) et qu'elle prolonge le contrôle social interindividuel. Ainsi, elle est dissuasive, d'une part parce que je crains le jugement réprobateur, d'autre part parce que, lorsque je suis observé, la honte me décourage de faire ce que je ferais si j'étais seul(e). Mais elle est aussi dissuasive en tant qu'elle est l'outil de la punition : la surveillance est la punition en puissance. En effet, c'est ordinairement celui qui détient le pouvoir qui fait usage de la surveillance. Celle-ci lui permet de punir celui qui lui est soumis et dont il constate, grâce à la surveillance, qu'il ne se soumet pas à la règle fixée.

**Transition** : Toutefois, la surveillance ne se réduit pas aux dispositifs de vidéosurveillance. Ainsi, la mise en place de l'éclairage public dans les villes, de nuit, a notamment pour but de limiter les agressions : la lumière rend visible l'agresseur, que la potentielle victime peut repérer et dont elle peut se protéger. La lumière permet aussi qu'il y ait des témoins de l'agression.

Dans les années 1970, Oscar Newman développe le concept d'espace défendable : selon lui, l'aménagement urbain, y compris l'éclairage, peut favoriser la dissuasion du crime par un contrôle social spontané entre les habitants. Surveiller ne signifie donc pas toujours enregistrer ; et, dans cet exemple, la surveillance peut avoir pour objectif la protection des citoyens.

## 2. Mais elle est aussi un garde-fou qui garantit les libertés individuelles

La surveillance peut aussi constituer un contre-pouvoir pour celui qui, précisément, ne détient pas le pouvoir dans son sens politique. Faute d'arme, la surveillance peut servir de protection ; mais elle n'est alors pas une punition en puissance si celui qui surveille n'est pas celui qui peut imposer la punition. Toutefois, dans un État de droit, la surveillance peut permettre à celui dont les droits ne sont pas respectés d'en apporter la preuve et d'exiger qu'on lui rende justice. La surveillance, utilisée contre l'État, peut obliger celui-ci à prendre des mesures qu'il refuserait de prendre en l'absence de preuve de l'injustice. À titre d'exemple, des caméras de vidéosurveillance (ou caméras-piétons) peuvent être présentées comme gages, pour la population, de la surveillance possible des forces de l'ordre dont les enregistrements pourraient être utilisés pour départager plusieurs versions d'un événement.

**Transition** : Cependant, les enregistrements de ces caméras-piétons restent la propriété de l'État et ne sont pas accessibles de manière systématique à tous les citoyens. Elles ne sont donc pas un contre-pouvoir au sens strict, comme le seraient des enregistrements pris par les citoyens eux-mêmes, par exemple au moyen de leur téléphone. Ainsi, la surveillance peut parfois être présentée non comme une limite aux libertés individuelles, mais comme la garantie de ces dernières quand elle sert un contre-pouvoir.

## 3. La surveillance est le moyen d'institutionnaliser la punition

La surveillance est, dans le monde moderne, indissociable de la punition. C'est la thèse de Foucault dans *Surveiller et punir*, où il commence par décrire l'« effacement du spectacle punitif », c'est-à-dire la fin des châtiments infligés en public. On pourrait interpréter cet effacement comme un adoucissement du système punitif, mais Foucault considère ce glissement comme, certes, une diminution de l'intensité du châtiment, mais aussi comme une extension de l'appareil disciplinaire à la société entière au moyen de la surveillance qui dispense de la théâtralisation de la punition du criminel. Il écrit : « L'exercice de la discipline suppose un dispositif qui contraigne par le jeu du regard ; un appareil où les techniques qui permettent de voir induisent des effets de pouvoir et où, en retour, les moyens de coercition rendent clairement visibles ceux sur qui ils s'appliquent. » Le regard fait donc partie du dispositif punitif. Ainsi, la surveillance est le moyen pour l'État d'institutionnaliser la punition. Par exemple, sur les routes, les radars de vitesse sont des instruments de surveillance en même temps qu'ils sont des instruments de punition.

# La distance

La distance est un éloignement par rapport à un objet. Cet éloignement est habituellement compris comme exclusivement spatial : la distance, c'est de l'espace à parcourir entre nous et l'objet. Pourtant, se maintenir à distance d'un objet peut signifier que l'on place celui-ci hors de notre portée, par un artifice autre que celui de l'éloignement spatial. On peut, par exemple, enfermer un objet dans une boîte, avec un cadenas, pour qu'il soit tenu à distance d'un individu. La distance est-elle seulement une appréhension spatiale de mon rapport à l'objet ?

## 1. La distance, un obstacle à la connaissance ?

La distance, c'est ce qui nous sépare d'un objet ou d'une personne. Ce qui est à distance n'est pas à ma portée : je ne peux donc pas, en théorie, interagir avec cet objet, et je ne peux pas non plus le connaître. Nous pourrions ainsi mesurer la distance qui nous sépare d'un objet à la lumière de notre impossibilité à le connaître. Ainsi, on dit qu'on réduit la distance par rapport à un objet ou à un individu lorsqu'on augmente la connaissance que nous avons de ceux-ci. On dit également se sentir « proche » de quelqu'un non parce qu'il se trouve dans la même pièce ou parce qu'il habite près de chez nous, mais parce que nous le connaissons bien. En ce sens, lorsque Galilée montre que la Terre tourne autour du Soleil grâce à sa lunette astronomique, il nous rapproche de tous les éléments du système solaire. Il y a de la distance tant que l'objet m'est étranger. La distance se réduit aussi lorsqu'on peut la mesurer, ce qui suppose de connaître l'objet au moins par son éloignement par rapport à nous.

**Transition :** Pourtant, cette réduction de la distance à de l'espace semble ne pas correspondre à notre démarche de connaissance : ne devons-nous pas, parfois, nous reculer pour mieux voir ? Si nous collons un objet devant notre œil, nous ne pouvons plus l'observer ! Peut-être la distance se mesure-t-elle au temps qu'il nous faut pour la parcourir.

## 2. Réduire la distance, c'est réduire le temps qu'il faut pour la parcourir

Comme la distance est perçue comme un temps nécessaire à la parcourir, on peut, sans réduire l'**espace** entre deux objets, réduire pourtant la **distance** qui les sépare. Ainsi, un nouveau moyen de transport, plus rapide que le précédent, réduit la distance entre deux villes : il fallait en 1900 huit jours pour se rendre de Paris à New York ; la distance entre ces deux villes se mesure aujourd'hui en heures (six heures de vol). Mais la distance ne se mesure pas qu'à l'aune des déplacements physiques : la communication rapproche aussi les lieux. On entend souvent dire que le monde s'est réduit : la distance entre deux points du monde s'annule s'il est possible de communiquer de manière instantanée pour les habitants de ces deux points. L'endroit le plus reculé, la marge, n'est plus l'endroit le plus lointain en termes de distance physique, mais celui qui est le moins connecté au réseau mondial de communication, et notamment celui qui n'est pas relié au réseau Internet.

**Transition** : La distance ne semble donc pas une mesure physique de l'éloignement entre deux objets, mais plutôt une unité de mesure qui dépend de l'expérience que l'on fait de cet éloignement. Notre présupposé était que nous cherchions à réduire la distance qui nous sépare d'un objet pour le connaître, mais devons-nous toujours chercher l'annulation de celle-ci ?

## 3. La distance est, sur le plan politique, ce qui nous préserve

La réduction de la distance par le développement des moyens de communication et par la fin des « zones blanches » de la carte du monde, notamment avec la découverte du pôle Sud par le Norvégien Roald Amundsen en 1911-1912, pose un problème politique : peut-être les individus ont-ils besoin de maintenir une distance entre eux pour former une communauté politique. Dans *Idée d'une histoire universelle d'un point de vue cosmopolitique*, Kant décrit l'insociable sociabilité des hommes : bien qu'ils soient des êtres sociables, les hommes se repoussent quand la distance entre eux tend à disparaître. Cette « insociable sociabilité » des hommes amène Schopenhauer à les décrire comme des porcs-épics : ils se rapprochent les uns des autres par un besoin mutuel de socialisation, mais leurs « insupportables défauts » les « dispersent » : c'est par la « politesse » et les « bonnes manières » qu'ils maintiennent une distance nécessaire entre eux. L'annulation de la distance entre les individus nous fait courir le risque de nous piquer les uns les autres. Dans *Les grandes villes et la vie de l'esprit*, Georg Simmel qualifie la distance choisie par les masses des métropoles de « légère aversion », d'« hostilité » et de « répulsion réciproque qui, à l'instant d'une occasion quelconque de proche rencontre, tourneraient aussitôt en haine et en combat ». Dans les métropoles où la distance entre individus est menacée par la densité et par l'intégration de chacun dans les réseaux de communication, les habitants la recréent par une attitude qui indique explicitement le refus de la rencontre avec l'autre, non seulement par l'éloignement physique – on ne salue pas les passants que l'on rencontre –, mais aussi par la volonté de ne plus être joignable immédiatement, par exemple en décidant de mettre son numéro de téléphone fixe sur « liste rouge ».

# L'environnement

## 1. Ce qui nous entoure et nous détermine

L'environnement, c'est ce qui se trouve autour de quelque chose. Par abus de langage, nous utilisons ce terme pour caractériser ce qui entoure un être humain. Cette caractérisation se décline dans un sens social et culturel : on se demande, pour un individu, quel est son environnement **social et culturel**, notamment pour analyser les déterminismes sociaux dans lesquels il est pris. Mais nous tendons également à analyser l'environnement **biologique et physique**, qui serait lui aussi un facteur explicatif du développement d'un individu, par exemple le climat du pays où il habite. La première acception du terme environnement est ethnocentrique : elle place l'homme au centre, et le reste, la nature, est décrit comme ce qui l'entoure, c'est-à-dire ce qui est périphérique. On observe alors un glissement entre ce qui est périphérique et ce qui ne compte pas.

## 2. Ce que nous devons protéger, parce que nous avons la capacité de le détruire

De ce glissement naît un devoir : celui de protéger la nature, l'environnement, parce que c'est ce qui nous permet de survivre – le réservoir naturel dans lequel on puise –, mais aussi parce que, n'étant qu'une périphérie, cet environnement n'aurait pas les moyens de survivre sans notre intervention. C'est du moins la croyance dominante et la conceptualisation traditionnelle de l'environnement. Dans *Le Principe responsabilité*, Hans Jonas soutient que « l'avenir de l'humanité » et « l'avenir de la nature » sont inséparables. Lorsque nous sauvons la nature, nous nous sauvons nous-mêmes : considérer la nature comme un environnement, un pourtour dont nous pourrions nous séparer, c'est faire erreur sur les conditions de la survie de notre espèce.

## 3. Ce que nous séparons artificiellement de nous : l'opposition entre nature et culture est idéologique

Notre erreur est peut-être d'avoir créé artificiellement un concept d'environnement distinct du centre, qui serait l'homme. L'opposition entre nature et culture, qui semble aller de soi dans les sociétés modernes occidentales, n'est pas une opposition universelle, comme le montre Philippe Descola dans *Par-delà nature et culture*. La spécificité et la supériorité que l'on attribue aux activités humaines sont idéologiques, et elles sont contestables. C'est en effet l'homme qui crée une hiérarchie dans la nature, et qui se place au sommet, ou au-delà de cette nature, ce qui est une posture douteuse. La solution, pour une nouvelle éthique, serait peut-être de cesser de considérer l'environnement comme un objet et de remettre en cause l'opposition entre l'homme et ce qui l'entoure, afin de remplacer cette opposition par un ensemble de relations tissées par des groupes humains et non humains – qui ne seraient plus deux catégories pertinentes de description du monde. Il n'y aurait alors plus d'environnement, du moins pas dans le sens de « pourtour » que l'on peut donner à ce terme.

# Le possible

**Domaine d'application de la notion : métaphysique**

**Possible** → ≠ Réel
→ ≠ Impossible

Ces deux antagonismes posent des problèmes diférents.

**Possible** → le probable ou le réalisable
→ fantaisie, production de l'imaginaire

Deux acceptations qui ouvrent, elles aussi, différentes pistes problématiques.

## 1. Le possible se caractérise par son infinité, par opposition au réel

Le possible semble, à première vue, ce qui se distingue du réel : il est ce qui pourrait être mais qui n'est pas encore, ou ce qui aurait pu se produire mais qui ne s'est pas produit – en ce cas, il prend la forme d'un conditionnel. Le possible semble le lieu de toutes les fantaisies, un ensemble infini que produit l'imaginaire. Dans *Émile ou De l'éducation*, Rousseau décrit l'imagination comme la faculté qui « étend pour nous les possibles ». L'imaginaire, faculté de production de possibles, se distingue du principe de réalité qui, lui, nous invite à confronter des possibles créés dans l'imaginaire au monde réel et à ses contraintes. Le possible apparaît tout d'abord comme le lieu où *tout* est possible, même l'impossible – puisque l'imaginaire ne se soumet pas à ce dernier : ce serait un espace infini de liberté, à opposer au réel, qui ne serait qu'observable et qu'on ne pourrait tordre dans le sens qui nous arrange. Le possible devient alors non seulement ce qui peut être mais aussi ce qui ne peut pas être. Mais n'est-ce pas ignorer l'autre antonyme du possible ?

**Transition :** Si le possible semblait désigner tout ce que nous pouvons faire ou avoir en imagination, sans considérer si ce possible est ou non réaliste, il semble pourtant qu'à l'intérieur du possible il y ait une distinction entre la production de possibles, sans aucune contrainte, et les possibles *réellement* possibles. Mais qu'est-ce qui réduit les possibles à des possibles-possibles, ou à des possibles réalistes ?

## 2. Le possible, c'est aussi le périmètre restreint de ce qui m'est accessible, par opposition à l'impossible

Cependant, le possible ne se distingue pas que du réel : il se distingue aussi de l'impossible. En ce sens, le possible n'apparaît pas comme un espace infini, mais comme un espace délimité par des contraintes qui rendent certaines choses impossibles. Le voyage dans le temps, par exemple, paraît impossible : le possible est alors tout ce qui n'est pas empêché par une impossibilité logique ou pratique. Il se dessine en négatif : il s'étend tant qu'il ne rencontre pas d'obstacle. Cela ne signifie pas que le possible soit fini : dans les *Essais de Théodicée*, Leibniz théorise les mondes possibles, parmi lesquels Dieu a créé le meilleur. Ces mondes possibles sont infinis, mais les mondes impossibles en sont exclus : c'est ainsi que Leibniz justifie l'existence du mal dans le monde. Dieu, parce qu'il est parfait, respecte les lois de la logique. Il crée le monde en mathématicien, et il ne peut créer que le meilleur des mondes *possibles*. Si l'impossible, au sens de ce qui est contraire à la logique, limite le possible, ce dernier n'en perd pas pour autant son infinité.

**Transition :** Nous avons présenté l'impossible comme un principe qui s'imposait à notre imaginaire et le limitait. Mais ne structurons-nous pas nous-mêmes le possible par un impossible construit ?

## 3. L'entorse au principe de non-contradiction : une extension des possibles

L'impossible n'a toutefois pas seulement une acception logique : les possibles ne sont peut-être pas limités uniquement par la logique, à laquelle nous n'aurions d'autre choix que de nous soumettre. Ils pourraient correspondre à une région déterminée par des valeurs parfois implicites, notamment le respect du principe de non-contradiction, présenté comme une exigence de la logique et sur lequel la science s'est construite.

L'impossible serait ce qui nous amènerait à soutenir « A » et « non A » en même temps. Ainsi, pour démontrer une théorie, nous pouvons raisonner par l'absurde en faisant l'hypothèse inverse à celle que l'on veut démontrer et en montrant que cette hypothèse conduit à une impossibilité logique, à une infraction au principe de non-contradiction. Le possible serait alors ce qui ne fait pas obstacle à ce principe. En cela, selon Thomas Pavel dans *Univers de la fiction*, il se distinguerait de la fiction dans laquelle il pourrait y avoir des « cercles carrés ». Toutefois, la récente redéfinition du possible, dans son sens mathématique par la physique quantique – dans laquelle ce n'est pas la position et la vitesse qui définissent l'état physique d'une particule, et où le résultat d'une mesure n'est pas déterministe mais probabiliste – est une ouverture des possibles que même la fiction ne pouvait pas oser.

# La superstition

## 1. La superstition constitue une réponse au besoin de causalité et de sens

Si nous sommes superstitieux, c'est peut-être parce que nous avons appris que la relation de cause à effet était universelle. Cette croyance pourrait répondre à notre besoin de retracer les causes de chaque événement. Bien qu'elle paraisse tout à fait opposée à la démarche scientifique, la superstition partage avec celle-ci l'intérêt pour la cause d'un événement, à ceci près que la science recherche la cause et que la superstition la produit. Nous refusons la contingence en croyant à des superstitions, peut-être en raison d'un **biais d'intentionnalité** (*cf.* Lexique) qui nous fait supposer que toute chose qui se produit le fait pour une raison. Ce biais d'intentionnalité est également à l'origine de raisonnements conspirationnistes, ainsi que le souligne Gérald Bronner dans *La Démocratie des crédules*.

## 2. La superstition empêche la connaissance du réel

La superstition est un réflexe qui coupe la possibilité de l'étonnement, alors même que celui-ci permet la connaissance. C'est « l'étonnement », écrit Aristote dans le livre A de la *Métaphysique*, qui a donné naissance aux premières « spéculations philosophiques ». Peut-être alors que celui qui choisit la croyance superstitieuse se prive de la réflexion sur la causalité et s'enferme dans l'ignorance. Si la superstition paraît innocente (« je touche du bois, on ne sait jamais… »), elle fait pourtant obstacle à la réflexion sur le moyen de produire le résultat espéré – par exemple, adopter une conduite prudente si on craint un accident de la route. En proposant une réponse avant même de s'étonner, celui qui associe un événement à une causalité se prive de la compréhension de cet événement.

## 3. La superstition, loin d'être une croyance ridicule, est une façon de nous approprier le monde qui nous entoure

Nous pourrions redéfinir la superstition comme un récit volontaire auquel l'individu accepte temporairement de donner foi afin de rendre le monde moins hostile et incompréhensible. Le rituel que l'on peut instaurer par superstition correspond à la création d'une façon personnelle d'habiter le monde. Dans *Le Sacré et le Profane*, Mircea Eliade montre que c'est également une incursion du sacré dans la quotidienneté où le sentiment religieux a perdu sa place. Dans cet ouvrage, il repère un certain nombre de pratiques qui attestent d'une persistance du sacré dans le monde profane : la célébration du nouvel an, la fête que l'on organise lors d'un emménagement, la venue au monde d'un enfant. Accepter un rituel, par exemple toucher du bois, ne signifie pas que l'on soit dupe de la superstition. Cela pourrait plutôt être interprété comme un jeu de celui qui, ne pouvant venir à bout de la chaîne causale et remonter à l'origine des choses, décide d'y substituer une croyance réconfortante. La superstition pourrait être un moyen de ne pas reconnaître son impuissance à faire changer le cours des événements.

# Fuir

## 1. Quitter ce que l'on connaît

Fuir, c'est quitter ce que nous connaissons, notre environnement familier, ou une situation déterminée. La fuite correspond originellement à un réflexe de notre cerveau reptilien (la partie située juste au-dessus de la moelle épinière), un mouvement instinctif provoqué par la peur d'un objet. En théorie, la fuite correspond à laisser derrière soi ce que l'on connaît, sans précision sur la destination de cette fuite. Elle est l'abandon brutal et irréversible d'un objet ou d'une situation. Mais alors que nous nous dirigeons vers un ailleurs, la fuite ne porte notre attention que sur ce qu'elle laisse derrière elle, comme une course en marche arrière.

## 2. Être poursuivi par ce que l'on connaît

Alors même que la fuite prétend se diriger vers autre chose, vers n'importe quoi d'autre que cet objet qui est laissé derrière soi, il semble qu'à chaque étape de cette fuite nous soyons poursuivis par ce que nous fuyons. Fuir revient à se forcer à ne pas penser à un objet : au lieu que cet objet disparaisse, il devient obsessionnel. Ainsi, dans *Inception* de Christopher Nolan, le personnage principal, Dominic Cobb, fuit les États-Unis car il est soupçonné du meurtre de sa femme, mais il poursuit l'activité dans laquelle ils s'étaient lancés ensemble, qui consistait à créer des rêves conscients. Il accepte une mission, dont la nature est de manipuler l'héritier d'une grande entreprise, mais au cours de celle-ci les rêves qu'il construit sont perturbés par la venue de sa compagne défunte. Tous ses rêves le mènent à revoir la scène où elle se jette par la fenêtre. Fuir ne l'a pas éloigné de la mort mais, au contraire, ce mouvement la lui rappelle à chaque rêve.

## 3. On ne peut fuir qu'en devenant autre que soi-même

Alors que nous fuyons pour disparaître, ou pour faire disparaître ce que nous craignons, cette démarche semble vouée à l'échec. Dans son sens littéral – partir en courant à la vue d'un prédateur –, la fuite peut fonctionner : nous pouvons effectivement échapper à ce dernier par la fuite.

Toutefois, dans son sens existentiel, c'est-à-dire dès que la fuite n'est plus commandée par le seul cerveau reptilien, dès lors qu'elle n'est plus seulement un réflexe mais un projet, la fuite semble impossible. Celui ou celle qui cherche à disparaître est toujours poursuivi par lui-même en raison de l'impossibilité à devenir autre que lui-même. Ainsi, dans *Disparaître dans la nature*, le journaliste Evan Ratliff se donne pour défi de disparaître et promet une prime à celui ou celle qui le retrouvera. Finalement, il est trahi par son allergie au gluten : quand bien même nous fuyons, celui que nous étions nous accompagne et nous rattache à certains cercles – les fans d'une équipe de hockey, les membres d'un club d'échecs, la volonté de récupérer un vieux dossier scolaire, la tentation de passer en voiture dans le quartier où l'on habitait. Tout ce qui était *nous* doit disparaître dans la fuite pour que celle-ci soit réussie.

# Le dimanche

## 1. Une ritualisation du repos, encadrée par la religion

Le dimanche est le jour du Seigneur dans la tradition chrétienne. Il est choisi comme jour de repos hebdomadaire, celui où l'on prie au lieu de travailler. Dans la religion juive, c'est le samedi (shabbat) qui a cette fonction, et dans la religion musulmane c'est le vendredi (jour de prière collective, qui correspond au sixième jour de la Création, où Dieu créa Adam). La présence d'un jour dédié à la prière dans les trois religions monothéistes indique la volonté de la religion de ritualiser le repos. Une interprétation cynique du rituel religieux pourrait considérer que, puisqu'il faut bien se reposer une fois par semaine pour ne pas s'épuiser au travail, alors la religion doit donner un sens à ce repos et le dédier à la prière. On pourrait interpréter le dimanche (que nous prenons ici comme modèle de jour de repos, dédié à la prière, quoiqu'il ne soit pas célébré le même jour dans les trois religions mentionnées) comme une tentative de la religion de transformer le besoin en pratique, et d'inclure toute la vie d'un individu dans le culte.

## 2. Une création du monde bourgeois

Mais le dimanche, conçu comme jour d'inactivité, n'existe peut-être réellement que pour les classes supérieures, ou du moins pour les classes qui ne se sont pas épuisées au travail toute la semaine. Le luxe de s'ennuyer n'appartient pas à ceux dont la vie repose sur le besoin. Ainsi, dans *Le Monde comme volonté et comme représentation*, Schopenhauer écrit : « Comme le besoin pour le peuple, l'ennui est le tourment des classes supérieures. Il a dans la vie sociale sa représentation le dimanche ; et le besoin, les six jours de la semaine. » Le dimanche n'est un jour de loisir et d'ennui que pour la partie de la population qui n'a pas besoin de ce dimanche pour survivre. Pour le monde bourgeois, qui travaille dans la semaine à la différence de la noblesse, le dimanche est le jour où l'on peut montrer sa richesse lors de promenades, par exemple au bois de Boulogne ou de Vincennes pour la bourgeoisie parisienne du XIX^e^ siècle. Le dimanche comme jour de représentation sociale semble, à ce titre, une création du monde bourgeois.

## 3. Un sursis pour l'inutile et la rationalisation de notre temps ?

Si, jusqu'au début du XX$^{e}$ siècle, le dimanche n'existait que pour les classes aisées, l'arrivée des congés payés en 1936 donne l'occasion aux classes populaires d'interrompre leur activité assez longtemps pour se demander comment occuper leur temps libre. Mais ce jour de repos, au lieu qu'il permette de goûter à l'ennui, est un territoire de conquête que l'économie capitaliste s'empresse d'occuper. En effet, les loisirs et les vacances peuvent remplir les dimanches et les congés, et permettre une réinjection de l'argent des classes populaires dans le marché. Cette incursion dans le temps libre est aussi le moyen de convertir les masses à l'idéologie productiviste et « rentabiliste ». L'inactivité devient suspecte, et le dimanche n'est plus jour de repos, mais jour à mettre à profit. Quand bien même l'activité dominicale est différente de celle du travail hebdomadaire, il faut également la soumettre aux indicateurs de productivité qui sont ceux du travail : en combien de temps la pelouse est tondue, quel repas élaboré a été cuisiné, combien de livres parvenons-nous à lire par an ? La télévision, et plus récemment les réseaux sociaux, se chargent d'occuper ce qu'il reste de temps pour qu'en fin de compte le dimanche disparaisse. Les annonceurs se disputent un « temps de cerveau disponible », ce qui laisse penser qu'un cerveau rêveur est un cerveau à remplir. Il semble que notre siècle ait déclaré la guerre au dimanche. Même la contemplation d'œuvres lors d'une visite au musée le dimanche se fait sur un mode « rentabiliste », ne laissant pas de place au « dimanche de la vie » que Hegel décrit dans son *Esthétique*.

# Vieillir

> **Attention** : traiter le verbe, et non « la vieillesse ».

## 1. Vieillir, c'est faire route vers la sagesse

Vieillir, c'est s'enrichir en expérience, et devenir plus sage. Si les perturbations biologiques de l'adolescence peuvent rendre un individu inconstant, celui qui vieillit s'en éloigne progressivement. Vieillir, quand cela est synonyme de mûrir, c'est devenir indépendant et affiner son jugement, en ne se fiant plus à ceux qui ont autorité sur nous. Dans *La Profession de foi du vicaire savoyard*, Rousseau décrit la conscience comme aimant « la retraite et la paix ». En ce sens, nous pourrions considérer que vieillir, c'est acquérir la capacité d'écouter la conscience, que « le monde et le bruit [...] épouvantent ». Vieillir, ce serait, en un premier sens, rendre sa raison de plus en plus indépendante, et ne plus être assourdi par le vacarme du monde.

**Transition** : Mais alors que celui qui vieillit gagne, à première vue, en sagesse, les personnes âgées sont souvent décrites comme un poids pour la société. On les désigne par les coûts qu'elles engendrent en raison des soins et de la retraite, mais aussi des sacrifices auxquels elles nous obligeraient – sacrifice temporel, pour leur rendre visite ; sacrifice de la vie sociale en temps de pandémie, pour protéger les plus âgés. Dans la société moderne, vieillir n'est-il plus le chemin pour devenir sage ? Après la maturation propre au passage à l'âge adulte, il semble que vieillir soit un retour à la dépendance : c'est du moins le jugement social que l'on porte sur ce processus.

## 2. La confusion entre « vieillir » et « vieillesse » : stigmatisation moderne des personnes âgées

À se fier aux discours tenus sur les plus âgés, il semble que vieillir, ce soit redevenir dépendant des autres et peser sur la société. Vieillir, est-ce devenir une charge sociale plutôt qu'une ressource ? Vieillir est réduit, dans les discours politiques, à la seule vieillesse. Mais vieillir est un processus biologique qui ne commence pas au moment du passage à la retraite : toutes les cellules vieillissent dès la naissance de l'organisme. On vieillit bien avant de devenir une personne âgée. Il semble que tout ce qui est accordé politiquement aux personnes âgées l'est sur le mode de la concession, fondée sur un sentiment de pitié à l'égard de ceux qui n'auraient plus d'utilité sociale. Mais n'est-ce pas une impasse politique que de nier le vieillissement progressif des individus, pour ne reconnaître, en le regrettant, que la façon d'être au monde des personnes âgées, caricaturées en figures de dépendance ? L'absence d'utilité sociale n'est-elle pas, elle aussi, un présupposé contestable ? Peut-être cette indifférence à l'égard du sort des personnes âgées est-elle intégrée dans un processus plus large de refus de toute autorité. Dans *L'Ère du vide*, Gilles Lipovetsky décrit la désacralisation et la banalisation du « discours du maître » dans notre société : la parole de l'enseignant n'a pas plus de valeur que la parole d'un autre, et notamment celle de son élève. Il attribue cette désacralisation à **l'indifférence** à l'égard du savoir. Or, le savoir est également ce que vieillir pourrait apporter. Le rapport à l'enseignant pourrait ainsi être comparé au rapport aux personnes âgées : vieillir n'apporterait rien, ce ne serait qu'une dégénérescence, et il faudrait remercier les « jeunes » d'accepter, au sein de *leur* société, ceux qui, à leurs yeux, n'en sont plus les moteurs.

**Transition** : L'autorité des personnes âgées, leur savoir et leur expérience, ne seraient plus d'aucune utilité sociale dans une société narcissique telle que celle présentée par Lipovetsky. Mais quelle serait alors la façon correcte de décrire le « vieillir » comme processus ?

## 3. Vieillir, une expérience métaphysique du passage d'« encore » à « jamais plus »

Si la considération politique du vieillissement pose problème, il nous appartient ici d'analyser ce que représente cette transformation permanente du corps et de l'esprit que le politique réduit à la seule vieillesse. Vieillir, c'est peut-être un processus dont le symptôme est visible avant tout dans l'imaginaire, dans les possibles que l'on conçoit. Ce symptôme pourrait se traduire par un glissement de l'« encore » au « jamais plus » : dans *Le Temps vécu*, Eugène Minkowski considère que vieillir, c'est se concentrer sur ce que l'on ne peut plus faire plutôt que sur ce que l'on peut encore faire. Cela revient, selon lui, à « s'arrêter et rester en arrière ». Vieillir correspondrait au moment où l'on se projette moins dans le futur, où l'on y met de moins en moins de choses. Ce n'est pas un état propre à un âge, mais un mode d'être qui peut se manifester à tout âge, dès lors que l'on a le « sentiment d'approcher de la fin ». Ce sentiment n'est donc pas l'apanage des personnes âgées. En fin de compte, nous pourrions soutenir, avec Minkowski, que vieillir correspond au passage de ce qu'il nous reste *encore* à vivre à ce que l'on n'aura *plus* le temps de vivre.

# L'utile

## 1. La technique pallie les manquements de nos corps

L'utile est d'abord ce qui nous sert, notamment ce qui nous permet de compléter notre corps. L'utile est ce que nous produisons par la technique, qui consiste en la transformation de notre milieu naturel de sorte à le rendre plus habitable. Dans le *Protagoras*, Platon fait le récit du mythe de Prométhée. Les dieux ont ordonné à Prométhée et à Épiméthée, deux frères, de répartir les qualités entre tous les animaux. Épiméthée (littéralement : celui qui pense après, ou celui qui pense trop tard) procède à la distribution et demande à Protagoras (littéralement : celui qui pense avant) d'inspecter son ouvrage. Quand Épiméthée a épuisé les qualités, lorsqu'il a pourvu les félins de griffes, d'autres animaux d'une fourrure qui les protègent du froid, d'autres encore d'une peau qui leur permet de se camoufler dans leur milieu naturel, il se rend compte qu'il a oublié l'homme, « nu, sans chaussures, sans couvertures, sans armes ». Prométhée vole l'habileté technique et le feu aux dieux et les donne aux hommes. La capacité à produire l'utile est, chez l'homme, ce qui compense l'absence de tout autre avantage naturel.

## 2. Une anti-définition de l'humanité : être utile, une insulte ?

Pourtant cette capacité, qui nous permet de survivre plus facilement dans la nature et de nous libérer du temps pour d'autres activités que celles qui consistent à subvenir à nos besoins, n'est pas nécessairement la plus humaine des capacités. Si, précisément, la technique a pour but de nous libérer de l'effort et de nous permettre de libérer du temps pour d'autres activités, n'est-ce pas parce que l'utile est d'importance moindre dans nos existences ? L'utile est de l'ordre du nécessaire mais, en tant qu'il se rapporte aux besoins, il est moins précieux peut-être que ce à quoi il laisse une place. L'utile, c'est ce qui se laisse oublier dans l'usage. Une poignée de porte disparaît dans notre main quand nous ouvrons la porte : l'utilité d'un objet, si elle est parfaite, consiste à rendre cet objet invisible. Aussi, dire d'un être humain qu'il est utile serait peut-être une insulte plutôt qu'un compliment et le fait de chercher à se rendre utile pourrait consister, pour un individu, à s'effacer dans son utilité.

## 3. Une valeur qui détermine un modèle de société

De ce constat, nous pouvons en venir à l'analyse de l'utilité comme valeur dominante dans notre société. Nous avons montré que l'importance accordée à ce qui est utile n'allait pas de soi : si l'utile rend un milieu habitable, son but est de se faire oublier dans l'usage. Aussi, la sacralisation de l'utile dessine un modèle de société possible. La société capitaliste, en tant qu'elle repose sur la rentabilité, élève l'utile au rang de valeur cardinale : celui qui n'a pas d'utilité sociale perd sa raison d'être. Ainsi, même l'artiste, dont la pratique est en théorie désintéressée et au service du seul art, est dans notre société intégré au marché de l'art, qui donne à ses œuvres une valeur. Leur utilité, c'est leur prix, qui les fait entrer dans le monde. Avant la cotation, il semble que l'œuvre n'existe pas. La société que nous décrivons est une société où l'utilitarisme décrit par John Stuart Mill est devenu la règle : la valeur de tout objet et de tout individu dépend de son utilité.

# Hésiter

## 1. Hésiter, c'est être balancé entre désir et volonté

Hésiter, c'est incliner dans plusieurs directions à la fois. Nous n'hésitons que lorsque nous sommes face à un choix difficile qui implique, quelle que soit la décision, un sacrifice. Nous pourrions attribuer cette hésitation à une division intérieure entre désir et volonté : l'hésitation serait le moment du combat entre ces deux forces. Ainsi, dans le livre II des *Nouveaux Essais sur l'entendement humain*, Leibniz décrit le dilemme d'un homme qui désire se rendre au cabaret mais qui, dans le même temps, ne veut pas y aller parce qu'il veut renoncer à son penchant pour l'alcool et qu'il trouve vaines les soirées qu'il y passe. Chez cet homme, l'hésitation vient de ce qu'il reconnaît le « souverain bien » – cesser de se rendre au cabaret – mais que la frustration qu'il ressent en l'absence de ses « compagnons de débauche » le pousse à y retourner chaque soir.

## 2. Hésiter est illusoire : toute délibération intérieure est impossible

Pourtant, concevoir l'hésitation comme un combat entre désir et volonté est peut-être trompeur. Comment le moi pourrait-il être divisé en deux ? S'imaginer un dialogue intérieur pourrait n'être qu'une façon de reporter l'acceptation d'une décision déjà prise au début de la prétendue hésitation. Dans *L'Être et le Néant*, Sartre déclare : « Quand je délibère, les jeux sont faits. » Lorsque nous pensons peser le pour et le contre, nous nous racontons une belle histoire : c'est nous qui choisissons les « pour » et les « contre », et c'est encore nous qui leur attribuons un poids, une valeur. Il n'y a pas de « pour » qui ait de valeur objective. Lorsque je dresse un tableau de « pour » et de « contre », je pseudo-rationalise une décision que j'ai déjà prise. L'hésitation est donc illusoire.

## 3. Hésiter, c'est la mauvaise foi de celui qui attend de ne plus pouvoir choisir

Si l'hésitation est illusoire, nous pouvons nous demander si nous nous berçons d'illusions pour éviter de reconnaître ce qui se tient au-delà de ces illusions. L'hésitation pourrait être une façon de gagner du temps, par manque de courage de choisir. En ce sens, hésiter, ce serait faire preuve de mauvaise foi, en faisant semblant de ne pas avoir encore choisi parce que la décision, qui en réalité a été déjà prise, nous coûte trop. La mauvaise foi a pour particularité d'être un mensonge à soi-même, ce qui semble impossible, comme le montre Sartre dans *L'Être et le Néant*. Hésiter, c'est en ce sens gagner du temps pour arriver au moment où il n'est plus possible de choisir. Par exemple, si nous hésitons à aider quelqu'un, nous pouvons décider de l'aider quand il est trop tard pour le faire et prétendre que, malgré notre décision de lui venir en aide, cela n'est plus possible.

# L'absence

## 1. L'absence ne se constate que sur fond de présence

On ne constate que l'absence de ce que l'on s'attend à voir présent. Par exemple, un élève est noté « absent » s'il est mentionné sur la liste d'appel mais pas présent dans la salle. Si l'absence se constate sur fond de présence attendue, c'est également en tant que la mémoire rend l'absence présente à la conscience de celui qui la regrette : la mémoire ne fait pas revenir ce qui est absent, elle nous rappelle ce qui n'est plus et, ce faisant, nous arrache au « maintenant ». Dans *Le Temps retrouvé*, Marcel Proust, en analysant ses réminiscences (« le bruit de la cuiller sur l'assiette, l'inégalité de dalles, le goût de la madeleine »), soutient que celles-ci recréent « l'homme affranchi de l'ordre du temps ». Se plonger dans sa mémoire, cela peut correspondre à « avoir une absence », d'un point de vue extérieur à celui qui est plongé dans la mémoire. Se rappeler ce qui est absent nous rend absents à nous-mêmes : nous échangeons notre présence au monde contre la présence de l'absence, par le souvenir.

**Transition** : Nous pourrions ainsi comparer l'absence à l'espace : selon Giacomo Leopardi, écrivain et philosophe italien du XIX^e siècle, « là où il n'y a rien, il y a de l'espace », c'est-à-dire que nous ne pouvons observer l'espace en lui-même, ou l'absence en elle-même, mais nous les déduisons par ce qui pourrait occuper cette place vacante. En ce sens, l'absence n'est-elle pas toujours la marque du manque ?

## 2. L'absence n'existe que pour celui qui désire, et donc qui manque de quelque chose

Cette absence est une projection : elle ne trouve sa place que chez celui qui désire, et donc qui manque de quelque chose. Celui qui est complet ne remarque pas l'absence. Il faut, paradoxalement, donner de la place à l'absence, au manque, pour les ressentir. Ce qui semble pure négativité occupe pourtant l'espace de la pensée. Le désir est défini par Locke dans *Essai sur l'entendement humain*, comme « l'inquiétude qu'un homme ressent en lui-même pour l'absence d'une chose qui lui donnerait du plaisir si elle était présente ». Cette absence n'est pas remarquée dès lors que l'individu ne lui associe pas un déplaisir. Elle n'est perceptible que lorsqu'elle est reconnue comme un manque et qu'elle fait souffrir.

**Transition** : Mais ce manque qui rend l'absence manifeste n'est-il pas le moyen de faire naître autre chose que la seule reconnaissance de celui-ci par la douleur de l'absence ?

## 3. L'absence comme créatrice du sentiment

L'absence, même lorsqu'elle correspond à un manque, et donc à une souffrance, n'est pourtant pas nécessairement une diminution de l'être. En effet, l'absence peut nourrir le désir et, en ce sens, renforcer la relation à l'autre. Si l'autre n'est jamais absent, puis-je m'apercevoir de l'amour que je lui porte ? Si Ulysse n'avait jamais quitté Ithaque, s'il n'en avait pas regretté l'absence durant vingt ans, serait-il aussi attaché à sa patrie ? Le « mal du pays », souffrance vécue lorsque l'on vit loin de chez soi, serait, en même temps qu'un rejet du monde étranger que l'on habite désormais, un moteur de l'attachement à la terre que nous avons quittée. Dans les *Fragments d'un discours amoureux*, Roland Barthes cite une anecdote bouddhiste : « Le maître tient la tête du disciple sous l'eau, longtemps, longtemps ; peu à peu les bulles se raréfient ; au dernier moment, le maître sort le disciple, le ranime : quand tu auras désiré la vérité comme tu as désiré l'air, alors tu sauras ce qu'elle est. » Par cet exemple, il veut signifier que l'absence n'est pas un néant de l'expérience : par l'absence de l'autre – ici, de l'air – je prends la mesure de son importance. Vivre l'absence me rappelle la nécessité de ce dont je n'ai pas l'habitude d'être privé.

# Le repentir

## 1. La reconnaissance du péché comme punition que l'on s'inflige

Nous pouvons donner au repentir le sens d'une punition que l'on s'inflige à soi-même : pour compenser la faute, le repentir nous fait souffrir. Cette compensation se traduit par une diminution de la peine d'un prévenu. Lorsque celui-ci dit éprouver du « repentir », sa peine s'en trouve allégée : c'est donc que la justice considère qu'une partie de la punition a déjà été prise en charge par le prévenu lui-même. Dans le film *Eyes Wide Shut* réalisé par Stanley Kubrick, Bill, interprété par Tom Cruise, s'abandonne à ses désirs et à une errance nocturne après que son épouse, Alice, jouée par Nicole Kidman, avoue l'un de ses fantasmes. Ce qui interrompt l'errance de Bill, c'est la culpabilité qu'il ressent. Le repentir, symbolisé par l'absence du masque – qu'il devait rendre au magasin de costumes où il s'était rendu pour participer à une fête secrète –, lui permet de revenir auprès d'Alice.

## 2. La force vitale retournée contre elle-même

Cette autopunition renforce le pouvoir de la morale sur l'individu : elle le fait se regarder lui-même avec moins de valeur, diminué par le péché commis. Le repentir est rassurant en tant qu'il donne du sens à l'acte commis. Dans la *Généalogie de la morale*, Nietzsche explique que l'homme souffre d'une maladie qui est de ne pouvoir supporter la vie, de ne pouvoir se supporter lui-même, et qu'il rejoint les idéaux ascétiques pour trouver des raisons à cette maladie. Le repentir, en ce sens, donne une bonne raison de souffrir : on retourne l'énergie vitale contre soi-même en s'infligeant une punition et, dans cette action, on comprend pourquoi on souffre. Le repentir a pour nom « mauvaise conscience » chez Nietzsche, et ce dernier la rejette : celle-ci est aberrante, elle est une diminution de notre puissance de vie. Le repentir est un instrument des moralisateurs pour affaiblir l'homme.

## 3. Quand le repentir ne suppose pas l'aveu : il faut porter le poids de la culpabilité

Nous n'avons pas distingué le **repentir** et la **repentance** dans notre analyse, pourtant, ne pourrions-nous pas considérer que tous deux ne sont pas de même nature ? Le repentir ne suppose pas la repentance, qui est sa scénarisation publique, par exemple par l'auto-flagellation dans la repentance religieuse chrétienne. Ne serait-ce pas se défaire du poids de la culpabilité que de faire repentance par une démonstration publique de la souffrance que l'on s'impose ? Nous pourrions nous demander si le repentir qui nous punit le plus n'est pas celui qui se fait sans aveu, c'est-à-dire la culpabilité que l'on porte sans que personne n'en soit témoin. En effet, souvent, la repentance suppose l'aveu à l'individu que l'on a blessé. Mais avouer n'est-il pas nous défaire du repentir ? Si le pardon est impossible, comme le soutient Jankélévitch dans *Le Pardon*, alors peut-être nous faudrait-il souffrir le repentir plutôt que choisir la repentance, qui rejetterait la souffrance sur celui que l'on a blessé. Le repentir nous fait souffrir parce que l'acte ne peut être effacé, mais qu'on le sait répréhensible ; en l'avouant, nous transformons le repentir en impossibilité, pour l'autre, de nous pardonner. Aussi, c'est en souffrant seul du repentir que nous acceptons la charge de la faute commise. Le repentir ne serait donc pas une étape, mais une condamnation éternelle.

# La montagne

La montagne est le lieu depuis lequel Jésus-Christ, dans l'Évangile selon saint Matthieu (5-7), prononce un sermon : il s'élève pour être entendu de ses disciples, mais aussi pour prendre la montagne comme exemple : « Vous êtes la lumière du monde. Une ville située sur une montagne ne peut pas être cachée. » La foi doit être lumineuse, et non « cachée sous un seau » : la montagne, c'est le lieu depuis lequel nous pouvons voir le monde et depuis lequel le monde peut nous voir. Pourtant, cette figure évoque plus souvent le retrait de la vie sociale et l'inverse de cette lumière : l'invisibilité de l'ermite qui peut se cacher dans une caverne, au sommet de la montagne.

## 1. Un lieu de refuge pour l'ermite

La montagne apparaît tout d'abord comme un lieu, reculé et difficile d'accès, où celui qui veut fuir la compagnie des hommes peut se réfugier. Sa minéralité, ses chemins escarpés, le froid qui règne à son sommet, tout participe à l'hostilité de ce territoire. Pour celui qui veut être isolé, la montagne est un Eldorado. Dans *Ainsi parlait Zarathoustra*, Nietzsche décrit le cheminement de Zarathoustra, qui décide de se retirer dans la montagne, loin des hommes, « dans la solitude de sa caverne ». La montagne n'est pas une étape, un lieu où l'on se ressource brièvement, pour ensuite revenir en société. La difficulté du chemin qui y mène conditionne la longue durée de la retraite. Après des mois, quand il a « perdu [ses] amis », Zarathoustra redescend : l'ermite reste isolé jusqu'à ce qu'il soit oublié de la société dont il s'est échappé.

## 2. Un lieu où Dieu parle à l'homme

Mais l'ermite, lorsqu'il se retire du monde, peut, plutôt que de se retrouver seul, faire la rencontre de la transcendance. En 610, le prophète Muhammad (Mahomet) se retire dans la caverne de Hira, située sur le Jabal al-Nour, « Mont de la Lumière », où il a l'habitude de se rendre. Il y fait sa première expérience transcendante par l'intermédiaire de l'archange

Gabriel, qui lui dicte les versets de ce qui devient le Coran. La montagne semble un lieu propice aux expériences spirituelles, et, dans le cas du Prophète, à la révélation de la parole divine. En même temps qu'elle permet de se retirer de l'agitation du monde, elle rend l'homme disponible à la réception d'une parole sacrée, si tel est son destin.

## 3. Un lieu symbole de la « semi-disponibilité »

Pour mieux analyser ce concept, il pourrait être utile de distinguer la disponibilité de l'atteignabilité, comme le fait Hartmut Rosa dans *Rendre le monde indisponible*. La disponibilité d'un objet signifie que celui-ci est à notre portée ; l'atteignabilité signifie que nous pouvons entrer en résonance avec un objet, qu'il peut nous toucher (au sens émotionnel). Hartmut Rosa défend l'idée que, pour que nous entrions en résonance avec un objet, il faut que celui-ci soit semi-disponible, or la société moderne tend à rendre toute chose disponible – notamment par la numérisation de notre rapport au monde – sans pour autant en garantir l'atteignabilité. La montagne est un exemple d'objet semi-disponible avec lequel nous pouvons entrer en résonance : elle est difficile d'accès, et ceux qui la parcourent considèrent que la montagne leur « parle ». Il s'établit une relation entre individu et montagne, à la condition que la montagne ne soit pas entièrement disponible. Dès lors que nous prenons, par exemple, un appareil photo et que nous regardons la montagne à travers l'objectif, nous n'entrons plus en résonance avec elle. Le charme est rompu dès que nous tentons de figer la relation. Le désir de relation – avec la montagne – n'est pas satisfait quand il se transforme en désir d'objet – prendre en photo la montagne. La figure de la montagne peut nous aider à comprendre pourquoi un monde disponible n'est pas un monde atteignable, et pourquoi le projet de rendre tout objet disponible échoue nécessairement.

# La marge

## 1. La périphérie par opposition au centre

La marge fait référence en premier lieu à la bordure : vivre en marge, c'est vivre en périphérie. La marge est ce qui ne parvient pas à s'intégrer, à rejoindre le centre. La banlieue est marge jusqu'à ce que la ville, le centre, déborde, et que l'ancienne marge devienne un arrondissement de la ville. Le futur de la marge, ce serait alors le centre. En ce sens, la marge est un espace à conquérir, un espace qui n'existe que par le centre, dont il dépend, entre autres, économiquement. C'est une zone de dépendance, un réservoir de travailleurs pour le centre.

## 2. La marge, en plein centre

Mais la marge, c'est peut-être ce qui dépasse, au sens de ce qui ne trouve pas de place, ni au centre ni en périphérie. Robert Park, sociologue de l'École de Chicago, développe le concept de marginalité pour décrire les immigrants des XIX^e^ et XX^e^ siècles qui se trouvent « à la marge » (« *on the margin of two cultures and two societies, which never completely interpenetrated and fused* » [à la marge de deux cultures et de deux sociétés, qui ne sont jamais entremêlées au point de fusionner][1]. La marge ne désigne plus un territoire, mais un groupe d'individus qui appartiennent à plusieurs cultures à la fois et qui ne peuvent s'intégrer tout à fait dans aucune d'entre elles.

Cette acception de la marge correspond à la marge d'une feuille de papier : c'est l'endroit où l'on inscrit ce qui n'a pas de place attitrée, mais c'est aussi là que l'on peut trouver les réflexions les plus riches, comme les « farcissures » de Montaigne – des commentaires en marge de ses manuscrits successifs des *Essais* qui permettaient de les critiquer et de les compléter. Ces « farcissures » peuvent apparaître comme des digressions,

1. *In* « Human Migration and the Marginal Man », *American Journal of Sociology* 33, pp. 881-893, 1928, cité par Michel Wieviorka lors de la Conférence inaugurale du colloque international « La reconnaissance des marges, au cœur des dynamiques sociales en France et au Japon », le 1er juillet 2016).

mais en réalité elles ne sont pas moins importantes que le texte du premier jet : la marge n'est pas une parenthèse.

## 3. Et si les marginaux étaient majoritaires ?

Si le journalisme tend à représenter, dans les reportages primés, les plus pauvres de notre monde, les victimes de guerres ou de catastrophes naturelles, peut-être ces derniers ne sont-ils pas représentatifs des plus marginaux. Les pauvres ne sont pas minoritaires : ils représentent 2,8 milliards d'individus, c'est-à-dire presque la moitié de la population mondiale, d'après les données d'ATD Quart Monde, contre 2 153 milliardaires recensés en 2019[2]. La marge, c'est plutôt « le lobby du Ritz, lors d'un dîner de gala », comme le déclare Leila Guerriero, écrivaine et journaliste argentine, qui attribue cette citation à un journaliste de *La Nación*. Ce sont ces classes les plus privilégiées dont nous n'avons jamais d'images. Bien sûr, les célébrités sont visibles, mais pas les personnes dont la richesse ne vient pas de la visibilité – patrons de grandes entreprises, hommes et femmes politiques. Eux qui vivent souvent, lorsqu'ils viennent de pays où il y a de fortes inégalités, dans des *gated communities*, ne sont-ils pas les plus en marge de la société ?

2. Source : statista.com

# Le mensonge

## 1. Le mensonge est dans tous les cas une faute morale : sa condamnation n'admet aucune exception

Si la caractérisation du mensonge comme faute morale pourrait faire l'unanimité, on considère souvent que cette faute peut être compensée par une bonne raison de la commettre. On dit que si la vérité peut produire de la souffrance, le mensonge pourrait lui être préférable. Autrement dit, on accepte parfois un mal pour un bien, c'est-à-dire un mensonge pour éviter une souffrance. Ce mensonge autorisé serait présenté comme un mensonge par humanité : je mens, mais c'est parce que je veux le bien de l'humanité. Dans *D'un prétendu droit de mentir par humanité*, Kant conteste l'existence de cette exception morale : il n'est jamais acceptable de mentir. Même si l'on a de bonnes intentions, mentir est une faute morale. Dans ce texte, Kant prend l'exemple d'une situation où quelqu'un est caché dans notre maison et où un autre individu nous demande où il se trouve. Même pour le protéger, selon Kant, nous ne pouvons pas mentir. L'argument de Kant est qu'en mentant, nous créons la possibilité qu'une parole ne soit pas fiable, et par ce mensonge nous fragilisons toute parole humaine, dont nous ne pourrons plus supposer qu'elle est véracе. Le mensonge introduit le doute, et détruit la parole.

**Transition :** Nous pourrions toutefois être troublés par cet exemple et considérer que cette règle morale est inapplicable. Ne pourrions-nous pas trouver une autre règle morale qui permette de protéger, par un mensonge, ceux qui en ont besoin, sans pour autant détruire la confiance universelle en la parole ?

## 2. Mais le devoir de vérité s'annule face à celui qui n'a pas le droit à celle-ci

Nous pourrions considérer que le poursuivant et la personne cachée n'ont pas les mêmes droits moraux dans la mesure où leurs intentions sont distinctes. Dans *Des réactions politiques*, Benjamin Constant répond au texte de Kant en soutenant qu'il est possible de mentir sans pour autant commettre une faute morale. Selon Constant, je n'ai de devoir de vérité qu'à l'égard de celui qui a droit à la vérité (« L'idée de devoir est inséparable de celle de droits ») : aussi, lorsqu'un individu a l'intention de nuire à un autre individu et qu'il n'agit pas conformément à la morale, il perd le droit d'être lui-même traité moralement. Je peux donc mentir pour protéger quelqu'un si je n'ai pas de devoir de vérité à l'égard de celui à qui je mens.

**Transition** : Toutefois, il n'est pas toujours possible de connaître les intentions de celui à qui je décide de mentir. Il peut m'être difficile de déterminer s'il a, ou non, le droit à la vérité. Ne pourrions-nous résoudre ce problème moral sans savoir si celui à qui nous voulons mentir est lui-même un être moral ?

## 3. Le problème moral que pose le mensonge est celui de la concurrence entre promesses, qui n'admettent, chacune, aucune exception morale

Dans la situation que nous avons exposée, il nous paraît difficile de dénoncer la personne qui se cache chez nous parce que nous pouvons nous sentir responsables de sa sécurité. En effet, si nous lui avons offert l'hospitalité, si nous lui avons fait la promesse de le cacher, dire la vérité à celui qui le cherche serait également une faute morale dans la mesure où cela enfreindrait notre promesse. Kant reconnaît le devoir d'hospitalité. Dès lors qu'il y a concurrence entre devoirs moraux, la promesse, si elle est une promesse morale, doit être tenue. Autrement dit, je pourrais mentir sans commettre d'injustice à l'égard de celui à qui je mens s'il m'a forcé à altérer la vérité, et si mon mensonge était nécessaire pour ne pas rompre une promesse. La parole donnée sauve la possibilité du mensonge mais ne correspond pas à un droit universel de mentir.

# L'indicible

Peut-on considérer que ce qui ne peut être dit n'existe pas ? *A priori,* la question ressemble à une provocation : elle suppose, si on la prend au pied de la lettre, que seules les choses qui ont un nom existent. Autrement dit, on inverse le rapport habituel qui est que, d'abord, des choses existent, puis que nous leur trouvons un nom. Nous supposons qu'il y a des choses et que nous les désignons par des mots, mais la question semble nous inviter à donner la préséance aux mots, ou au langage. Est-ce une simple pirouette... de mots ? Ou bien doit-on poser sérieusement la question de la possibilité que le langage fasse exister les choses ? Nous nous demanderons dans quelle mesure les choses qui ne sont pas dites ou exprimées par le langage peuvent toutefois exister. Pour cela, nous devrons distinguer l'existence absolue, c'est-à-dire indépendante de notre capacité à penser ces choses, et l'existence comme choses perçues, conçues par notre esprit, quoique sans nom.

## 1. C'est le langage qui fait naître les choses : l'indicible n'existe pas

Dire qu'il y a de l'indicible, c'est admettre qu'il y a des choses qui existent en dehors du langage. Cette thèse est déroutante : n'est-ce pas le langage qui donne aux choses leur existence ? Tant que quelque chose ne peut être dit, pouvons-nous réellement considérer qu'il existe ? Les mots découpent le réel et produisent la nature qu'ils prétendent décrire. Il en va de même pour les sentiments que nous cherchons à traduire en mots : il est impossible de s'assurer que chacun de nous associe la même sensation au mot « douleur », ainsi que le soutient Ludwig Wittgenstein dans *Investigations philosophiques.* Il compare le mot « douleur » à une boîte que chacun posséderait et dans laquelle il y aurait une chose que nous nommons « scarabée », sans toutefois pouvoir ouvrir d'autres boîtes que la nôtre. Nous supposons que le contenu de nos boîtes (le scarabée dans l'exemple qui correspond à la sensation de douleur) est commun aux différents individus, mais nous ne pouvons pas le vérifier. Le mot n'est pas fondé sur la chose, au point que « l'objet même disparaît comme hors de propos ». Il semble que le langage construise son propre monde.

**Transition** : Pourtant, nous pourrions nous étonner de ce que les catégories soient partagées de manière universelle. Si l'on observe des variations, par exemple dans le nombre de couleurs de l'arc-en-ciel dans différentes langues et cultures, il y a toutefois des dualités communes (entre le familier et l'étranger par exemple, même si ces deux catégories ne désignent pas les mêmes objets dans toutes les langues). Nous pourrions aussi souligner que le sentiment de ne pas pouvoir exprimer quelque chose que l'on ressent ou que l'on observe montre que quelque chose déborde du langage, et qu'il existe de l'indicible. Dans *La Douleur*, Marguerite Duras décrit le retour progressif à la vie de Robert Antelme, son compagnon, après un an passé dans le camp de concentration de Buchenwald. Elle écrit : « On lui donnait de la bouillie jaune d'or, bouillie pour nourrisson, et elle ressortait de lui vert sombre comme de la vase de marécage. » Si cette description est crue, imagée, elle n'est toutefois qu'un détour, car ce qu'il y a à dire de son état ne peut être exprimé par des mots.

## 2. L'indicible existe par l'inconfort dans lequel nous nous trouvons face aux mots, insuffisants pour décrire le monde

L'indicible se perçoit à l'inconfort dans lequel nous nous trouvons face à l'impossibilité de dire ce que nous avons l'urgence d'exprimer. Il semble que les choses nous dictent parfois la nécessité de les exprimer, bien qu'elles ne commandent pas la forme de cette expression, ce qui nous donne l'impression de manquer de mots. Dans *Natures et formes de la sympathie*, Max Scheler, philosophe et sociologue allemand, regrette que nous ne puissions pas communiquer la particularité d'une expérience : lorsque nous racontons quelque chose à un ami, notamment un « grave souci dont on est accablé », il peut se mettre à raconter lui-même une histoire, qu'il pense comparable à celle que nous racontons. Il peut être difficile de le convaincre de la particularité de l'histoire vécue, et de rejeter l'assimilation de notre vécu à du déjà-connu par notre interlocuteur. Le langage repose sur la possibilité d'abstraire et de généraliser alors que nos sensations sont vécues comme particulières et irréductibles. En ce sens, nous faisons l'expérience de l'indicible.

**Transition :** Cette sensation de l'indicible n'empêche pas la tentative de l'expression de l'intériorité, notamment en littérature. Dans le premier tome d'*Auschwitz et après*, Charlotte Delbo, écrivaine française du XXe siècle, fait le récit des mois passés dans le camp d'Auschwitz. Au sujet des femmes qui échappaient momentanément au four crématoire, et qu'on enfermait dans un block où elles mouraient lentement, Charlotte Delbo écrit : « Il y a des spectres qui parlent. » Nous savons que les spectres n'existent pas, et que seuls les êtres humains en vie peuvent parler, mais par cette phrase, qui décrit quelque chose d'impossible, le lecteur parvient à se représenter ce que l'auteure exprime.

### 3. Dans la mesure où ce qui ne peut être dit ne peut être pensé, dire est un geste politique qui donne naissance à ce que, peut-être, on préférerait cacher

Donner à entendre l'indicible pourrait alors être conçu comme un geste politique : si le langage produit le monde, nous pourrions faire exister des choses en leur donnant un nom. Tant qu'on ne dit pas la chose, elle n'a pas d'existence politique. Ce serait notamment la raison pour laquelle reconnaître que telle arrivée d'un peuple sur une terre est une colonisation revêt une dimension politique : tant que la colonisation n'est pas désignée par ce nom, c'est comme si elle n'existait pas. De même, pour les luttes de genre, la féminisation forcée de certains noms, par exemple des noms de métiers, est un geste politique. Dire « féminicide » permet de faire le compte des « féminicides » parmi les « homicides », prétendument neutres du point de vue du genre, et de mettre en lumière les violences que subissent les femmes – qui resteraient invisibles tant que l'on utilise le terme homicide. Mona Gérardin-Laverge, dans sa thèse, montre la « performativité du langage ordinaire » et souligne les bénéfices qu'il peut y avoir à user du langage dans un sens différent du sens courant. Par exemple, qualifier les tâches domestiques de « travail » permet de mettre en évidence « le fait que la communauté linguistique n'est pas une communauté consensuelle »[3]. Sans mot, on ne peut penser la chose. Pour exister, notamment politiquement, il faut être nommé.

L'indicible peut également naître des mains de l'artiste qui n'utiliserait pas de mots, comme Otto Dix dans son tableau *Les Joueurs de skat*, qui représente les gueules cassées de la Première Guerre mondiale. La représentation en partie symbolique de ces visages évoque la dysharmonie imposée au corps humain par les armes.

---

3. Mona Gérardin-Laverge, « Performativité du langage et *empowerment* féministe », *Philonsorbonne*, 11 | 2017, 93-105.

# L'héritage

## 1. Le don

L'héritage, c'est, à première vue, ce que je laisse à ceux qui me survivront et que j'ai choisis comme destinataires testamentaires, ou ce qui me revient parce que ceux à qui j'ai survécu m'ont désigné comme destinataire de leur legs. Cet héritage renforce les liens choisis par la transmission d'un patrimoine matériel. La pierre survit à la chair, et chaque génération, habitant la même pierre, se soude par ce qui ne périt pas. L'héritage est également immatériel : il comprend notamment les valeurs transmises aux enfants, à la manière de Don Diègue qui demande à son fils, Don Rodrigue, de le venger, dans *Le Cid* de Corneille. Il déclare, à la scène V de l'acte I : « Je reconnais mon sang à ce noble courroux », et par la transmission de l'exécution de la vengeance et de la préservation de l'honneur, Don Diègue offre à son fils les valeurs qui sont les siennes.

## 2. La dette

Pourtant, un héritage, ce sont aussi les dettes du défunt : à la mort d'un individu, les destinataires de son testament, s'ils acceptent l'héritage, l'acceptent dans son intégralité, c'est-à-dire y compris la responsabilité des dettes éventuellement contractées par le défunt. Le roman *L'Envers de l'été* de Hajar Azell s'ouvre sur l'enterrement de Gaïa, la matriarche, et tout le récit se déplie autour de l'héritage de cette dernière. La famille hérite de secrets et de non-dits qui sont un héritage qui fait obstacle à lui-même : quand la position d'un individu dans la famille, son importance, tient à un seul autre membre de la famille et que celui-ci décède, il n'y a plus personne pour préserver la place de cet individu au sein de la famille et il ne peut réclamer de part dans l'héritage. La « dette » dont la famille hérite, c'est aussi la charge de se débrouiller sans celui ou celle qui organisait les rapports familiaux. Cette dette prend également la forme d'une tare héréditaire : l'héritage qu'on aimerait refuser, mais qui s'impose par ce qui s'apparente à un destin familial, comme dans *La Comédie humaine* de Balzac.

## 3. Le soi contre le collectif

L'héritage est un choix de l'individu – celui que confère le testament – contre celui du collectif. En nommant un héritier ou une héritière, j'exclus le reste de la société : je distingue un individu du collectif et, parce qu'il m'est cher, je lui donne le privilège de jouir de biens dont les autres ne pourront jouir. L'héritage est un moyen de reproduction des élites, en tant qu'il permet aux héritiers de s'appuyer sur un capital existant plutôt que de se constituer leur propre capital à partir de rien. L'héritage est une stratégie de préservation de la famille que Pierre Bourdieu décrit comme « [sauvegardant] son unité pour la transmission et par la transmission, afin de pouvoir transmettre et parce qu'elle est en mesure de transmettre ». Lorsqu'il n'est pas matériel, l'héritage peut aussi prendre la forme d'une stratégie de reproduction sociale, notamment par l'école. Peut-être serait-il nécessaire, afin d'assurer une véritable égalité des chances, de remettre en cause le modèle traditionnel de l'héritage.

# Le hasard

## 1. Ce qui est sans raison

Le hasard, c'est ce qui se produit sans raison, par exemple lorsqu'on croise un ami dans la rue d'une ville où l'on ne s'attendait pas à le trouver : on dit alors que la rencontre est due au hasard, même si chacun avait une raison de se trouver là (un rendez-vous professionnel, une visite de courtoisie), dans la mesure où cette rencontre n'était ni voulue ni organisée et où c'est, semble-t-il, sans l'intervention de la volonté de l'un ou de l'autre que les deux trajets ont coïncidé en un même point, au même moment. Le hasard peut constituer un refuge pour ceux qui refusent le destin et le déterminisme. Ainsi, Lucrèce explique dans *De rerum natura* la théorie du *clinamen*, qu'il attribue à Épicure. Les variations du monde seraient produites par la déviation des atomes dans leur chute. Ceux-ci s'entrechoqueraient suite à cette déviation, et c'est ce qui produirait du mouvement et de l'inattendu dans le monde.

## 2. Rien n'est sans raison : tout hasard est un signe qui s'ignore

Pourtant, lorsque nous repérons le hasard, c'est presque aussitôt pour le trouver suspect et pour chercher la raison de ce qui semble hasardeux. « Il n'y a pas de hasard », déclarons-nous pour refuser l'advenue sans raison d'une rencontre. « C'est le destin », pouvons-nous ajouter. Si nous nous croisons « par hasard » dans cette rue et dans cette ville où nous n'avions pas prévu de nous croiser, c'est que quelque chose, une puissance, a souhaité que nous nous y rencontrions. Ou bien ce sera l'un d'entre nous qui aura retenu la date du voyage de l'autre, de manière inconsciente, et qui aura précipité cette rencontre, sans même le savoir. Que l'on fasse intervenir l'inconscient ou l'intentionnalité d'une puissance que nous ignorons, le hasard est souvent, pour nous, le prétexte à trouver du sens à ce qui n'en a pas (ou du moins, ce qui n'en a pas en apparence). Alors même que le hasard est ce qui permet de sauver la liberté, dans une hypothèse matérialiste du monde, nous nous empressons de le contester, dès lors que nous le remarquons.

## 3. S'en remettre au hasard, ou comment se défaire de la responsabilité individuelle qui incombe à tout être humain en raison de son libre arbitre

Et lorsque nous ne cherchons pas à refuser que quelque chose existe sans raison, nous nous servons du hasard pour ne pas décider nous-mêmes de nos vies. C'est une option qui peut sembler poétique : jouer sa vie entière aux dés, ou à pile ou face, pour ne pas prendre de décisions. Cette attitude prétendument poétique peut toutefois être interprétée comme de la lâcheté : on pourrait croire qu'accueillir le résultat du dé, c'est faire preuve de courage, mais c'est en réalité se laisser la possibilité de n'être responsable de rien. Jouer sa vie à pile ou face, c'est ne pas être cause première, et c'est donc renoncer à son libre-arbitre, qui est pourtant inséparable de notre condition d'homme, ainsi que le soutient Sartre dans *L'existentialisme est un humanisme.*

# L'autofiction

Néologisme inventé par Serge Doubrovsky en 1977, sur la quatrième de couverture de son œuvre *Fils*.

## 1. Un mensonge : ce n'est pas de la fiction !

L'autofiction se présente comme une fiction, bien qu'élaborée à partir d'éléments biographiques de l'auteur. Pourtant, les critères de la fiction sont-ils vraiment remplis par les œuvres d'autofiction ? En premier lieu, les romans d'autofiction s'appuient sur des faits réels, et non sur des faits imaginaires, ce qui semble faire obstacle à la caractérisation de ces œuvres comme œuvres de fiction. Il s'agirait plutôt de témoignages : un auteur raconte, depuis son point de vue, comment s'est déroulé un morceau de sa vie. De plus, les personnages ne sont pas fictifs : même lorsque leurs noms sont maquillés, les amis qui les ont inspirés se reconnaissent dans ces personnages, et il est de même difficile pour le lecteur de distinguer l'auteur du narrateur. Mais le pacte fictionnel ne repose-t-il pas sur cette volontaire séparation entre auteur et narrateur ? Ainsi, dans *L'Occupation*, Annie Ernaux désigne son amant et la compagne de ce dernier par des initiales, et la jalousie qui la dévore, ainsi que son obsession d'en savoir plus sur celle-ci. Nous suivons son enquête, à peine transformée : en quoi ce récit d'une femme quittée par un homme, qui retrouve l'amour, est-il une fiction ? N'est-ce pas seulement un épisode de la vie de l'auteur ?

## 2. Un mensonge : ce n'est pas le réel !

Nous pourrions en déduire que les œuvres d'autofiction disent le réel, quoique l'étiquette qu'on leur attribue les fasse passer pour fictionnelles. Mais cette prétention à dire le réel est également mensongère : par le récit qui est fait de la vie, l'auteur transforme le réel, volontairement ou non, et en fait un objet littéraire. Pour que la matière réelle soit transmise au lecteur, il faut qu'elle soit digérée par les mécanismes de création de la fiction et qu'elle réponde, notamment, aux exigences du scénario : situation initiale, personnages marquants, complexes, élément perturbateur, dénouement.

L'équilibre entre action et description n'est pas dicté par le supposé réel, mais par l'économie de l'œuvre. C'est ce qui est reproché aux auteurs qui s'inspirent du réel, comme Miguel Ángel Hernández, dans *El dolor de los demás*, qui a voulu reconstituer la nuit où son meilleur ami a assassiné sa sœur et s'est ôté la vie. La famille de cet ami lui a reproché de donner un récit de ce qui n'a jamais été éclairé : en publiant une autofiction, un auteur construit la mémoire d'un morceau de vie qui devient, pour ses lecteurs, la réalité, alors qu'il n'y a que des versions des faits. L'auteur prétend dire *le* réel, mais il y a *des* réels, des regards portés sur le cours des événements. L'autofiction échoue également à se faire passer pour le réel.

## 3. Tous les romans sont des autofictions : ce n'est qu'une étiquette contemporaine pour décrire ce qui est là depuis toujours...

Peut-être le problème ne vient-il pas des œuvres, mais de cette étiquette que l'on choisit de leur donner. Ne parle-t-on pas d'autofiction pour qualifier les romans féminins à qui l'on refuserait l'universel pour les enfermer dans un « je » de l'intimité, qui ne vaut que pour soi et dont la valeur ne peut dépasser celle du témoignage ? Certains présentent *À la Recherche du temps perdu* de Proust comme la première œuvre d'autofiction, mais on pourrait se demander ce qu'apporte cette étiquette. Cela sépare les auteurs de pure fiction des auteurs qui s'inspireraient du réel. Mais peut-être les auteurs de « pure fiction » n'ont-ils opéré qu'une transformation plus grande sur le réel. On peut rencontrer, dans un roman qui se déroule sur Pluton, des personnages étonnamment familiers...

# La prostitution

**Rappel du cadre légal** : les clients des prostitué(e)s encourent une amende de 1 500 € (jusqu'à 3 750 € si récidive). Le délit de racolage a été supprimé en 2016, mais les prostitué(e)s peuvent, dans certains cas, être poursuivi(e)s pour délit d'exhibition sexuelle.

Il s'agit de déterminer si la prostitution est, ou non, un travail, et ce qui nous empêche d'envisager qu'un individu puisse consentir à sa propre exploitation.

## 1. Un travail comme un autre : louer son corps

La prostitution consiste à louer son corps. Elle se traduit par une liste de services sexuels auxquels on attribue un prix : ce n'est donc pas, ordinairement, une location du corps entier, dont le client pourrait disposer comme il le souhaite. Comme dans toute transaction, en amont de celle-ci, le client et le ou la prostitué(e) se mettent d'accord sur un ensemble de pratiques, et sur un prix. En cela, la prostitution est comparable à un travail, précaire parce que sans contrat durable, mais un travail quand même. Dans *King Kong Théorie*, Virginie Despentes défend l'idée que la prostitution est un travail et que l'on peut se prostituer par choix : elle décide de quitter son travail de bureau et de se prostituer parce qu'elle considère que les conditions de travail sont meilleures dans ce métier (flexibilité, rémunération, indépendance). Ce serait seulement l'idéologie bourgeoise qui s'opposerait à la prostitution, et surtout à sa légalisation, mais, selon Despentes, certains mariages ressemblent à une relation de prostitution institutionnalisée.

**Transition** : La prostitution existe dans toutes les sociétés. La tolérer sans la légaliser est une stratégie politique pour permettre le déversement des passions sur un terrain autre que la politique, comme c'est le cas dans le roman *1984* d'Orwell, où le Parti accepte la prostitution dans les quartiers prolétaires parce que celle-ci permettrait d'étouffer les contestations.

## 2. La prostitution n'est pas un travail

On accuse parfois les opposants à la légalisation de la prostitution de paternalisme : ce serait « pour le bien » des prostitué(e)s que l'on prétendrait interdire cette pratique, et on soutient parfois que ce métier ne peut être un choix. Mais dans quelle mesure peut-on considérer cette activité comme un métier ? Dans les *Leçons d'éthique*, Kant décrit la prostitution – « l'offre de sexe contre de l'argent » – comme un « consentement explicite à se faire utiliser comme un objet pour la satisfaction d'un autre ». Or, selon Kant, tout être humain est une fin en soi, et il est immoral de traiter un individu comme moyen. Dans la prostitution pourtant, c'est soi-même que l'on traite comme moyen. Est-ce toujours immoral ? Selon Kant, oui, cela ne peut être moral : celui qui loue le corps d'un autre le traite « comme un rôti de porc que l'on mange pour apaiser sa faim ». Bien que, dans d'autres métiers, on puisse faire intervenir le corps (par exemple dans le massage, ou lorsque l'on est mannequin), la prostitution semble irréductible à ces pratiques : le « service » sexuel ne serait pas un service.

**Transition :** Mais s'il semble impossible de concevoir un consentement moral à sa propre exploitation, est-ce à dire que la prostitution, lorsqu'elle est consentie, doit tout de même être illégale ?

## 3. Légaliser la prostitution pour mieux l'encadrer ?

Que devons-nous faire de la liberté de chacun de disposer de son corps ? Interdire aux prostitué(e)s d'exercer, est-ce faire preuve de morale bourgeoise ? L'argument des abolitionnistes pour interdire toute prostitution, c'est que le choix de se prostituer semble concerner une minorité de prostitué(e)s et que, pour protéger ce choix de certain(e)s, on tolérerait, en légalisant la prostitution, l'abus dont tout(e)s les autres sont victimes. Parmi les prostitué(e)s qui déclarent se prostituer par choix, beaucoup ont été victimes d'abus sexuels : il semble que l'abus subi ait précipité la vision de son propre corps comme moyen, dont d'autres peuvent se servir comme d'un objet. Pour décider de pénaliser ou non la prostitution, il n'est pourtant pas nécessaire de résoudre la question morale de la possibilité – ou non – d'un réel consentement à l'utilisation de son corps comme moyen par la proposition de services sexuels en échange d'une somme d'argent. La loi, le droit positif, n'est pas la morale : elle a pour but de donner un cadre légal aux pratiques, mais pas de dire ce qui est « bien » ou « mal ». Peut-être le meilleur moyen de répondre politiquement à la prostitution est-il d'étudier le régime de loi qui est le mieux à même de protéger la dignité humaine – en ne niant pas pour autant la parole des prostitué(e)s qui se diraient consentant(e)s. Si certain(e)s prostitué(e)s réclament la légalisation, pour être mieux protégé(e)s et obtenir des droits sociaux, il faut trancher quant à la possibilité que cette légalisation masque l'oppression dont, peut-être, la majorité des prostitué(e)s sont victimes et contre laquelle les abolitionnistes nous mettent en garde. Quand bien même la situation pratique de certain(e)s prostitué(e)s pourrait être améliorée par la légalisation, il convient de rappeler que la loi n'a pas pour fonction d'améliorer, dans l'urgence, la situation pratique de certains des citoyens, elle a pour but d'assurer la justice pour tous.

# Le labyrinthe

**Piège du sujet :** ne traiter le labyrinthe que comme métaphore ou comme symbole, et laisser de côté le sens littéral et le mythe de Dédale.

L'étymologie du terme labyrinthe est elle-même un « dédale » – comme on a l'habitude d'appeler le labyrinthe, par antonomase du constructeur du labyrinthe du roi Minos en Crète, ainsi que le note Andrea Marcolongo. Elle est, à ce jour, encore incertaine. Le terme serait préhellénique, mais son sens originel n'a pas été établi. Si le labyrinthe apparaît comme une construction qui protège son centre, difficilement atteignable, il semble pourtant que le plus difficile ne soit pas d'atteindre son cœur, mais d'en sortir. Le labyrinthe est-il construit pour protéger son trésor, ou bien pour faire de nous l'une de ses pierres ?

## 1. Le labyrinthe guide le visiteur jusqu'au centre : il n'est pas vraiment menaçant

Contrairement à ce que l'on pourrait imaginer, trouver le Minotaure n'est pas, pour Thésée, chose difficile : il s'oriente avec facilité jusqu'au monstre et parvient à le tuer. Le labyrinthe, alors qu'il évoque la complexité architecturale, n'est pourtant pas une accumulation chaotique de murs. Le sens du labyrinthe est dessiné par l'architecte – Dédale dans le mythe –, et Thésée est conduit jusqu'au Minotaure par la structure même du labyrinthe. De même, le labyrinthe Franco Maria Ricci, ou labyrinthe de la Masone, situé près de Parme, le plus grand jardin de bambous au monde, est tout sauf un dédale de bambous : il est tout à fait ordonné. Peut-être est-ce la prouesse que réalise le labyrinthe : nous offrir le frisson de la nature sauvage, la crainte de nous perdre dans une construction architecturale où rien n'est laissé au hasard et où rien n'est sauvage. Le labyrinthe représente une nature maîtrisée, et donc rassurante.

## 2. Mais il piège celui qui y est entré, et devient « maze », dédale, quand on a atteint son cœur

Mais l'*a priori* se confirme quand Thésée cherche à sortir du labyrinthe : si le chemin semblait tout tracé vers le Minotaure, le chemin de la sortie n'est pas dessiné. Cela est conforme au dessein de l'architecte lorsqu'il construit le labyrinthe : il s'agit d'empêcher le Minotaure de sortir, mais en revanche il n'y a pas lieu de protéger le Minotaure. Au contraire, sept jeunes garçons et sept jeunes femmes sont livrés au monstre tous les neuf ans. Nous pouvons ici nous appuyer sur la distinction entre *labyrinth* et *maze* que propose Jacques Poirier dans l'article « Dans les labyrinthes du récit : romans minotauréens et romans dédaléens »[4] : lorsque Thésée cherche la sortie, le labyrinthe devient *maze*, dédale, et ce n'est que grâce au fil d'Ariane, qui a déposé une bobine dans sa poche avant qu'il ne pénètre dans le labyrinthe, que Thésée peut en sortir. Le labyrinthe ne semble orienté que vers lui-même et ne jamais nous laisser en sortir.

## 3. Le labyrinthe comme allégorie de la recherche

De ce mythe, le terme « labyrinthe » garde la connotation d'un espace où nous risquons de rester prisonnier. Mais en quoi cette allégorie est-elle représentative de notre réflexion ? Nous pourrions nous demander dans quelle mesure la figure du labyrinthe peut être interprétée comme une allégorie de la recherche. Dans l'*Apostille au « Nom de la rose »*, Umberto Eco distingue trois types de labyrinthes, que Giuseppe Lovito analyse dans sa thèse : celui qui n'a qu'un seul chemin, « unicursal » ; celui qui a plusieurs chemins, dont un seul est le bon et mène au centre, dit « maniériste » ; et le labyrinthe en « rhizome », qui a une infinité de chemins et pas de centre. Ces modèles de labyrinthe peuvent nous permettre de comparer différentes méthodes de recherche et de mettre au jour les avantages que présente le dernier d'entre eux. Le labyrinthe en « rhizome » – en référence à Deleuze et Guattari –, comme il est sans intérieur et extérieur et qu'il n'a pas de sortie, est un défi dont l'objectif n'est pas de le relever et d'ensuite s'en défaire. C'est un labyrinthe qui pourrait notamment symboliser notre

4. Marie-Hélène Boblet, *Chances du roman, charmes du mythe : versions et subversions du mythe dans la fiction francophone depuis 1950*, Presses Sorbonne nouvelle, DL 2013, pp.135-144, 2013.

recherche en matière de technique et d'intelligence artificielle, qui n'est plus nécessairement orientée par la volonté de résoudre des problèmes mais par le désir d'explorer tous les chemins du labyrinthe. Ce type de labyrinthe porte davantage la marque de Dionysos, c'est-à-dire du désir et de la profusion, que d'Apollon – c'est-à-dire de l'ordre, comme pouvaient le figurer les labyrinthes unicursaux et maniéristes.

# Le rythme

## 1. La persistance

Entendre un rythme suppose la mémoire : une oreille qui ne serait que présente, toujours instantanée, ne pourrait entendre un rythme, lequel se construit nécessairement dans la durée. Le rythme est ce qui sauve le son de l'oubli : on oublie un battement isolé, mais on rappelle à soi la série de battements de la cloche d'une église pour savoir l'heure qu'il est. Lorsque je prends conscience que la cloche est en train de sonner, j'ai déjà compté, de manière inconsciente, les battements précédents : le rythme s'est imprimé dans ma mémoire, et je peux savoir l'heure qu'il est en ayant parfois seulement eu conscience du dernier battement de cloche. Dans une musique, j'entends la croche comme un contretemps à la condition d'avoir la mémoire du temps, c'est-à-dire du tempo. Un triolet ne s'entend que si je sais que le morceau n'est pas joué sur un rythme ternaire. Il me faut la mémoire du temps qui précède, ou l'anticipation du prochain temps. Le rythme suppose que l'on batte intérieurement la mesure, c'est-à-dire, que l'on ait la mémoire du son.

## 2. La dissociation : voir ce qui n'existe pas

Décrire le rythme suppose une dissociation du sujet : il lui faut s'arracher au présent, et même à la ligne temporelle, pour voir simultanément les composantes du rythme alors qu'elles sont apparues successivement. Nous « [alignons] les sons successifs dans un espace idéal, et [nous nous imaginons] compter alors les sons dans la pure durée », écrit Bergson dans l'*Essai sur les données immédiates de la conscience*. Pour compter les battements d'une cloche, comme pour entendre un rythme, il nous faut dessiner ces sons dans un lieu non temporel, où ils n'ont jamais résonné. Il faut détruire le son pour compter le rythme : « Il faudra bien alors que je les dissocie, et que cette dissociation s'opère dans quelque milieu homogène où les sons, dépouillés de leurs qualités, vidés en quelque sorte, laissent des traces identiques de leur passage. » La représentation du rythme exige la faculté du sujet de concevoir un symbole : à la différence de l'image (métaphore), le symbole est une projection verticale, il distingue plutôt qu'il ne rapproche. Le rythme demande, pour être entendu, une dissociation.

## 3. Le rythme dépend de notre propre pulsation

Le rythme, c'est aussi le battement de la mesure : 60, adagio ; 80, andante ; 120, allegro. Ce tempo mesuré au métronome, nous le vivons aussi dans notre conscience. Dans *Matière et mémoire*, Bergson écrit : « La durée vécue par notre conscience est une durée au rythme déterminé, bien différente de ce temps dont parle le physicien et qui peut emmagasiner, dans un intervalle donné, un nombre aussi grand qu'on voudra de phénomènes. » À la différence du temps mesuré par l'horloge, ou battu par le métronome, celui de notre conscience a un rythme propre qui peut se rétracter ou s'étendre. Il y a donc d'une part le temps mesuré ou mesurable dont les intervalles sont réguliers, et le temps vécu, dont notre conscience fixe la durée. Ainsi, en une seconde de temps physique nous pouvons vivre des heures lorsque nous déplions le récit de cette seconde marquante. À l'inverse, une année peut s'épuiser en quelques mots. Nous pouvons vivre plus ou moins de phénomènes en un même intervalle de temps, et battre la mesure au rythme que nous nous choisissons. En somme, le rythme serait la densité de phénomènes perçus que contient l'instant.

# La mélancolie

## 1. La joie d'être triste

La mélancolie semble tout d'abord l'état de tristesse, de léthargie, dans lequel on se complaît. La mélancolie serait entretenue par le sujet lui-même, qui s'abandonnerait à la rêverie triste. La mélancolie est-elle une satisfaction masochiste à produire intérieurement des images tristes ? Dans *Lost in translation*, Sofia Coppola fait le portrait croisé de Bob Harris, un acteur dont la carrière s'essouffle, et de Charlotte, qui accompagne son mari photographe mais qui s'ennuie pendant que ce dernier ne s'intéresse qu'à son travail. Les plans du film sont presque tous mélancoliques : si la tendresse qui s'installe entre Bob et Charlotte est belle – par exemple, dans le plan où tous deux sont adossés contre un mur de béton et où Charlotte porte une perruque rose –, elle l'est sur fond de tristesse. Ce n'est pas une histoire d'amour naissante, pleine de vitalité et de couleurs chaudes, mais une idylle dont le rythme est lent et dont les battements sont presque muets. Ces personnages pourraient symboliser l'état mélancolique : la tristesse de vivre, même dans les expériences qui, ordinairement, sont associées à la force de vivre – telle que l'est l'histoire d'amour.

## 2. La tristesse qui se nourrit d'elle-même

Mais le choix de la tristesse que semble faire le mélancolique se traduit bientôt en obligation de la langueur et en impossibilité de l'action. Dans *Oblomov*, d'Ivan Gontcharov (*cf.* Annexes), le personnage principal, Ilya Oblomov, présenté comme un paresseux qui ne se lève jamais de son divan, est peut-être un personnage mélancolique. En effet, il semble qu'il renonce à tout ce qui peut le tirer de son indifférence aux choses. Il n'est pas habité par une tristesse dramatique, qui serait une tristesse vivante, expressive ; son âme semble plutôt ralentie. Une histoire d'amour avec Olga semble possible. Ilya est irrésistiblement attiré par son divan, qui pourrait symboliser sa mélancolie, son choix de la tristesse comme mode d'être au monde. Chaque décision qu'Oblomov refuse de prendre le conforte dans sa mélancolie et dans le sentiment que le monde extérieur est hostile.

La mélancolie, ce serait le refus progressif du monde et l'enfermement intérieur, jusqu'à ce que l'âme soit si ralentie qu'elle quitte le corps.

## 3. L'annulation du présent, sur lequel coule la bile noire

La mélancolie a pour étymologie la bile noire, et il semble que cette substance visqueuse soit une représentation parlante de ce sentiment. Qu'elle soit un choix de nourrir la tristesse ou un enfermement dans la lenteur de vivre, la mélancolie semble modifier notre expérience de la temporalité. Elle est l'expérience métaphysique de l'annulation de l'écoulement du temps. Si la mélancolie peut rappeler le passé, par exemple la jeunesse chez Oblomov, elle se distingue pourtant de la nostalgie en tant que ces images du passé sont tout aussi peu vivantes que l'individu qui les convoque. La rêverie mélancolique n'a pas la vivacité du souvenir nostalgique. Le mélancolique ne rêve pas, au sens littéral, il est englué dans un présent éternel – peut-être à cause de la « bile noire » qui l'habite. Dans *La Mouette* de Tchekhov, tous les personnages passent à côté de leur vie et il semble que la responsable soit la mélancolie, qui est peut-être ce que les personnages désignent du nom de « mouette ». Nous pourrions aussi la rapprocher de la lune, qui est évoquée tout au long de la pièce, notamment par Trigorine : « à chacun sa lune ; la mienne, c'est jour et nuit cette pensée obsédante : tu dois écrire, tu dois écrire, tu dois… » ; mais aussi par Nina : « depuis des milliers de siècles la terre ne porte plus d'êtres vivants, et cette pauvre lune allume en vain sa lanterne ». Même le suicide semble impossible pour sortir de la mélancolie : Constantin rate sa première tentative de suicide, la balle qu'il tire ne fait qu'effleurer sa boîte crânienne. La mélancolie serait une condamnation à rester au présent, à ne pouvoir ni se réjouir de souvenirs passés – la nostalgie –, ni se projeter dans un avenir meilleur – l'espoir –, ni même mettre fin à la langueur perpétuelle – la mort.

# La crise

Il est possible de remarquer d'abord la multiplicité d'expressions qui contiennent le mot « crise » et d'analyser ce qui pourrait constituer leur trait commun.

En chinois, le mot 危机 (Wēijī), qui signifie la crise, est composé du caractère « dangereux » ou « périlleux » (危) et du caractère « changement » ou « pivot » (机). Il arrive que l'on extrapole le sens du premier caractère, pour le considérer comme un synonyme de « chance ».

## 1. L'effondrement d'un système devenu inadéquat

La crise correspond au moment où un modèle de société ou un paradigme s'effondre. Cet effondrement est inattendu et ne semble pas pouvoir être résolu par le système lui-même. En présence de crise, il semble que la solution pour sauver ce qui est menacé doit venir d'une aide extérieure – qu'il s'agisse d'un État, d'une invention technique ou bien d'une nouvelle théorie autour de laquelle on peut construire de nouvelles croyances. La crise conduit à une remise en question des valeurs : si ce qui importait s'est effondré, devons-nous en déduire la nécessité d'instaurer de nouvelles valeurs, ou bien devons-nous conserver ces valeurs et imaginer un moyen de retrouver l'équilibre, ou, le plus souvent, de rétablir la croissance ? Le roman *La Cave*, de Thomas Bernhard, commence par une crise interne du personnage inspiré de l'auteur lui-même : il prend, au lieu d'aller au lycée, la route opposée. La crise est décision, et le caractère en apparence anecdotique de celle-ci (faire demi-tour) ne diminue pas la radicalité de ses conséquences dans la vie de Thomas Bernhard qui, au lieu d'étudier, se met à « ramasser la poussière » dans l'entrepôt de Monsieur Podlaha.

**Transition** : L'effondrement n'est jamais total : il faut bien que quelque chose continue, au moins nous-mêmes, pour que l'on remarque le devenir. Or, la crise, du grec *krisis*, est un jugement, une décision : si nous sommes la permanence qui survit à la crise, celle-ci n'est-elle pas, pour nous, une occasion à saisir ?

## 2. La chance de devenir meilleur

Si la crise est dangereuse, parce qu'elle nous fait craindre la disparition de ce à quoi nous étions attachés, ou bien de ce dont nous avions besoin pour vivre, elle est dans le même temps une chance. D'abord dans son sens économique : dans une crise, certains parviennent à s'enrichir. La volatilité peut être source de profit pour celui qui avait parié sur cet effondrement. La crise peut également être profitable pour celui ou celle qui mise sur ce qui permettra la reprise. Pour que la crise soit une chance pour celui qui s'est enrichi à l'occasion de la perte des autres, il faut toutefois que celui-ci trouve sa place dans le système qui remplace celui d'avant crise. Autrement dit, dans les deux cas, la crise n'est une chance qu'à condition d'être adapté à ce qui succède à la crise. Cet après peut être similaire à l'avant-crise, mais en ce cas la crise n'est que « péril », et non pas « chance ». La crise est l'occasion d'une *tabula rasa* : plutôt que d'essayer de sauver les meubles, c'est-à-dire de s'accrocher à tout ce que la crise n'a pas détruit, peut-être le moyen de transformer celle-ci en chance est-il de laisser émerger un nouveau système, et de considérer la crise comme le symptôme que l'ancien système était caduc.

**Transition :** Dans *Qu'est-ce que la politique ?*, Hannah Arendt écrit : « Le monde édifié par les mortels en vue de leur immortalité potentielle est toujours menacé par la condition mortelle de ceux qui l'ont édifié et qui naissent pour vivre en lui. En un certain sens, le monde est toujours un désert qui a besoin de ceux qui commencent pour pouvoir à nouveau être recommencé. » Le monde a besoin du recommencement, et ce dernier est permis par la crise.

## 3. Le refus de la possibilité de la crise comme refus de l'incertitude

La crise, à la fois péril et chance, est possible quel que soit le système que nous nous choisissons. Peut-être le refus de celle-ci, tout comme l'ambition de créer un système qui ne puisse être ébranlé par aucune crise, est-il non seulement illusoire mais dangereux. En effet, cela peut nous conduire à confondre précaution et prévention : la crise, toujours possible, n'est toutefois pas prévisible par les modèles de prédiction, ainsi que le montre Nassim Nicholas Taleb dans *Le Cygne noir* (*cf.* Annexes). Pourtant, malgré l'impossibilité de la prévoir, le pouvoir politique se donne parfois pour objectif de l'anticiper, notamment en appliquant le principe de précaution qui consiste à s'abstenir d'agir lorsque l'on n'est pas sûr des conséquences de son action. Ce principe de précaution peut apparaître légitime pour prendre le temps de la décision, mais il peut se transformer en prévention, qui consiste à agir pour prévenir une situation qu'on ne peut pas anticiper et dont on ne peut pas dire si elle se produira. Or, en situation d'incertitude, seule la précaution a un sens : la prévention est rassurante, mais inutile, et elle contient ses propres excès. Dans *L'Inquiétant Principe de précaution*, Gérald Bronner et Étienne Géhin soulignent la dimension idéologique du « précautionnisme » : celui-ci vise à garantir un risque zéro de la science, alors que ce dernier est inatteignable. Le principe de précaution, appliqué de manière systématique et désordonnée, conduit à renoncer à agir en raison de la surestimation de situations dont la probabilité est très faible. Il semblerait que le coût politique, économique et social à refuser la possibilité de la crise – alors même que celle-ci peut se produire indépendamment des précautions prises – soit bien plus lourd que l'acceptation de crises ponctuelles, qui permettent de repenser un système.

# Sujets expressions

## « C'est contre nature »

Deux questions :

- l'expression « c'est contre nature » est souvent utilisée pour réprouver une pratique. Mais nous devons examiner ce présupposé : si c'est contre nature, cela signifie-t-il nécessairement que c'est mal ? En d'autres termes : la nature fournit-elle la norme du bien ?
- il nous faut également analyser l'expression pour nous demander si cela a un sens de désigner certaines pratiques comme opposées à la nature.

### 1. Une expression qui concerne toute production culturelle. Tout ce qui est produit n'est-il pas « contraire » à la nature ?

En premier lieu, il semble que, par définition, toute production humaine est contre nature. Toute production humaine – le travail, la technique, la spiritualité, la production de normes – semble faire partie de la culture comme ensemble des pratiques par lesquelles l'homme se détache de la supposée nature. Par exemple, la technique est un moyen de produire des objets qui pallient nos manques naturels. Selon le mythe de Prométhée, Épiméthée, frère de Prométhée, a oublié les hommes dans la répartition des qualités aux différentes espèces animales. Pour compenser cet oubli, Prométhée vole le feu aux dieux et le donne aux hommes. Par la technique, l'homme transforme la nature et, en ce sens, on pourrait considérer toutes les transformations humaines comme contraires à la nature. Nous pourrions également souligner que ce qui apparaît comme plus naturel chez l'homme (crier lorsque l'on est en colère) est en réalité tout aussi fabriqué que le langage que nous utilisons : c'est l'une des thèses de Merleau-Ponty dans la *Phénoménologie de la perception* : notre gestuelle, notre façon d'exprimer l'amour ou la colère, ne sont pas plus naturelles que « d'appeler une table une table ». Merleau-Ponty considère que « tout est fabriqué et tout est naturel » chez l'homme. Il semble donc que l'expression « c'est contre nature » n'a pas de sens, parce que nous pourrions considérer que tout est contre nature.

**Transition** : Mais si tout est à la fois fabriqué et naturel, ne devrions-nous pas plutôt considérer que rien n'est contre nature ?

## 2. Une expression sans objet : rien n'est contre nature

Peut-être l'expression « c'est contre nature » est-elle inapplicable. Prenons l'exemple des OGM : pour les combattre, on soulève parfois l'argument qu'ils seraient contre nature. Pourtant, cet argument n'est pas recevable – ce qui ne signifie pas que l'on doive considérer qu'il est éthique de produire des OGM. Pour produire un OGM viable, il faut étudier les lois de la nature et s'y plier. Pour produire un raisin sans pépins, il faut faire des expériences et trouver la bonne formule pour que le fruit garde les composantes que l'on souhaite – le goût et la texture du raisin –, mais pas les pépins. Cette modification génétique est artificielle, cependant elle ne donne un fruit ou un légume satisfaisant qu'à la condition de se plier aux lois de la nature. En ce sens, les OGM ne sont pas contre nature. Le remarquer permet de reposer les termes du débat autour de cette pratique. Spinoza définit la nature comme la totalité des existants soumis aux mêmes lois naturelles : toute chose, y compris l'homme, aussi bien que ses productions, est donc une expression de la nature.

**Transition** : Tout ce qui existe, existe en conformité avec les lois de la nature. Nous ne produisons rien de surnaturel ou de contre nature. Dresser ce constat permet de débattre de questions éthiques pour elles-mêmes, alors que l'étiquette « contre nature » est un argument d'autorité irrecevable – car rien n'est contre nature – qui empêche un véritable débat. Si nous pouvons enfreindre des lois humaines, nous ne pouvons, en revanche, pas enfreindre celles de la nature.

## 3. La nature est prise à tort comme prétexte pour appuyer ou rejeter une pratique

L'association spontanée entre naturel et bon, et entre artificiel et mauvais, est souvent l'indice que l'on veut faire porter à la nature la responsabilité de nos décisions : il s'agit d'un **sophisme naturaliste** qui consiste à déclarer qu'une chose est bonne parce qu'elle est naturelle (ou habituelle). Ce sophisme légitime les normes sociales dominantes : « puisqu'il en a toujours été ainsi, cela *doit* signifier qu'il est bon qu'il en soit ainsi ». On se cache derrière la nature pour ne pas dire que l'on réprouve telle possibilité technique, ou telle pratique, plutôt que de donner des arguments qui justifient cette opposition. Dans *Bienvenue à Gattaca*, film réalisé par Andrew Niccol, on propose aux parents de créer le meilleur embryon possible à partir de leurs gamètes. Cette sélection génétique introduit une forte discrimination dans la société : les enfants conçus par la méthode naturelle sont exclus du fonctionnement social, et toutes les positions sociales prestigieuses supposent un génome performant. Dans cet exemple, le problème que pose la manipulation génétique n'est pas qu'elle soit contre nature : ce sont les implications morales et politiques de la légalisation d'une telle technique qui sont à étudier. La nature n'a pas besoin d'avocat, elle n'a pas besoin d'être défendue comme si elle nous était étrangère – car nous en faisons partie.

# L'autorité légitime

## 1. Pour qu'une autorité soit légitime, il faut d'abord qu'elle soit réellement une autorité, et non pas une force qui se prétend « autorité »

Pour qu'une autorité soit légitime, il paraît d'abord nécessaire qu'elle soit une autorité réelle : on ne pourrait pas justifier, légitimer une institution sans autorité. La condition première semble l'autorité, et non la légitimité, qui pourrait être un sceau attribué *a posteriori*. L'autorité est un pouvoir qui assure l'obéissance de ceux sur lesquels il s'exerce. Une autorité sait se faire obéir : il ne suffit pas de se prétendre autorité et d'espérer, par une justification accessoire, devenir une autorité réelle – c'est-à-dire obtenir l'obéissance –, il faudrait d'abord s'assurer d'être obéi, et ensuite montrer que cette obéissance est justifiée. C'est pourquoi, selon Machiavel au chapitre IX du *Prince*, le prince doit paraître indispensable aux yeux de ceux qui lui obéissent : « Le prince doit [...] imaginer et établir un système de gouvernement tel [que] les citoyens aient besoin de lui : alors il sera toujours certain de les trouver fidèles. » C'est le « besoin » que les citoyens ont du prince qui assure la pérennité de son autorité sur eux. Sans ce besoin, les citoyens peuvent cesser de lui obéir. Il serait alors inutile de chercher à montrer la légitimité de son pouvoir : car dès lors que l'obéissance cesse, ce pouvoir a disparu.

## 2. L'autorité tire sa légitimité de la croyance de celui sur lequel elle s'exerce

Si l'autorité doit d'abord se manifester par l'obéissance des citoyens, ne serait-ce pas également celle-ci qui serait, seule, à même de rendre l'autorité légitime ? L'autorité n'est durable qu'à condition que sa légitimité soit reconnue par ceux sur qui elle s'exerce : c'est la thèse de Max Weber dans *Économie et société*, qui associe légitimité et reconnaissance sociale. Il distingue trois types d'autorité légitime : légale, traditionnelle et charismatique. Celui qui obéit le fait soit par une croyance rationnelle (en la légalité et le droit), soit par une croyance en la « sainteté de traditions », ou encore par « soumission extraordinaire au caractère sacré, à la vertu héroïque ou à la valeur exemplaire d'une personne ». Le dernier type de fondement de la légitimité de l'autorité est charismatique. Dans les trois cas, c'est la croyance qui permet à l'autorité de s'établir durablement. Il apparaît que la légitimité de l'autorité repose sur la capacité de cette autorité à produire un récit en lequel les citoyens croient, afin qu'ils acceptent d'obéir à ce que ce récit prévoit.

## 3. L'illégitimité de toute autorité : une maladie moderne ?

La légitimité de l'autorité, qui s'exprime par la reconnaissance sociale de cette autorité, semble remise en question dans les démocraties modernes. Ce n'est pas le caractère légitime d'une autorité qui est remis en question, mais la possibilité pour une autorité, quelle qu'elle soit, de s'exercer sur les citoyens. Dans *La Fin de l'autorité*, Alain Renaut soutient la thèse que la conscience démocratique fragilise la possibilité pour le pouvoir d'exercer l'autorité. Ainsi la confiance, qui provenait du vote, de l'élection de représentants, semble ne plus être assurée. La supposée disponibilité de l'information remet en cause les structures de légitimité traditionnelle fondées sur le savoir. Cette crise de la légitimité s'exprime également dans la relation éducative : Renaut s'oppose à une relation entre adulte et enfant qui serait fondée sur le « régime du même », c'est-à-dire sur la négation de la différence entre adulte et enfant et sur le refus que le premier ait autorité sur le second. Elle est également manifeste dans le domaine médical, dans la mesure où nous attendons du médecin plus que son avis médical (une capacité à prévoir, une certitude dans le diagnostic), sans que les médecins soient formés pour répondre à ces attentes et les encadrer, ce qui entraîne des déceptions et une moindre confiance en la médecine. Le citoyen peut, par scepticisme, décider de s'informer et de se soigner lui-même, refusant le savoir et l'expertise du médecin. Partout, la confiance s'érode et la légitimité de l'autorité semble remise en cause. Cette égalisation met en péril les institutions sociales existantes et la possibilité de la transmission en valorisant un modèle de société fondé sur une collaboration égalitaire, mais dont les critères de valeur et de fiabilité sont à définir.

# L'herbe est toujours plus verte chez le voisin

## 1. L'herbe me paraît plus verte chez mon voisin, parce que le désir porte sur ce que je n'ai pas

Parce que je ne possède pas l'herbe du voisin, je la désire et je lui attribue des propriétés fantaisistes – sans même parfois l'avoir vraiment observée. Mon désir a pour motif ma frustration de ne pas posséder la même chose que lui. Le désir est le manque de l'objet désiré : parce que je ne possède pas cette herbe, je la trouve très verte. Si mon voisin me la donnait, je ne la trouverais plus si verte. En somme, c'est en raison de passions humaines, entre autres la jalousie, que les objets possédés par d'autres m'apparaissent plus désirables que les miens.

## 2. Si c'est moi qui l'ai tondue, ma pelouse peut paraître plus verte que celle du voisin

À la jalousie, nous pouvons opposer l'orgueil, une autre passion humaine qui peut contrarier le sentiment que les possessions des autres sont meilleures que les miennes. Un biais cognitif (*cf.* Lexique) pourrait expliquer cet attachement à nos possessions autrement que par l'orgueil. On appelle « effet Ikea », ou « effet de possession », le biais cognitif suivant lequel le plus grand attachement que l'on éprouve à l'égard de nos possessions pourrait venir du temps que l'on passe à les produire. Ainsi, nous serions davantage attachés aux meubles que nous avons nous-mêmes montés qu'aux meubles livrés déjà montés. Cet effet a été identifié notamment par Michael Norton. Nous serions plus enclins à accorder de la valeur aux choses que nous avons produites nous-mêmes – dans le cas présent : une pelouse tondue par nous-mêmes dans son intégralité.

## 3. Le désir embellit l'objet, un objet imaginaire que l'objet réel ne peut égaler : l'herbe imaginée est plus verte que toutes les autres

Si nous mettons de côté les passions – la jalousie et l'orgueil – et les considérations sociales pour nous concentrer sur la mécanique d'idéalisation de l'objet désiré, nous pouvons en venir à soutenir que l'herbe imaginée est la plus verte de toutes les herbes – celle du voisin n'en est qu'une déclinaison possible. Dans le livre II d'*Émile ou De l'éducation*, Rousseau écrit : « Il n'y a rien de beau que ce qui n'est pas. » L'imagination est la faculté que nous possédons d'embellir ce que nous ne possédons pas encore. Avec « la jouissance », déclare-t-il, cesse « l'illusion », c'est-à-dire que la confrontation avec l'objet réel est toujours une déception. L'herbe imaginée nous apparaît plus verte que celle qui est devant nos yeux.

# Vérifier l'information

## 1. On ne peut qualifier un énoncé d'information que s'il informe

Il nous faut tout d'abord nous demander si l'expression, dans sa littéralité, a un sens. « Vérifier l'information » semble un pléonasme : comment une information pourrait-elle informer, c'est-à-dire nous apprendre quelque chose, si elle n'est pas vraie ? Or, si elle l'est toujours, il n'y a pas lieu de la vérifier. Peut-être faudrait-il qualifier de « marché cognitif » et non de « marché de l'information » les « produits qui informent notre vision du monde » – c'est du moins la proposition de Gérald Bronner dans *La Démocratie des crédules*. L'expression « vérifier l'information » est une injonction qui est le résultat d'une abondance de « produits » cognitifs disponibles, notamment sur Internet, et de la difficulté, pour celui qui les reçoit, de déterminer à quels produits accorder du crédit, dans la mesure où leur ordre d'apparition dépend d'un algorithme qui n'évalue pas la fiabilité de ces produits.

## 2. Pourtant, il existe une liste de moyens visant à vérifier si un contenu est bien une information

L'apparente absence de hiérarchie entre les produits cognitifs – qualifiés d'« informations » – ne nous empêche toutefois pas de les vérifier, c'est-à-dire de déterminer à quels produits nous pouvons donner notre approbation. Cette opération ne consiste pas à vérifier l'information – l'expression est un abus de langage – mais à vérifier que le contenu, ou le produit cognitif proposé, est *bien* une information. La Fédération internationale des associations et institutions de bibliothèques (IFLA) propose huit méthodes pour repérer les dites *fake news* (ou « infox »), parmi lesquelles : identifier la source et l'auteur, vérifier la date, aller au-delà du titre de l'article, se demander s'il s'agit d'un contenu à visée humoristique, et confronter cet article (ou ce produit cognitif) à d'autres produits cognitifs (autres que ceux que l'article mentionne). Critiquer l'expression « vérifier l'information » – en tant qu'elle peut laisser croire qu'une information pourrait être « fausse » et être quand même une information – ne signifie donc pas renoncer à la démarche de repérage des *fake news*.

## 3. En définitive, ce qu'il reste, c'est toujours la confiance

Toutefois, même avec ces méthodes, ce qu'il reste pour ne pas risquer une régression à l'infini de la vérification, c'est la confiance que nous avons en une source que nous considérons fiable, dans les experts, dans les figures d'autorité. Dans *De la certitude*, Wittgenstein soutient qu'en définitive toutes nos certitudes reposent sur notre capacité à faire confiance, au moins à nous-mêmes, par exemple lorsque nous jugeons quelle est notre main droite et notre main gauche, ou lorsque nous jugeons que telle couleur est du bleu : « Ne dois-je pas commencer quelque part à faire confiance ? C'est-à-dire : il faut que quelque part je commence à ne pas douter. » La notion d'information repose sur la croyance que nous avons dans le discours à visée informative et sur la confiance que nous avons dans les producteurs de ces discours. Si le marché cognitif et celui de l'information deviennent indiscernables, la notion d'information est menacée car l'information suppose que le discours est vrai, or cela n'est plus assuré quand les deux marchés sont confondus.

# Le témoin invisible dans l'expérience scientifique

## 1. Pour une science objective, il faut un témoin invisible de l'expérience

La science moderne est construite sur l'objectivité : le scientifique vise, par des expériences, à se défaire de la subjectivité. Pour cela, il établit notamment un protocole d'expérience afin que tout biais soit repérable et que l'expérience puisse être reproduite – si elle peut l'être, on suppose alors que son résultat ne dépendait pas de l'expérimentateur et qu'il peut être objectif. Ce mythe de l'objectivité a longtemps exclu les femmes de la pratique scientifique car on considérait qu'elles ne pouvaient accéder à l'objectivité. Dans l'article « Le témoin modeste : diffractions féministes dans l'étude des sciences », Donna Haraway met en évidence l'importance de la figure du « témoin modeste » dans la constitution de la science moderne. Pour qu'un témoin soit dit « modeste » et que son témoignage soit considéré comme fiable, il faut qu'il soit « lui-même invisible ». Mais, contrairement à ce que soutiennent les défenseurs de ces critères de la science moderne, nul n'est invisible : ce témoin appartient « en réalité à cette "catégorie non marquée" construite à partir des conventions extraordinaires de l'auto-invisibilité ». L'invisibilité, c'est le fait d'être un homme de science, occidental, et d'appartenir à la modernité. C'est à Robert Boyle que nous devons cette nécessité de l'invisibilité du témoin comme condition de l'objectivité, mise en application dans ses expériences avec la pompe à air. S'il présente son laboratoire comme un laboratoire ouvert, il réalise pourtant une « démonstration importante tard dans la nuit », explique Haraway, « afin d'en exclure les femmes ». La science moderne s'est donc construite autour de la notion de témoin modeste, invisible, objectif de l'expérience, et a exclu les femmes – ainsi que les hommes non blancs – de cette possible invisibilité.

## 2. Le témoin de l'expérience est un point de vue : il faut l'inclure dans le protocole de l'expérience

Mais aucun témoin n'est invisible : celui qui interprète l'expérience en fait un récit qui porte la marque de son énonciateur. Lorsque les premières descriptions de la reproduction humaine ont été faites, l'ovule a été présenté comme un gamète passif, par opposition au spermatozoïde qui serait actif et conquérant. Ce récit n'était appuyé sur aucune preuve, ou plutôt, si l'on avait cherché ce qui était actif dans le gamète mâle, on ne l'avait pas fait pour le gamète femelle. Il apparaît en réalité qu'ovule et spermatozoïde sont tous deux actifs dans la reproduction : l'ovule envoie des messages chimiques – c'est-à-dire que la cellule pratique le chimiotactisme – pour, entre autres, attirer les spermatozoïdes dans la bonne direction. Par cet exemple, nous pouvons nous apercevoir que l'interprétation d'une expérience n'est jamais neutre : lorsque l'on décrit un phénomène naturel, lorsque l'on produit un récit, on introduit dans ce récit nos propres stéréotypes.

## 3. Contre le mythe de l'objectivité, il faut des « savoirs situés », avec des témoins que l'on nomme

Si le témoin n'est jamais invisible, mais qu'on vise à une description correcte du réel, la solution est peut-être de renoncer au mythe de l'objectivité, non pour le remplacer par un relativisme universel mais pour promouvoir des savoirs situés, qui reconnaissent le point depuis lequel ils produisent un récit. Sinon, nous nous exposons à une curieuse définition de l'objectivité qui correspondrait au seul point de vue de l'homme blanc cultivé. La notion de témoin invisible invisibilise les femmes et certaines catégories de populations, comme le montre Sandra Harding dans *Whose Science ? Whose Knowledge ?* L'un des problèmes de la science est qu'elle ne remet pas en cause ses présupposés, par exemple la croyance en l'universalité de la cause – le fait que tout phénomène a une cause, bien qu'on ne puisse pas toujours la connaître. Pour expliciter les présupposés de la science, il faudrait détruire le mythe de l'objectivité, ce « truc divin qui consiste à voir tout depuis nulle part » (Haraway, « Savoirs situés »), et défendre un pluralisme fondé sur la situation des savoirs. Il s'agit de s'appuyer sur les expériences vécues et d'expliciter le point depuis lequel nous prenons la parole. Haraway explique que ces « perspectives partielles » ne sont pas un relativisme, car celui-ci équivaut à l'objectivité dans la mesure où tous les points de vue sont égalisés. Le « moi » d'un sujet est « contradictoire », et le scientifique ne fait pas exception à cette division intérieure : c'est pourquoi, pour construire la science, il faut prendre en compte cette division, la multiplier, et créer un réseau entre les différents « moi » individuels, tous divisés.

# La fatigue d'être soi

## 1. La fatigue d'être soi est une complainte de l'hypocrite qui se cherche des excuses pour se décharger de la responsabilité entière de son existence

La fatigue d'être soi peut apparaître comme une excuse pour ne pas être celui que nous aimerions être : à celui qui nous reprocherait de ne pas agir convenablement, nous pourrions répondre que nous en sommes conscients, que nous sommes fatigués de nous-mêmes et de notre incapacité à nous maîtriser. N'est-ce pas pourtant une plainte hypocrite ? La fatigue d'être soi n'est-elle pas un prétexte pour ne pas faire ce que l'on ne veut pas faire ? Dans *L'existentialisme est un humanisme*, Sartre soutient que, par confort, nous aimerions nier notre propre liberté et la possibilité de devenir qui nous voulons : « Au fond, c'est cela que les gens souhaitent penser : si vous naissez lâches, vous serez parfaitement tranquilles, vous n'y pouvez rien, vous serez lâches toute votre vie, quoi que vous fassiez. » Au contraire, soutient Sartre, le fait de devenir lâche ou héros ne dépend que de nos actions, et pas des conditions : on ne peut pas se réfugier dans le déterminisme – j'ai beau lutter, je ne suis qu'un lâche, quand bien même je souhaite devenir autre – ni dans le manque de chance – je suis un héros, mais le monde ne me laisse pas le montrer. Dire que l'on est fatigué d'être soi, ce serait peut-être refuser la responsabilité de sa propre existence.

## 2. La dépression, mal intime de la modernité

La fatigue d'être soi est aussi une périphrase qui renvoie à la dépression, et non à l'envie de se décharger de la responsabilité de ses actions. Cette maladie moderne est parfois présentée comme une paresse du patient qui se complairait dans un état dépressif qu'il produit lui-même. Pourtant, dans *La Fatigue d'être soi*, Alain Ehrenberg défend l'importance de la prise en compte médicale d'une telle maladie. La fatigue d'être soi n'est pas un choix existentiel, mais un trouble qui n'est pas directement associé à une manifestation physique. Selon Ehrenberg, la dépression serait, plutôt qu'un prétexte pour se dé-responsabiliser, la « maladie de la responsabilité » et le résultat d'un glissement « d'une société où la norme n'est plus fondée sur la culpabilité et la discipline mais sur la responsabilité et l'initiative ». Autrement dit, la fatigue d'être soi serait produite par l'exigence d'être responsable entièrement de son existence dans une société où tout est permis. Ce que l'on ne peut accomplir ne tient qu'à nous : l'individu est appelé à se dépasser lui-même, il se fatigue « d'avoir à devenir lui-même ». C'est l'excès de responsabilité qui écrase l'intime. Ehrenberg constate que le « déchirement entre le possible et l'impossible » a remplacé le « partage entre le permis et le défendu ». C'est parce que la société ne nous interdit plus rien que nous sommes fatigués de devoir tout faire et de ne renoncer que devant ce qui est impossible – une fois nos forces épuisées. L'interdiction sociale, la norme, serait en cela moins épuisante, parce qu'elle dicterait la conduite que nous devons suivre.

## 3. La fatigue de soi est une occasion de ne pas être que soi

La fatigue d'être soi pourrait être l'occasion, non pas de se déresponsabiliser, mais de ne pas être *que* soi. L'empathie, décrite par Hume dans le *Traité de la nature humaine*, si elle nous permet de communiquer avec les autres et de partager leurs sentiments, semble également le moyen de nous décharger de nous-mêmes et de nous détourner de notre propre contemplation. Ce pourrait être la raison pour laquelle Hartmut Rosa plaide, dans *Rendre le monde indisponible*, pour une relation au monde et aux êtres qui permette la résonance avec ceux-ci. Un monde rendu disponible est un monde avec lequel nous ne pouvons plus parler. Ce monde est là, sous nos yeux, à portée de main, mais muet parce que rendu disponible. La semi-indisponibilité du monde, à l'inverse, permettrait la résonance. Si la dépression est la maladie du monde moderne, peut-être est-ce parce qu'il est fatigant de ne pouvoir être que soi, et de ne pouvoir résonner avec aucun objet et aucun être dans le monde.

# La reproductibilité de l'œuvre d'art

## 1. L'essence d'une œuvre d'art, c'est de ne pas être reproductible

À première vue, il semble que, parmi les critères essentiels que doit remplir une œuvre d'art, figure la non-reproductibilité : il faut que l'œuvre soit unique pour être déclarée artistique. Nous pourrions dire qu'une symphonie est reproductible au sens où l'orchestre peut la jouer plusieurs soirs de suite, mais ce n'est pas une reproductibilité mécanique : chaque soir, la symphonie est différente. Deux représentations d'un même orchestre jouant une même symphonie ne sont pas comparables à deux enregistrements sonores de la même représentation gravés sur deux CD distincts. La possibilité technique de produire deux œuvres strictement identiques ouvre un questionnement pour l'historien de l'art : doit-on refuser le nom « œuvre d'art » à toute œuvre pour laquelle l'original ne peut être distingué de la copie ? Et si on accorde le caractère artistique d'une œuvre reproductible, où doit-on chercher l'œuvre, dans laquelle de ses reproductions ? Est-ce dans l'idée de l'œuvre que repose la dimension artistique de celle-ci, et non plus dans sa production matérielle ?

## 2. La reproductibilité de l'œuvre d'art est un défi pour le marché de l'art

Souvent, la rareté d'un produit fait le prix. De manière schématique, c'est au croisement de l'offre et de la demande que se forme le prix de l'objet. Or, pour une œuvre d'art, l'original a longtemps pu revendiquer un prix bien plus élevé que les copies, par son unicité (c'est-à-dire le fait qu'il n'y en ait qu'un exemplaire). Avec la naissance d'outils techniques de production d'œuvres où la reproductibilité est le principe du procédé technique, la notion d'original disparaît. Comment valoriser une œuvre d'art quand celle-ci est, en puissance, reproductible à l'infini ? Sur quels critères le marchand d'art peut-il s'appuyer pour valoriser une œuvre reproductible dont il n'existe aucun original ? Une façon de valoriser les photographies, malgré leur caractère reproductible, est de développer en laboratoire une série limitée et numérotée. On distingue alors, dans la foule des œuvres identiques, celles qui portent un numéro de celles qui n'en portent pas. Plus la série est restreinte, plus l'œuvre a de la valeur. Pour que l'œuvre soit toujours un produit dans le marché de l'art, on fait en sorte de créer artificiellement de la rareté et de susciter la crainte de la non-disponibilité de l'œuvre pour le collectionneur.

## 3. Au sacré, succède le prétendu divertissement, qui est un outil politique

La reproductibilité technique semblait menacer la persistance de l'aura de l'œuvre d'art, mais celle-ci s'est transformée avec l'apparition de la photographie, ainsi que le montre Walter Benjamin dans *L'Œuvre d'art à l'heure de sa reproductibilité technique*. Les œuvres d'art traditionnelles disposent selon lui d'une « aura » : elle sont sacrées, parce qu'uniques et parce que l'artiste maîtrise le processus créateur. Ce n'est pas le cas de la photographie, dont le procédé est mécanique et dont les œuvres sont reproductibles. Pourtant, la désacralisation de l'œuvre a donné lieu à une nouvelle valorisation, ou plutôt à un renversement de l'importance de la « valeur d'exposition » par rapport à la « valeur rituelle de l'œuvre » : « l'exposabilité » de l'œuvre d'art s'est accrue avec sa reproductibilité. L'œuvre peut être présente en même temps dans plusieurs musées. À la « liquidation » de la tradition, succède la valeur accordée au divertissement. L'œuvre reproductible, et particulièrement le film, est reçue de manière collective, ce qui n'était pas le cas du tableau. Cette réception collective, ce spectacle, crée une communion temporaire des masses, notamment par le rire. L'art est devenu un outil politique de contrôle des masses, qui assistent au cinéma à la « revanche » que prend pour eux « l'interprète de l'écran ». La reproductibilité technique transforme le rapport entre œuvre et spectacteur.

# À chacun selon son mérite

## 1. Le mérite suppose la reconnaissance du seul effort…

Récompenser selon le mérite de chacun suppose de ne juger un individu qu'en fonction de l'effort qu'il a consenti. Dire « à chacun selon son mérite » semble exclure de récompenser le résultat : ce qui compte, c'est d'être parvenu, par sa volonté et malgré des difficultés, à accomplir quelque chose. Mais le dicton ne précise pas comment évaluer ce « quelque chose ». Si j'ai consenti beaucoup d'efforts mais que je ne suis parvenu à rien de bon, suis-je tout de même méritant ? Non seulement l'adage semble empêcher de tenir compte de la qualité du résultat final, mais il pose également le problème de ne pas dire, explicitement, quelle est la proportion entre effort et récompense. En effet, « à chacun selon son mérite » suppose une distribution proportionnelle des avantages, rapportés au mérite de l'individu, mais la règle proportionnelle n'est pas explicitée dans la formulation. N'y a-t-il pas que Dieu pour établir cette proportion, comme lors du Jugement dernier où chacun reçoit « selon le bien ou le mal qu'il aura fait » (Deuxième Épître aux Corinthiens, 5, 10) ?

## 2. Mais la prédisposition à l'effort ne peut-elle constituer un privilège ?

Nous pourrions trouver une seconde critique à l'encontre de ce principe : ne pourrait-il pas constituer la légitimation d'une domination d'une classe sociale ? La notion d'effort est mal définie : s'agit-il seulement de travail ? Doit-on souffrir dans l'effort pour que ce dernier soit reconnu comme tel ? Si le principe de récompenser chacun selon son mérite se présente comme un désir de justice sociale, il échoue peut-être dans sa réalisation, car l'effort est lui aussi une norme qui se transmet. Selon Bourdieu dans un article de la *Revue française de sociologie*, « L'école conservatrice. Les inégalités devant l'école et devant la culture », les enfants des classes moyennes reçoivent de leur famille des « encouragements et des exhortations à l'effort scolaire ». Ainsi, il arrive que des politiques de discrimination positive ne bénéficient pas à ceux à qui elles s'adressent : si les membres des classes les plus favorisées ont une meilleure connaissance de ces initiatives, ils peuvent s'arranger pour en bénéficier. Par exemple, si un lycée développe un partenariat avec une grande école dans un quartier dit défavorisé, au bout de quelques années ce lycée peut devenir plus sélectif, les enfants les plus favorisés peuvent choisir d'y étudier et finir par obtenir presque toutes les places réservées dans le cadre de ce dispositif. Dans ce cas, le mérite est doublement pernicieux : en premier lieu parce qu'il distingue ceux qui étaient déjà prédisposés à la distinction, en second lieu parce que cette distinction, prenant l'apparence de la distinction légitime, rend ce processus difficilement critiquable.

## 3. Mérite et société inégalitaire : l'hypocrisie institutionnelle

Dire « à chacun selon son mérite », c'est justifier une société inégalitaire, c'est-à-dire une société où l'on considère qu'il est juste que chacun ne reçoive pas les mêmes avantages, à condition que cette inégalité repose sur un critère : l'effort. Or, nous avons montré que l'effort pouvait être transmis par la famille, au même titre que les connaissances : c'est l'*ethos* décrit par Bourdieu. Y a-t-il meilleur critère que le mérite pour distinguer les individus et pour choisir ceux qui rejoindront la classe dominante ? Dans *La Révolution permanente*, Léon Trotski s'oppose à l'interprétation stalinienne de la révolution – qu'on appelle le « socialisme dans un seul pays » et qui consiste à soutenir que l'URSS peut bâtir un communisme national sans s'appuyer sur une révolution internationale. Trotski, lui, considère que la seule solution pour ne pas revenir à des principes bourgeois (notamment en raison de la dérive bureaucratique) est la révolution permanente. Peut-être le même constat peut-il être dressé pour ce qui est du mérite : distribuer des récompenses en fonction du mérite de chacun n'est qu'une autre façon de reproduire les classes déjà dominantes. À chacun selon son mérite n'est pas un principe permettant de bâtir une société juste.

# Tu n'es qu'un lâche

## 1. Dire à l'autre « tu n'es qu'un lâche », c'est l'accuser de ne pas avoir le courage d'agir

Lorsqu'on accuse un autre de lâcheté, c'est qu'on lui reproche de ne pas avoir le courage d'agir. Le lâche est celui qui, alors qu'il aurait pu faire preuve de courage, n'a pas agi. La lâcheté se mesure par l'action, et non par l'intention, soutient Sartre dans *L'existentialisme est un humanisme*. Lorsqu'on condamne quelqu'un pour sa lâcheté, on suppose que celle-ci est choisie, c'est-à-dire qu'il aurait pu ne pas être lâche – sinon, dire « tu n'es qu'un lâche » n'a pas de sens. C'est la position existentialiste : « Il y a toujours une possibilité pour le lâche de ne plus être lâche, et pour le héros de cesser d'être un héros. » Pourtant, c'est aussi, dans le même temps, essentialiser l'autre, lui dire qu'il n'est « qu'un » lâche, et qu'il ne peut rien être d'autre.

## 2. Mais n'est-ce pas plutôt accuser l'autre d'égoïsme, ou de préférer sa sauvegarde à la mienne ?

Juger lâche, c'est peut-être condamner moralement un comportement que nous réprouvons. Cela ne pourrait-il pas être la marque de notre faiblesse ? Nietzsche soutient que l'accusation morale, la mauvaise conscience que l'on donne à l'autre, est un moyen de diminuer la force de ceux qui ne respectent pas la morale. Dire « tu n'es qu'un lâche » serait imposer à l'autre un contrôle normatif sur ses actions, afin qu'il rentre dans le rang. Aussi, dire « tu n'es qu'un lâche » n'est pas nécessairement exiger de l'autre qu'il devienne un héros : par exemple, lorsque Sganarelle reproche à Dom Juan sa lâcheté – lui qui n'a jamais le courage d'affronter celles qu'il offense –, il ne s'agit pas de lui demander de devenir exemplaire mais seulement de ne plus sortir du rang. Peut-être que l'accusation de lâcheté est une injonction au respect des bonnes mœurs plutôt qu'une invitation à l'héroïsme.

## 3. Le choix de l'inaction, pourtant, n'est pas nécessairement synonyme de lâcheté

Dans toute notre analyse, la lâcheté est apparue comme l'inaction : le courage serait toujours de l'ordre de l'agir, et la lâcheté correspondrait au refus de l'action. Pourtant, lorsque nous disons « tu n'es qu'un lâche », n'imposons-nous pas l'action comme la seule façon de rester digne ? Cette acception de la figure du lâche comme celui qui n'agit pas ne témoigne-t-elle pas d'un système de valeurs qui place l'action, notamment le combat, au-dessus d'autres formes de résistance ? Dans un article de la revue *Esprit* publié en 1949, « L'homme non violent et sa présence à l'histoire », Paul Ricœur défend le bouddhisme et la non-violence contre les accusations de lâcheté qui leur sont adressées. Il soutient qu'« il y a une valeur possible de la non-violence ou de formes non violentes de résistance » et que, par la non-violence, nous pouvons changer les rapports entre individus. Autrement dit, celui qui n'agit pas – si l'on considère la non-violence comme inaction – peut précipiter des changements sociaux, et on ne peut donc pas l'accuser de lâcheté.

# L'aménagement urbain

## 1. L'aménagement urbain correspond à l'optimisation d'un espace soumis à des contraintes logistiques...

L'aménagement urbain a d'abord pour but de rendre la ville habitable. Par l'aménagement urbain, j'optimise l'espace donné, notamment en matière de logement. Il s'agit de composer avec différentes contraintes (notamment la présence de différentes fonctions – médicales, éducatives, professionnelles, alimentaires) dans un espace délimité. Toutes ces fonctions doivent en théorie être réparties harmonieusement dans l'espace urbain pour éviter la spécialisation excessive de certains quartiers. L'idéal de la ville moderne est de construire des îlots et quartiers diversifiés plutôt que spécialisés, et qui répondent à toutes les fonctions sociales. Mais à cet idéal architectural s'oppose une pression économique pour convertir certains quartiers en quartiers commerciaux et d'autres en quartiers d'affaires afin de pouvoir maximiser la densité dans ces territoires sans habitations et ainsi de profiter d'économies d'échelle. Les constructions urbaines (pont, aéroport, stade, centrale électrique), même lorsqu'elles ne sont pas des habitations, relèvent toutefois du domaine de l'habitat, soutient Heidegger dans la conférence « Bâtir, habiter, penser », prononcée en août 1951. Il s'intéresse plus particulièrement à l'exemple du pont : ce dernier ne relie pas les deux rives, il les produit. L'opposition entre deux rives n'existe que dès lors qu'il y a un pont entre elles. Ce pont n'est pas un trait d'union : il est lui-même un « lieu ». L'aménagement urbain produit la ville, quand il ne prétend que l'aménager.

**Transition :** L'aménagement urbain produit de nouveaux espaces dans la ville, au point que l'on pourrait considérer qu'il produit la ville elle-même : une installation peut attirer ou repousser les habitants et en cela remodeler la ville. L'arrivée du métro en proche banlieue parisienne, par exemple, a précipité l'augmentation du prix au mètre carré (Montreuil, Les Lilas, Saint-Ouen), qui lui-même a exclu ensuite de cette zone une partie de la population – les classes sociales les plus modestes. Mais ne pourrait-on concevoir l'aménagement urbain comme l'occasion d'une appropriation de la ville par ses habitants ?

## 2. Mais c'est aussi un décor auquel les habitants donnent vie

Nous pourrions envisager l'aménagement urbain comme simple décor : un bâtiment « quelconque », écrit Jean-Christophe Bailly dans *La Phrase urbaine*, qu'on « utilise conformément à sa fonction », ou qu'on « transforme », ou encore qu'on « abandonne ». « Des chiens le marquent, ou des affiches, des graffitis, des tags » : ce que Bailly souligne, c'est que tout bâtiment n'est pas de l'architecture. Il y a, dans l'aménagement urbain, tous ces immeubles qui n'ont pas l'ambition de dicter un type particulier de comportement social (à la différence par exemple d'un hôpital, dont l'usage est codifié) ; des bâtiments que les habitants peuvent s'approprier. Le sacré est l'exception plutôt que la règle en matière d'aménagement urbain. Ainsi, la « phrase urbaine » est aussi composée par les habitants, qui ajoutent leurs voix à la bande sonore de la ville. Quand nous disons « ville », nous regrettons, souligne Bailly, une entité perdue, qui n'est plus que légendaire. La ville contemporaine n'est pas unitaire, elle s'étend sans que l'on puisse déterminer précisément ses limites, et notamment le statut de sa banlieue. Mais cette légende d'une ville rêvée (dans sa conception antique) n'est peut-être pas à regretter : car dans la ville contemporaine, si la continuité de la « phrase » – celle qu'analyse Bailly – est menacée, si le tissu urbain est en partie décousu, nous pouvons cependant imaginer la possibilité que les habitants en produisent un nouveau récit.

**Transition** : Si l'aménagement urbain semble tantôt faire naître de nouveaux lieux, comme le pont que décrit Heidegger, ou donner naissance à l'appropriation de la ville par ses habitants, n'est-il pas dans le même temps un inhibiteur social pour ces derniers ?

## 3. L'aménagement urbain ne peut ignorer son rôle dans l'inclusion ou l'exclusion d'une partie de la population

L'aménagement urbain n'est pas comparable à un ameublement anecdotique d'une immense maison que serait la ville. Choisir les lieux de la ville, produire l'espace urbain, c'est contrôler l'expérience que les habitants ont de leur ville : le possible, l'impossible, le permis, l'interdit, tout est dessiné par l'aménagement urbain, qui crée un environnement artificiel. Une politique d'aménagement urbain qui ignorerait le contrôle que celui-ci induit sur les habitants serait soit hypocrite soit tout à fait inconsciente. L'absence d'éclairage public, la nuit, peut par exemple décourager la sortie dans l'espace public de certains habitants au profit d'autres habitants qui ne craignent pas d'éventuelles agressions. De même, le fait d'investir dans un *skate park* ne revient pas à investir dans une infrastructure à destination de tous les « jeunes » : si en théorie cet espace est public, un contrôle social informel peut en limiter l'usage à l'un des deux genres – le genre masculin. L'aménagement urbain, parce qu'il dit implicitement comment habiter la ville, quelles interactions sont permises, parce qu'il dicte aussi des comportements possibles, interdits, souhaitables, attire dans la ville et repousse hors de celle-ci certaines franges de la population. Si l'aménagement urbain se présente comme un agencement de mobiliers utilitaires et une optimisation du parc immobilier, il encadre en réalité toutes les dimensions de l'expérience individuelle. Même la dimension spirituelle est en partie produite par l'aménagement urbain, au sens où les croyances des habitants peuvent être modelées par la structure de la ville – par exemple à travers la position centrale que l'on donne à certaines infrastructures.

# Réécrire l'histoire

## 1. Réécrire l'histoire, c'est donner de la voix aux différents acteurs de celle-ci

Réécrire l'histoire, ce n'est pas nécessairement contrarier le récit dominant : celui des manuels scolaires. C'est aussi vouloir retranscrire plus fidèlement les événements en multipliant les témoignages et en proposant une histoire à différentes échelles, par exemple la microhistoire (*cf.* Lexique), pour compléter le récit traditionnel qui met l'accent sur les États, leurs conflits et leurs accords. Plutôt que de s'intéresser aux grands personnages de l'histoire, Alain Corbin, dans *Le monde retrouvé de Louis-François Pinagot*, retrace l'existence d'un sabotier qui a mené une vie ordinaire de 1798 à 1876. Cet homme n'a laissé quasiment aucune trace dans les registres administratifs, si ce n'est son mariage et la signature d'une pétition – signature qui n'était qu'une croix, car Louis-François Pinagot était analphabète. Alain Corbin fait le pari que la vie d'un individu ordinaire au XIX^e^ peut nous en apprendre plus sur ce siècle que le récit romancé de la biographie des grands personnages (dirigeants politiques, artistes célèbres). Mais la microhistoire est rendue difficile par le peu de documents historiques sur lesquels s'appuyer pour reconstituer la vie des individus ordinaires. Il semble pourtant que cette démarche soit nécessaire si l'on veut comprendre notre passé, car l'anonymat de ce sabotier est précisément ce qui constitue sa représentativité : le citoyen ordinaire ne fait pas l'histoire, mais il constitue pourtant la majorité de la population. Comment l'histoire pourrait-elle l'ignorer ?

## 2. Mais c'est aussi risquer la cacophonie en multipliant les récits

Lorsqu'on conçoit la réécriture de l'histoire comme une remise en question du récit existant, le risque est de ne plus avoir de récit commun, qui serait transmis par l'école et qui unirait le peuple. Si l'on se propose, par exemple, de retirer les statues de précédentes figures politiques parce que leur héroïsme est entaché de fautes morales, ne risquons-nous pas de devenir un peuple sans histoire, qui ne glorifierait que des héroïnes et des héros présents, ou encore qui relirait sans cesse son passé, à la recherche de figures compatibles avec les valeurs présentes ? Autrement dit, la réécriture de l'histoire soulève un questionnement autour de la place que doit, ou non, prendre la morale dans le récit de l'histoire.

## 3. Réécrire l'histoire, c'est reconnaître que tout récit est une interprétation et porte une idéologie

L'histoire est une science mais, comme toute science, son discours est un entremêlement de faits et de valeurs. Dans *Fait/valeur : la fin d'un dogme*, Hilary Putnam soutient qu'aucune science n'est purement factuelle : cela ne signifie pas qu'elle manque de rigueur, c'est seulement qu'une différence stricte (au sens d'une dichotomie – *cf.* Lexique) entre fait et valeur est impossible. Pour expliquer l'impossibilité de cette dichotomie, Putnam prend l'exemple du terme « cruel » qui, selon le contexte, peut être présenté comme une description (un dirigeant politique peut être décrit comme cruel) ou comme un jugement moral (lorsqu'il qualifie une personne dont on réprouve les méthodes). Tous les termes que l'on utilise sont à la fois factuels et porteurs de valeur(s) : le récit historique ne fait pas exception, et il est une interprétation. Une solution serait peut-être de donner aux monuments et à tout ce qui consacre la mémoire, par exemple les noms de rue, des durées temporaires de validité : au bout de cent, deux cents ans, on jugerait si le nom choisi est toujours pertinent, ou bien si la rue doit être débaptisée. Il s'agirait alors de proposer des concessions (comme dans les cimetières) pour un temps déterminé, pour tous les monuments « à la mémoire » ou « en l'honneur » d'un individu.

# Responsable, mais pas coupable

## 1. Si on accorde la conscience, la responsabilité est de droit, mais la culpabilité se juge

Le refus de subir la punition que suppose la culpabilité, tout en reconnaissant sa responsabilité, est souvent une prétention de ceux que l'on appelle les « responsables politiques » quand un scandale d'ordre public éclate. Si, par exemple, une partie de la population souffre d'une maladie liée à un composant chimique légal mais dont des études montraient la dangerosité, l'opinion publique peut accuser le responsable politique de n'avoir pas agi afin d'interdire ce composant. Face à cette accusation, ce dernier peut difficilement récuser sa responsabilité car, même si elle ou il ignorait ces études, il lui sera reproché cette ignorance : en effet, le responsable politique se doit d'être informé. En revanche, elle ou il peut plaider la non-culpabilité, c'est-à-dire la non-intention de nuire. Bien que responsable parce que décideur politique, l'absence d'intention de nuire et l'absence d'intérêt personnel tiré de la non-interdiction du composant – ce qui ne serait pas le cas si le décideur était par exemple corrompu – pourraient l'innocenter du point de vue juridique. Il semble *a priori* que la responsabilité soit de droit, sauf pour un individu « déclaré irresponsable » – c'est-à-dire incapable de décider en conscience –, mais que la culpabilité se juge.

## 2. La mauvaise foi du criminel le pousse à se défaire de sa responsabilité en soutenant que les faits ne lui sont pas imputables...

Cependant, la défense de l'accusé peut parfois reposer sur ce qui nous semblait impossible : le refus de l'imputabilité. Ce qui peut nous étonner, c'est que la défense courante d'un prévenu n'est pas de se dire « responsable mais pas coupable », mais de contester sa propre responsabilité. Il semble que le prévenu préfère souvent se prétendre – ou se croire – déterminé par des causes extérieures, plutôt que de reconnaître sa responsabilité et d'accepter qu'à partir de la reconnaissance de celle-ci (nécessaire pour que son cas soit instruit), sa culpabilité, son intention de nuire, soit jugée. Dans le film documentaire *10e chambre, instants d'audience*, Raymond Depardon filme des témoignages de prévenus lors d'audiences concernant des délits qui leur sont reprochés (excès de vitesse, alcoolémie au volant, violences conjugales). L'un des points communs que l'on peut repérer parmi les témoignages de prévenus, issus de milieux sociaux très différents et jugés pour des délits divers, est la tendance à la déresponsabilisation. Une femme jugée pour un taux d'alcoolémie supérieur à celui autorisé au volant déclare qu'elle est partie juste après la fin du dîner « parce qu'[elle] n'aime pas se coucher tard » – ce qui n'a aucun rapport avec la faute qui lui est reprochée – et elle ajoute : « C'est la première fois que j'ai un problème avec un agent. » La juge la reprend : « Vous n'avez pas un problème avec un agent, vous avez commis un délit. » La prévenue reconnaît son tort, mais ajoute : « C'est mal tombé, j'ai eu un coup de malchance. » Ce que nous pouvons tirer de cet échange, c'est que même lorsque la prévenue reconnaît qu'elle a eu tort, elle qualifie pourtant toujours la situation d'un point de vue externe – le manque de chance – plutôt qu'interne. Autrement dit, la revendication la plus courante, c'est de se dire « coupable mais pas responsable », c'est-à-dire ne pas contester les faits, le flagrant délit d'alcoolémie élevée, mais se considérer toutefois non responsable de la faute, comme si c'était l'agent qui aurait dû ne pas se trouver sur le chemin de la voiture, et non pas la conductrice qui aurait dû ne pas boire.

### 3. L'ignorance n'est pas une excuse, elle ne permet pas de nous disculper

Qu'il s'agisse de distinguer la culpabilité et la responsabilité pour accepter l'une mais pas l'autre, ou l'inverse, on prend le parti que l'ignorance peut constituer une excuse, or cela est discutable. Au chapitre XXXI de *De la nature de l'homme*, Némésios écrit que l'« ignorance [de l'homme] peut résulter de sa perversité ». Ignorer la loi, ou ignorer la dangerosité d'un élément dont la commercialisation est légale, ne suffit pas à nous décharger de la responsabilité ou de la culpabilité d'une action, ou de l'absence d'action. Le fait d'agir sous le coup « de la « colère » ou « de l'ivresse » ne permet pas, selon Némésios, de nous considérer ignorants, et donc irresponsables : car nous sommes libres « de ne pas [nous] enivrer », et « de ne pas [nous] mettre en fureur ». Pourtant, il ne s'agit pas de considérer toute action, et notamment toute action politique, comme une action dont il faudrait identifier les coupables – en dépit de la tendance moderne à exiger, après tout scandale ou tout malheur, un procès pour apaiser les victimes, même quand il semble qu'il n'y ait pas de coupable. C'est le risque que pointe Olivier Abel dans l'article « Justiciable, coupable, ou responsable ? » de la revue *Autres temps* en 1993 : la croyance que « tout malheur sera réparé, rétribué » nous pousse à isoler quelques individus, reconnus coupables d'un malheur, et d'en oublier la responsabilité collective et politique. La judiciarisation du malheur entame la constitution d'un corps politique conscient de la responsabilité partagée entre décideurs et citoyens, et de la nécessaire implication politique de ces derniers.

# Parler pour ne rien dire

## 1. C'est parler pour personne

Parler pour ne rien dire, c'est peut-être en premier lieu parler pour personne. Ce serait « *speak* » sans « *tell* » : une parole sans destinataire, une parole qui ne s'adresse à personne. Ce n'est pourtant pas l'équivalent de se parler à soi-même : car nous pouvons être destinataires de notre propre parole. Cette parole sans adresse pourrait correspondre au bavardage : ce qui est dit peut s'oublier juste après avoir été dit. La seule raison de la parole serait le besoin de parler, même si nous n'avons rien à dire, au sens de rien à communiquer à l'autre. Dans *Les Caractères*, La Bruyère reprend « De l'impertinent ou du diseur de rien », écrit par Théophraste. Ce diseur de rien, c'est celui qui, assis face à un inconnu, se met à lui raconter toutes sortes de choses, sans ordre et sans se soucier de l'intérêt qu'éprouve cet inconnu pour les paroles qu'il prononce. Il semble apporter des nouvelles (« c'est Damippe qui a fait brûler la plus belle torche devant l'autel de Cérès à la fête des Mystères »), mais en réalité sa parole est creuse. Parler pour ne rien dire, c'est se rendre coupable d'inutile bavardage.

## 2. Suivant quels critères peut-on juger une parole inutile ?

Si parler pour ne rien dire, c'est dire d'inutiles paroles, c'est-à-dire de vaines paroles, on pourrait alors soutenir que le poète parle pour ne rien dire : sa parole est vaine au sens où elle ne transmet pas directement un message à un interlocuteur. Pourtant, ce serait probablement mal interpréter le dicton : parler pour ne rien dire, ce serait plutôt lorsque notre parole empêche une autre parole, qui avait besoin du silence pour naître. Dans « Le bavardage », tiré de *Figures ordinaires de l'extrême*, Éric Fiat prend l'exemple de l'expression « un ange passe », que l'on emploie parfois au cours d'un dîner pour masquer la gêne que produit un silence. Mais, précisément, cette parole (le fait de dire « un ange passe ») empêche l'ange de parler ! En remplissant ce qu'on pense être un blanc, on rend impossible la parole qui aurait pu naître de ce moment de silence. Remplir ce silence dans le seul but de le remplir, c'est parler pour ne rien dire.

### 3. Parler pour ne rien dire, c'est le risque qu'encourt toute parole quand les codes s'exercent trop fortement sur celle-ci

La tendance à parler pour ne rien dire pourrait venir d'une exigence sociale à développer cette pratique. En effet, les codes sont une contrainte formelle qui s'exerce sur la parole. Dans les contextes sociaux où ces codes sont très contraignants, la parole perd sa vocation à *dire* la pensée ou le monde, pour ne plus être qu'une démonstration du respect des codes. C'est par exemple ce qui peut se produire dans les dérives du politiquement correct. Par peur de commettre un impair, on ne dit plus rien, mais pourtant il faut bien parler : on dit alors parfois qu'on « meuble ». La parole devient « le paravent de ce que l'on ne veut pas dire en réalité », soutient Jacques Ellul dans *La Parole humiliée*. Elle peut être « prostituée à n'importe quelle aventure ». Parler pour ne rien dire, c'est montrer notre respect des usages sociaux, quitte à risquer de ne plus rien dire du tout, par peur de les enfreindre.

# Se libérer du passé

## 1. Se libérer du passé consiste à se tourner vers le futur

À première vue, se libérer du passé consiste à se tourner vers l'autre direction de la flèche du temps qu'est le futur. Ce serait « aller de l'avant », comme on le dit couramment. Cette posture métaphysique exige de cesser de ressasser ce qui n'est plus : se libérer du passé peut par exemple signifier renoncer à se venger. La vengeance, en tant qu'elle rend présent un tort commis dans le passé, entretient un cycle de rancœurs – car la vengeance n'est jamais jugée, par le coupable, proportionnelle au tort commis. Elle transforme le futur en répétition du passé. Dans *Andromaque*, de Racine, Hermione, qui souhaite faire assassiner Pyrrhus pour se venger, refuse que cet assassinat ait lieu secrètement : « Ma vengeance est perdue s'il ignore en mourant que c'est moi qui le tue. » La vengeance est une irruption du passé dans le présent ; il ne suffit pas de blesser l'autre, il faut qu'il sache que c'est nous qui le blessons afin qu'il reconnaisse cette blessure comme l'écho de celle que nous avons subie. Se libérer du passé, ce serait alors renoncer à penser à la souffrance passée, et résister à faire vivre à celui qui nous a offensé un retour du passé, où nous occuperions, cette fois, des places opposées.

## 2. Mais se libérer du passé peut aussi être interprété comme le refus d'endosser la responsabilité des actes commis par ceux qui nous ont précédés, or ce serait mettre en danger la mémoire des morts

Si se libérer du passé peut être une démarche honorable, qui consisterait à accorder son pardon et à oublier le tort qui nous a été fait, cette injonction peut toutefois également être interprétée comme la possibilité de ne pas souffrir pour des torts que nous n'avons pas commis. En ce sens, se libérer du passé correspondrait à laver sa conscience, notamment quand nous portons la culpabilité d'actes que nous n'avons pas commis en personne mais dont nous avons hérité. Dans *L'Imprescriptible*, Vladimir Jankélévitch met en garde contre ce type d'oubli : nous ne pouvons pas nous défaire des crimes de nos ancêtres, même si nous n'en sommes pas directement responsables, car « le passé a besoin qu'on l'aide ». Dans cet ouvrage, Jankélévitch insiste sur le devoir de mémoire concernant les crimes commis pendant la Seconde Guerre mondiale. Selon lui, « les morts dépendent entièrement de notre fidélité » : en nous libérant du passé, en recherchant la légèreté de ceux qui ignorent les atrocités de cette guerre, nous risquons de les faire mourir une seconde fois. Autrement dit, se libérer du passé pourrait alors être une trahison de la mémoire des victimes.

### 3. Un mirage dangereux : l'histoire personnelle et collective est nécessaire au récit de soi

Si le devoir de mémoire est une obligation morale, l'histoire personnelle et collective est également nécessaire au récit de soi. Lorsqu'on s'imagine indépendant de tout héritage, libéré du passé dans son sens historique mais aussi dans son sens identitaire – la personne que nous étions –, nous risquons de ne plus rien comprendre à nous-mêmes et au monde. Même lorsqu'elle est douloureuse, l'histoire permet la construction d'un récit intérieur, mais aussi d'un récit commun aux citoyens. Sans cette continuité, l'identité – individuelle et collective – est menacée. Cette prétendue libération, qui consiste souvent en un refus de tout ce qui nous précède, est de toute façon vouée à l'échec : comme le souligne saint Augustin dans le livre XI des *Confessions* au sujet du passé et de l'avenir, « où qu'ils soient, quels qu'ils soient, ils n'y sont que présents ». Se libérer du passé, ce serait à la fois inutile – car c'est le passé qui permet le récit de soi – et impossible – car ou bien le passé n'existe pas, ou bien, lorsque je m'y rapporte, il est présent. Dans *Destruction du père*, l'artiste Louise Bourgeois écrit : « Désir de revivre mon passé. Je m'assure de mon présent grâce à l'assurance que je ne l'oublierai jamais. » Le passé peut être considéré comme ce qui rend le présent supportable. On le possède davantage qu'on ne possède le présent, car on peut en faire le récit.

# Se conduire en homme civilisé

## 1. Résister à l'instinct, à la pulsion

La civilisation semble l'opposé de l'instinct naturel : la civilisation correspondrait au raffinement des mœurs, notamment la capacité à résister aux pulsions, et au respect des règles sociales. La civilisation s'installe entre autres par les rituels : ceux-ci sont la mise en application des rites qui sont, au sens large, la façon d'agir d'un groupe social. Le rituel marque par le geste la soumission à ces rites, et ainsi, se conduire en homme civilisé, ce pourrait être s'adonner aux rituels propres à la société à laquelle on appartient. Par exemple, en France, on considère que la manière correcte de saisir un aliment est de faire usage de couverts. On dit ainsi aux enfants de ne pas manger « avec les doigts ». Pourtant, cette injonction est-elle réellement la marque de la civilisation ou simplement une spécificité culturelle ?

## 2. Mais cela ne signifie pas se conduire comme un homme civilisateur, ou se considérer comme tel...

Cependant, l'expression est souvent utilisée comme moyen de se comparer à ceux dont on considère qu'ils ne se conduisent pas en hommes civilisés. À partir de ce constat, on déduit la nécessité de leur apporter la civilisation, vue comme un don des hommes civilisés à ceux qui ne le sont pas encore. Ce prétendu don de civilisation ignore toutefois les rites et rituels locaux, et la civilisation de ceux à qui on prétend l'apporter : il n'y a pas qu'une façon de se conduire en homme civilisé. De même, la conduite présentée comme celle d'un homme civilisé sert souvent de prétexte pour se conduire en civilisateur des peuples que l'on juge barbares, sauvages, ou incivilisés. Ainsi, avant de découvrir que la civilisation n'a pas qu'un seul visage, Jaurès déclare, au sujet des peuples colonisés : « Ces peuples sont des enfants. » Par cette déclaration, il défend le bien-fondé de la mission colonisatrice française.

## 3. N'est-ce pas se conduire en homme, tout court ?

Si la civilisation peut avoir plusieurs formes et correspond à toutes les acquisitions humaines, l'expression « se conduire en homme civilisé » n'est-elle pas un pléonasme ? Ne devrions-nous pas dire « se conduire en homme », tout court ? Jaurès revient sur ses précédentes déclarations et devient anticolonialiste après son voyage en Algérie. Les missionnaires français prétendent apporter la civilisation, mais ils sont accompagnés par des officiers, qui portent des armes : les civilisateurs ne devraient-ils pas s'appeler plutôt des colons ? Si le caractère pléonastique de l'expression peut toutefois être utile, c'est parce qu'il mettrait l'accent sur le fait que la civilisation donne une direction à l'homme : celle de l'éloignement des sens, ainsi que le décrit Georg Simmel dans *Sociologie*. Le terme « civilisé » permet de préciser à quel concept d'homme nous faisons référence. Le citadin doit se rapporter à la ville de manière intellectuelle, écrit Simmel, et non par ses sens, car sinon il serait écrasé par la ville. Pour le « blasé », écrit Simmel dans la *Philosophie de l'argent*, « rien ne vaut la peine de se laisser entraîner à une réaction quelconque ». Se conduire en homme civilisé, c'est donc peut-être, dans l'esprit des Occidentaux lorsqu'ils développent une vision ethnocentrique, avoir un rapport au monde qui correspond à celui des citadins, et qui consiste à moins tenir compte de ses perceptions sensibles que de son analyse intellectuelle dans ses interactions sociales.

# L'homme augmenté

## 1. Un projet qui consiste en une amélioration de l'homme, notamment par la médecine

L'homme augmenté serait une meilleure version de l'homme. Augmenter l'homme, c'est par exemple lui adjoindre des prothèses qui décuplent ses facultés : porter des poids plus lourds, dormir moins longtemps. L'augmentation a un objectif différent de la médecine dans son sens traditionnel, qui n'a pour rôle que de réparer l'organisme, c'est-à-dire lui permettre de fonctionner normalement. Pourtant, « l'homme augmenté » peut être vu dans la continuité du projet de la médecine : si celle-ci vise à lutter contre les maladies, ne pourrait-on considérer que la vieillesse est elle aussi une maladie ? En quoi le cancer serait-il un ennemi naturel et non le non-renouvellement progressif des cellules ? Le projet de produire un homme augmenté est notamment celui de Ray Kurzweil qui promet, grâce au transhumanisme, que nous pourrons transférer nos esprits dans des machines et ainsi atteindre l'immortalité.

## 2. Mais qui peut conduire à la destruction de l'espèce, ou, à tout le moins, à une redéfinition de celle-ci

Pourtant, la recherche de l'immortalité par certains transhumanistes, si elle parvient à son objectif, conduirait à la naissance d'une nouvelle espèce. L'homme augmenté, devenu immortel, ne peut plus être appelé homme : il s'est défait de sa mortalité. De plus, si cette immortalité est acquise par le transfert de l'esprit à la machine, le nouveau mode d'être humain serait si différent de celui que nous connaissons qu'il paraît difficile de ne pas considérer que cela constituerait un changement d'espèce – mais d'aucuns diraient que notre utilisation des écrans fait de notre mode d'être actuel un mode d'être lui aussi incomparable à celui de nos ancêtres. En ce sens, nous pouvons considérer que le transhumanisme n'est pas en continuité avec la médecine, mais qu'il constitue une rupture par rapport à celle-ci puisque la mortalité est inhérente à tout être vivant et que l'objectif de s'en défaire, s'il est atteint, supposerait la redéfinition du vivant. Nous pourrions aussi considérer que la rupture s'établit dès lors que les modifications peuvent être transmises à la descendance : la thérapie génique est en ce sens une modification de l'espèce.

## 3. La créature d'une créature n'est-elle pas nécessairement un monstre ?

En produisant une nouvelle espèce, nous devenons des créateurs, nous qui sommes pourtant des créatures. Mais n'est-ce pas là un geste monstrueux ? Dans le roman de Mary Shelley, Frankenstein est une créature créée par une créature : effrayé par la laideur de sa création, son créateur-créature s'enfuit. Si les intentions de Victor Frankenstein sont nobles, ce qu'il produit est un monstre. Faut-il voir dans ce roman un récit d'anticipation ? La passion pour la compréhension de l'origine de la vie ne peut-elle nous entraîner à produire des monstres ?

La première réticence que nous avons exposée est une crainte que l'on pourrait considérer comme farfelue : *Frankenstein* est un roman, et le monstre en question n'est pas produit selon des techniques comparables aux nôtres (il est un assemblage de chairs). Mais l'homme augmenté pose à coup sûr un problème social : d'abord le risque d'homogénéité génétique si chacun valorise les mêmes modifications génétiques, mais aussi le risque de domination génétique de la classe des augmentés sur celles des « enfants naturels », comme dans le film *Bienvenue à Gattaca*, d'Andrew Niccol. Aussi, il paraît difficile de concevoir un monde où « l'homme augmenté » et l'homme non augmenté cohabiteraient de manière pacifique. Mais, à la différence des combats que nous pouvons observer aujourd'hui, ce nouveau combat serait entre des hommes de deux espèces différentes.

# La colonisation de l'imaginaire

## 1. La colonisation de l'imaginaire est la continuation de la guerre par d'autres moyens

« La guerre est la simple continuation de la politique par d'autres moyens » : en ces termes, Clausewitz, dans *De la guerre*, rejette la vision de la guerre comme une volonté « d'abattre l'adversaire ». Les guerres interétatiques sont des guerres politiques : elles sont des instruments au service d'une politique, et non un débordement incontrôlé de celle-ci. Mais quand la violence n'est plus socialement acceptable, même dans le cas d'une guerre, quand les citoyens ne sont pas prêts à sacrifier leurs vies pour la nation, de quels moyens dispose la politique pour s'étendre au-delà de ses frontières ? Nous nous proposons de concevoir la colonisation de l'imaginaire comme la continuation de la guerre par d'autres moyens. Ce n'est pas une paraphrase anecdotique de Clausewitz : en effet, on observe que la domination culturelle succède à la domination par les forces armées dans les pays colonisés. Pour s'assurer la soumission d'un État, on peut y créer un imaginaire collectif qui perpétue cette soumission. Par exemple, le rêve américain participe à la construction du pouvoir des États-Unis : c'est le *soft power*, qui remplace ou complète le *hard power*. Cette colonisation de l'imaginaire permet de soumettre même les territoires où l'armée n'a jamais pénétré.

## 2. Mais celle-ci suppose un pseudo-imaginaire « naturel », ou un imaginaire vierge qui préexisterait à cette colonisation, or tout imaginaire est déjà social

Toutefois, lorsque nous considérons qu'un imaginaire peut être colonisé, comme une terre, nous supposons qu'il existe un imaginaire naturel qui préexisterait à la colonisation. Mais c'est là figer l'imaginaire, l'essentialiser, quand celui-ci est toujours une recomposition sociale. Il n'y a pas d'imaginaire vierge à coloniser. Cela suppose aussi de pouvoir soumettre un imaginaire, comme on soumet un peuple par les armes : mais la volonté de remplacer un imaginaire par un autre est illusoire. Ce que le colonisé souhaite, c'est au mieux la réalisation du rêve proposé par le colonisateur, mais rendu compatible avec sa vision du monde. Cela laisse toute la place aux interprétations qui feraient frémir le colon, comme lorsque les peuples colonisés se mettent à adorer des idoles de Jésus-Christ (ce qui n'est pas l'adoration que l'Église encourage). L'imaginaire est mouvant, et ne peut être colonisé.

## 3. La transformation de l'imaginaire est une colonisation, au sens propre, quand elle réduit les possibles au lieu de les étendre

Nous pouvons mettre en question la littéralité de l'expression : pourquoi parler de « colonisation » de l'imaginaire ? Tout apport culturel n'est pas une colonisation. Mais quand l'apport culturel se présente comme « la » culture et non pas comme « une » culture, lorsqu'il suppose, de la part du peuple qui le reçoit, de renoncer à sa culture existante, décrite comme non civilisée ou sans valeur, alors il s'agit d'une colonisation de l'imaginaire. Dans son roman *Kibogo est monté au ciel*, Scholastique Mukasonga décrit l'imposition par les Belges d'une religion au Rwanda, sans compromis avec les rituels et les pratiques existants, au point d'exiger de brûler une forêt entière pour s'assurer que les croyances païennes disparaissent avec celle-ci. Pourtant, accepter le syncrétisme (culturel et religieux) serait un moyen de ne pas coloniser l'imaginaire, mais de l'enrichir, non pas en tant que l'imaginaire du colon serait plus riche, mais en tant que toute diversité profite à l'imaginaire. Cette défense d'un possible syncrétisme (*cf.* Lexique) n'est toutefois pas une légitimation de la volonté de coloniser. Ainsi, coloniser l'imaginaire, c'est refuser d'accorder une valeur à l'imaginaire existant et nier que l'imaginaire résultant de la fréquentation du colon est un imaginaire hybride. Il est illusoire de vouloir faire table rase des imaginaires présents avant l'arrivée des colons.

# Échapper à son destin

## 1. Échapper à son destin est une impossibilité : le destin est une sentence irrévocable, il faut l'accepter

Le destin est, par définition, irrévocable : il ne dépend pas de notre volonté mais s'impose à nous, et il établit un ordre universel dans lequel nous sommes inclus. En ce sens, la formule « échapper à son destin » semble impossible. Mais s'il est impossible de modifier le cours des événements et notre vie, alors la seule façon pour que l'existence soit tolérable est de ne pas chercher à échapper à son destin – car ce serait se fixer un objectif impossible – mais tâcher de l'accepter. Selon les stoïciens, nous sommes tous musiciens d'un même orchestre. La partition, c'est-à-dire le destin, nous est imposée, mais en ne résistant pas à cette musique nous pouvons l'interpréter avec plus de musicalité. Puisqu'il est impossible de jouer d'autres notes que celles écrites, autant le faire avec grâce.

## 2. C'est la possibilité d'échapper à son destin qui rend la vie tolérable

La solution stoïcienne repose sur la croyance au destin, mais que gagnerions-nous à supposer la liberté, quand bien même celle-ci serait illusoire ? Peut-être la possibilité d'échapper à son destin est-elle ce qui rend la vie supportable. Peu importe si en réalité nous jouons une partition, mais pour accorder de la valeur à nos hésitations et à nos décisions, il semble que nous devions admettre le possible infléchissement par notre volonté du cours des événements. Cette possibilité ne signifie pas le rejet de tout déterminisme, ainsi que le souligne Bergson dans l'*Essai sur les données immédiates de la conscience* : il arrive que nous soyons des « automate[s] conscient[s] » dans les actes du quotidien, mais nous reconnaissons toutefois des moments qui s'arrachent cette temporalité, et où « nos actes émanent de notre personnalité entière ». Dans ces moments, nous échappons à notre destin, au sens où nous échappons aux habitudes de notre moi superficiel – le moi social.

## 3. Récompenser et punir ne sont possibles que si la société considère qu'il est possible d'échapper à son destin

Si la croyance dans la possibilité de changer son destin semble un impératif existentiel, elle est également, semble-t-il, une condition pour l'établissement d'une société. En effet, lorsqu'un individu enfreint les lois d'une société, il est puni par celles-ci dans le but de montrer l'exemple aux autres citoyens, ou afin qu'il ne reproduise pas ses erreurs. Mais si la faute est déterminée par le destin, si le criminel n'a pas de libre-arbitre, nous devrions alors rebâtir le système judiciaire, car c'est le libre-arbitre qui légitime la punition du prévenu. Cela n'exclut pas d'étudier la possibilité pour un individu d'échapper à son destin, compris dans un sens collectif et non individuel. Ainsi, lorsque nous considérons qu'il y a des destins de classes, nous ne privons pourtant pas de libre-arbitre les membres de cette classe. Cela permet d'éviter notamment que le sociologue soit accusé d'excuser les crimes lorsqu'il analyse les facteurs sociaux de ceux-ci. Le déterminisme social n'est pas une excuse, s'il n'est pas un destin, et s'il est déterminisme collectif et non individuel, comme c'est notamment le cas dans la sociologie holiste (*cf.* Lexique).

# Une image parlante

## 1. Une image parlante est une image que l'on regarde sans expertise

Le sens courant que l'on attache à l'expression « image parlante » est celui d'une image qui donne son propre sens, sans que nous ayons besoin de l'analyser. C'est une image qui se passe de légende : sa composition montre le message qu'elle veut transmettre. C'est donc une image qui a quelque chose à dire, et qui peut le dire sans mots. Nous pourrions étendre cette acception et considérer que c'est également une image pour laquelle l'expertise est superflue. Les chefs-d'œuvre de la peinture pourraient être qualifiés d'images parlantes : dans *On n'y voit rien*, l'historien de l'art Daniel Arasse se demande si l'on pourrait dire de la *Vénus d'Urbin* de Titien qu'elle est une « pin-up ». Le chef-d'œuvre est une image parlante s'il dit quelque chose au spectateur qui le regarde des siècles plus tard, en des termes qui sont ceux du spectateur. Le discours de l'historien de l'art peut tenir compte de ce que « dit » l'œuvre, au présent, indépendamment de la cohérence entre ce « parler » de l'œuvre et l'intention de l'artiste, ou l'époque à laquelle il l'a produite.

## 2. Une image construite par un œil, découpée dans le réel

Toutefois, lorsque nous disons qu'une image est parlante, nous pouvons avoir l'impression que c'est l'image elle-même qui parle, or cette impression est trompeuse. L'image est produite par l'artiste, par l'œil qui la sélectionne dans le réel, et c'est par cette sélection que l'image devient parlante. Par exemple, dans le photojournalisme, on retrouve souvent l'expression d'image parlante quand une photographie fait la Une et qu'elle semble pouvoir se passer d'article. Mais cette image a été sélectionnée deux fois : une première fois par l'œil du photographe qui a découpé, par son appareil photo, un morceau de réel vu d'un angle qui lui est propre ; et une seconde fois par le photographe lui-même ou par le rédacteur en chef, qui extrait cette photo de la série et la choisit comme couverture. Le photographe est un ventriloque : c'est lui qui fait parler l'image, mais nous l'oublions lorsque nous la regardons.

## 3. Une image sans ambiguïté, comme un langage

Si l'image est parlante au sens littéral, c'est qu'elle se rapproche du mode de communication qu'offre le langage. En devenant parlante, l'image se réduit à un seul sens, qu'elle transmet au spectateur. Pour parler, l'image se défait de l'ambiguïté, comme le mot qui n'est utile qu'à condition d'être suffisamment clair pour être compris, contextuellement, en un seul sens. L'image parlante est celle qui parvient à s'effacer dans le sens qu'elle porte. L'image devient parlante quand elle répond à une ou plusieurs fonction(s) du langage décrite(s) par Roman Jakobson dans « Linguistique et poétique » (*Essais de linguistique générale*) : le plus souvent, la fonction **référentielle** – c'est-à-dire que, par cette capture du réel, on voit le conflit dans lequel celle-ci a été prise, ou la coutume dont elle témoigne –, mais aussi la fonction **expressive** – la photographie semble transmettre une émotion, et il y a dans cette émotion un message, ou une injonction (fonction **conative**, qui pousse à l'action, par exemple dans une photographie qui vise à sensibiliser le spectateur à une cause). L'image parlante n'est pas reçue comme image, mais comme message par le spectateur. Si elle est oubliée, alors, elle parle vraiment.

# Le fardeau de l'existence

## 1. L'homme : un vouloir-vivre insatiable, dont l'existence est un fardeau

Si l'existence peut nous apparaître comme un fardeau, c'est en premier lieu parce que, pour survivre, c'est-à-dire pour assurer notre vie biologique, nous devons satisfaire de nombreux besoins. Vivre n'est pas facile : le corps ne s'entretient pas de lui-même et nous dépendons des autres et du monde extérieur pour continuer à vivre. Dans *Le Monde comme volonté et comme représentation*, Schopenhauer décrit l'être de l'homme comme un « vouloir-vivre », ce qui signifie que la vie, en nous, appelle à être prolongée, et que pour cela elle a des besoins. Ainsi l'enfant, à peine né, crie ou pleure pour obtenir les éléments nécessaires à sa survie. L'être humain est condamné à souffrir parce qu'il dépend de la satisfaction de ses besoins. Il manque de tout, et c'est en cela qu'il est un vouloir-vivre : ce manque appelle toujours à être comblé. Mais lorsque le manque est comblé, l'existence n'en devient pas plus facile car il faut affronter l'ennui, qui est, selon Schopenhauer, l'état que nous connaissons lorsque nous avons assouvi nos besoins et nos désirs. Si l'existence est un fardeau, c'est peut-être parce que nous devons choisir entre la souffrance et l'ennui.

## 2. Le « fardeau » de l'existence n'est fardeau que pour celui qui résiste au destin

Pourtant, cette condition dépendante de l'être humain n'est un fardeau que pour celui qui résiste à cette condition. Pour ne plus considérer l'existence comme un fardeau, peut-être faudrait-il ne plus résister à celle-ci. Accepter que nous sommes soumis au destin pourrait ainsi nous libérer du fardeau de l'existence. En effet, dire « j'aurais aimé… » ou « j'aurais espéré… » rend l'existence difficile, par la comparaison entre ce que nous avions imaginé ou souhaité et ce que l'existence nous offre. En appliquant la théorie stoïcienne qui consiste à vivre conformément à la nature et à accepter le destin, nous nous mettons à l'abri des conditionnels et des déceptions. C'est pourquoi, à la lettre V des *Lettres à Lucilius*, Sénèque explique qu'il faut à la fois se libérer de la crainte et de l'espérance : l'une et l'autre sont équivalentes et elles nous conduisent à résister au destin, en espérant que notre volonté sera plus forte que lui. Le destin de l'individu pèse sur lui lorsqu'il cherche à se défaire de ce poids.

## 3. Il n'y a qu'un fardeau dans l'existence : la liberté, et l'entière responsabilité que nous avons de nos actes

Mais précisément, nous pourrions peut-être, que nous croyions ou non au destin, accepter le fardeau de l'existence conformément au sentiment que nous avons d'être libres dans nos actions quotidiennes : c'est cela qui est difficile à vivre. Il est bien plus confortable de se croire déterminé que libre. En effet, la liberté d'un individu le rend responsable de toutes ses actions : non seulement la liberté est difficile en pratique car elle suppose que je réfléchisse avant d'agir – puisque je me pense cause de l'action –, mais elle est également un poids après l'action, car je suis responsable de celle-ci et on peut me demander d'en rendre compte. Dans *L'existentialisme est un humanisme*, Sartre soutient que le lâche ne peut être sauvé par sa supposée bonne intention : il doit porter le fardeau de sa liberté et accepter d'être lâche, non par déterminisme ou par manque de chance, mais par sa seule faute. Le fardeau de l'existence ne serait donc pas le destin qui nous est imposé, mais au contraire la liberté à laquelle nous ne pouvons échapper : « l'homme est condamné à être libre », écrit Sartre dans le même ouvrage. Il est plus difficile de devoir décider soi-même que de se soumettre à une décision déjà prise dont nous n'avons pas la responsabilité ; pourtant, nous ne pouvons nous défaire de cette difficulté, car la liberté ne peut se refuser.

# Le devoir de neutralité

## 1. Un devoir nécessaire pour garantir une information fiable

Le devoir de neutralité est une obligation imposée aux fonctionnaires : ils doivent traiter tous les publics de manière égale, sans discrimination fondée sur la religion, l'orientation sexuelle, les opinions. Pourtant, si c'est là l'usage légal de l'expression « devoir de neutralité », son usage courant l'associe souvent à la pratique journalistique, notamment pour critiquer un biais suspecté chez un(e) journaliste. Si on y fait référence, c'est parce que l'information n'est jugée fiable qu'à condition que celui ou celle qui la transmet le fasse de manière neutre, c'est-à-dire sans s'y impliquer personnellement, et sans la transformer pour la rendre compatible avec ses convictions. Il s'agit par exemple de ne pas omettre les détails qui entreraient en conflit avec l'opinion personnelle du journaliste et de ne pas préférer certains éléments d'information parce que ceux-ci sont conformes à sa vision du monde.

## 2. Un mirage : quel point de vue peut prétendre à la neutralité ?

Mais qui pourrait croire à la possibilité d'une telle neutralité ? Comment un individu pourrait-il ne pas s'impliquer dans le message qu'il transmet ? On répondra peut-être que lorsque l'on transmet des informations chiffrées, alors le devoir de neutralité n'est pas menacé. Cependant, parmi toutes les statistiques que l'on peut présenter comme information, n'est-ce pas l'inclination personnelle qui en choisit une, considérée comme plus significative ? Dans *Fait/valeur : la fin d'un dogme*, Hilary Putnam conteste la distinction stricte (*dichotomy*) entre ce qui relève du fait et ce qui relève de la valeur. Lorsque nous présentons des données chiffrées, nous avons l'impression que celles-ci sont objectives ou neutres, mais en réalité le **choix** de telle donnée plutôt que telle autre, la **méthode** d'acquisition des données, **l'interprétation** qui en est donnée, relèvent de la valeur, c'est-à-dire qu'elles ne correspondent pas à l'idéal d'objectivité. Cet idéal est trompeur. Il n'y a pas de neutralité possible, tout fait implique une valeur. Personne ne peut respecter le devoir de neutralité.

## 3. Notre devoir est de dire d'où l'on parle

De l'impossibilité de la neutralité ne découle pas une absence de devoir imposé au journaliste, au scientifique ou au fonctionnaire. Si nous ne pouvons être neutres, alors notre devoir est de dire d'où l'on parle. Donna Haraway défend les « savoirs situés », qu'elle reprend à Sandra Harding, c'est-à-dire le développement de perspectives – au pluriel. Contre le mythe de l'objectivité « neutre », qu'un individu pourrait miraculeusement atteindre en s'arrachant à son point de vue, Haraway plaide pour « une doctrine d'objectivité encorporée qui accueille les projets féministes paradoxaux et critiques sur la science, objectivité féministe signifiant alors tout simplement "savoirs situés" ». Contre une prétendue neutralité, qui est en réalité l'expression de la domination d'un point de vue – qui se dit lui-même objectif – sur les autres – décrits comme subjectifs –, il faudrait multiplier les points de vue. Dire d'où l'on parle, reconnaître que la description est faite par des yeux habitant un corps, c'est se conformer au devoir, non de neutralité, mais d'honnêteté intellectuelle.

# Vendre son âme au diable

## 1. C'est faire le mal en vue d'un gain

Vendre son âme au diable semble un marché dont nous espérons quelque chose : s'il s'agit d'une vente, c'est que le diable nous donne une compensation pour la perte de notre âme. Lorsqu'on dit d'un individu qu'il a vendu son âme au diable, on considère qu'il s'est trahi en pensant conclure une affaire avec le diable. Pourtant, si cet individu pensait faire le mal, il ne conclurait pas ce pacte. C'est la thèse de Socrate, que reprend Platon dans le *Protagoras* : nul n'est méchant volontairement, « tous ceux qui font des actions honteuses et mauvaises les font involontairement ». Celui qui vend son âme au diable le fait en vue d'un bien qu'il imagine ; c'est par ignorance de la nature du diable qu'il lui vend ce qu'il a de plus précieux.

## 2. Un marché perdant : on lui donne tout, ce n'est pas une vente !

Car l'âme est ce que nous avons de plus précieux et, en ce sens, il ne peut s'agir, au sens littéral, d'une vente, qui supposerait que nous soyons payés pour cela. Nous donnons notre âme au diable, nous ne la vendons pas. Que pourrait-il bien nous donner en échange ? Nous ne pourrions plus jouir de rien sans âme ! Dans la Bible, Naboth refuse de vendre sa vigne au roi de Samarie, Achab. Son refus représente un refus de renoncer à sa foi pour une somme d'argent. Si Naboth refuse, c'est parce qu'il comprend que rien n'a plus de prix que son âme, qui est immortelle. Peut-être sait-il qu'il risque la mort – Jézabel, épouse d'Achab, le fait tuer en apprenant qu'il n'a pas cédé sa vigne –, mais cette mort n'est rien comparée à la déchéance de l'âme. Autrement dit, si l'on ne peut pas vendre son âme au diable, c'est parce que l'âme est ce qui, en nous, est éternel, et que rien ne pourrait l'acheter. Que nous croyions ou non à l'immortalité de l'âme, ce que nous faisons, notre vertu, nous survit, à la différence des avantages matériels que nous pouvons espérer obtenir du diable.

## 3. La vertu comme bien dont on dispose : un conte de moraliste ?

L'âme, que la religion décrit comme une substance immortelle, n'est pas notre propriété. En nous faisant croire qu'il est possible de la « vendre » et en condamnant cette pratique, la morale théâtralise le mal pour mieux asservir les individus. Dans *Le Maître et Marguerite*, Mikhaïl Boulgakov raconte l'arrivée du diable à Moscou : tous ceux qu'il rencontre sont prêts à tout pour de beaux vêtements, ou pour de l'argent qui tombe du plafond d'un théâtre. L'auteur fait une satire de cette société intéressée, et prétendument très morale. Marguerite, elle, vend, au sens littéral, son âme au diable par amour pour un écrivain : « Ah ! vrai, je donnerais bien mon âme en gage au diable, seulement pour savoir s'il est mort ou vivant… », et son sacrifice semble la seule action pure et désintéressée qui nous est décrite dans le récit. Elle est la seule à pactiser avec le diable, et dans le même temps il semble qu'elle ait l'âme la plus pure de Moscou. En dépit des apparences, l'hypocrisie mondaine est peut-être plus repoussante que la vente de son âme au diable, en connaissance de cause et par amour.

# Donner de son temps

Pour un être mortel, accorder à l'autre son temps, c'est-à-dire consacrer à un autre individu que lui-même l'un des instants irrécupérables de sa vie, constitue le sacrifice existentiel le plus grand. Pourtant, cette expression courante est peut-être trompeuse car elle présuppose une nature du temps que nous n'avons pas mise en question. Donner de son temps implique deux choses impossibles : tout d'abord, cela suppose de posséder « du » temps ; mais cela suppose aussi que, si ce temps est un bien, nous pouvons en faire don : nous est-il possible, du point de vue métaphysique, c'est-à-dire du point de vue de la nature du temps, d'accorder à quelqu'un ce temps ? Le temps est-il un bien et, s'il est un bien, est-il cessible ?

## 1. On ne possède pas son temps

Pour donner de son temps, encore faudrait-il en posséder. Cela suppose que le temps existe, qu'il soit une dimension, comme l'espace. Peut-on dire qu'on possède du temps, tout comme on possède une terre ? Dans la *Critique de la raison pure*, Kant écrit : « Le temps n'est pas quelque chose qui existe en soi. » Si le temps est bien « réel », ce qu'atteste la perception que nous avons du changement – car dans un monde sans temps, il n'y aurait que de la permanence –, il n'est pourtant pas un « objet » mais la condition de l'expérience. Nous ne pouvons pas posséder le temps, donc nous ne pouvons pas le donner. Le temps est un « mode de représentation de moi-même en tant qu'objet ».

## 2. On ne peut pas donner de temps aux autres, même en admettant qu'on dispose du nôtre – et non qu'on le possède

À supposer que l'on ne possède pas de temps mais que l'on dispose du nôtre, au sens d'un temps vécu, il est toutefois impossible d'en faire don. Le temps comme dimension de l'expérience est un temps des physiciens, un temps que l'on mesure. Mais on pourrait l'opposer à la « durée vécue par notre conscience », ainsi que le propose Bergson dans *Matière et Mémoire*. Si nous ne pouvons pas posséder le temps mesurable, celui dont Kant considère qu'il n'est pas un objet de l'expérience mais une condition de l'expérience, peut-être pouvons-nous toutefois considérer que nous disposons de la durée vécue par notre conscience, en tant qu'il dépend de nous d'être présents à l'expérience, et donc d'étendre cette durée. Pourtant, pas plus que le temps de la physique, ce temps-là ne peut être donné : ce n'est pas un temps que l'on peut remplir de phénomènes, que l'on peut occuper en rendant service à un autre individu, en lui « donnant de notre temps » selon l'expression courante. Quoi qu'il arrive, le temps qu'on passe avec l'autre sera *notre* temps, qui est plus ou moins dense selon notre présence durant ce moment partagé. Le temps est un mode de l'expérience, et non pas une durée mesurée : consacrer deux heures à un ami, ce n'est pas lui offrir ces deux heures. Celles-ci ne sont que le temps de la physique, mais ce que nous vivons, c'est un temps de la conscience, qui est une expérience métaphysique instable et non pas un morceau de notre journée. Nous pouvons consacrer *notre* temps pour venir en aide à l'autre, mais il reste nôtre.

## 3. Bien que nous ne possédions pas notre temps, on peut le mesurer, en comptable

Ne pas pouvoir donner de son temps ne nous empêche pourtant pas d'en tenir compte, au sens littéral, c'est-à-dire de noter l'emploi que nous faisons de notre temps. Non pas pour ne pas en perdre, en tant que le temps n'est pas un objet et qu'il ne peut donc pas être perdu, mais plutôt pour prendre conscience que « la plus grande part de la vie se passe à mal faire, une grande à ne rien faire, le tout à faire autre chose que ce qu'on devrait », ainsi que le regrette Sénèque dans la première des *Lettres à Lucilius*. Sénèque déclare « [tenir] note de [sa] dépense » : à la manière d'un comptable du temps, il inscrit toutes ses occupations afin de pouvoir, à tout le moins, savoir « pourquoi » et « comment » son temps, parfois, lui échappe.

# Le geste et la parole

## 1. Deux outils complémentaires pour la communication

Le geste et la parole semblent en premier lieu deux outils complémentaires lorsque nous cherchons à communiquer. Nous disons parfois qu'il faut « joindre le geste à la parole », soit pour indiquer qu'une personne accomplit les actes annoncés par les paroles (« je vais me mettre à table ») soit pour rendre une menace plus dissuasive (mettre les mains sur le dos de celui qu'on menace, oralement, de pousser), soit pour illustrer un discours, en ajoutant un geste que la parole n'avait pas explicitement mentionné (par exemple, se lever et partir, après s'être dit indigné). En ce sens, le geste s'ajoute à la parole : il la succède et la complète.

## 2. Deux modes de signification incompatibles : la parole remplace le geste et lève l'ambiguïté – le geste est alors de trop

Mais il peut sembler étonnant de considérer que le geste complète la parole dans la mesure où la parole a pour fonction de remplacer le geste. Nous nous défaisons de l'ambiguïté d'un geste en utilisant des mots. Le geste ne serait alors qu'un outil faute de mieux quand, par exemple, la discrétion commande de ne pas utiliser de mots – auquel cas on préfère le clin d'œil à l'explicite « ne dis rien, il ou elle n'est pas au courant ». La parole et le geste apparaissent alors comme deux modes de signification incompatibles : la première remplace le second, dès que c'est possible, et le rend inutile. Dans *Le Geste et la Parole*, André Leroi-Gourhan soutient que l'évolution technique de l'homme s'explique par son évolution biologique. La parole peut être étudiée comme une nouvelle étape de l'évolution technique : c'est une fonction symbolique qui apparaît après la station debout, la libération de la main, et toutes les autres étapes de l'évolution motrice de l'espèce. Le geste est antérieur à la parole, qui est le privilège des « hominidés » les plus récents – l'*homo sapiens* a trois cent mille ans.

## 3. Tout aussi naturel et conventionnel l'un que l'autre

Nous avons présenté la parole comme ce qui supplante le geste, notamment pour en lever l'ambiguïté, mais dans cette conception nous maintenions la croyance dans la distinction entre nature (ce que ferait l'homme spontanément) et culture (ce que la vie en société change chez l'homme). Mais cette distinction est contestable : la naturalité ou la spontanéité de l'homme n'est nulle part. Comme le déclare Merleau-Ponty dans *La Phénoménologie de la perception*, « tout est fabriqué et tout est naturel » chez l'homme. Peut-être la parole est-elle un type de geste, ou peut-être le geste est-il déjà parole. Le mot s'interprète en contexte, comme le geste, et il peut y avoir aussi peu d'ambiguïté dans un geste que dans une parole. Si nous les opposons comme si l'un était naturel (par exemple, « embrasser dans l'amour », pour reprendre le cas présenté par Merleau-Ponty) et l'autre culturel (« appeler une table une table »), nous nous empêchons de comprendre le geste et la parole. Il s'agirait de ne plus les opposer sous l'angle de cette distinction entre nature et culture, de ne plus donner le privilège à la pratique jugée plus culturelle – la parole – pour les comprendre l'une et l'autre, dans leur tentative de communiquer.

# La puissance de calcul

**Attention** : le sujet est « La puissance de calcul », pas « La puissance du calcul ». Il ne s'agit pas de se demander en quoi le calcul est puissant, mais d'analyser l'expression « puissance de calcul » (le nombre d'opérations qu'une machine peut réaliser en un instant donné).

## 1. Un moyen de connaître le monde

La puissance de calcul semble avant tout un moyen de mieux connaître le monde : plus grande est la puissance de calcul d'un processeur, plus le nombre d'opérations qu'il peut réaliser en une seconde est grand, et plus une expérience (c'est-à-dire, lancer un programme de code sur une base de données) est rapide. Le premier séquençage du génome, finalisé en 2003, a pris plusieurs dizaines d'années, alors que les technologies utilisées actuellement ne requièrent que vingt-quatre heures. Lorsque les calculs peuvent être effectués plus rapidement, le prix de l'expérience baisse, et plus il baisse plus le séquençage devient accessible, notamment au grand public. Grâce à l'augmentation du nombre de séquençages, l'acquisition d'un grand nombre de données permet rétroactivement de nouveaux calculs, qui permettent de mettre au jour des régularités, ou d'envisager des méthodes de thérapie génique. L'augmentation de la puissance de calcul permet donc une augmentation des connaissances, mais elle constitue également un apport pratique, par exemple en médecine.

## 2. Une puissance qui nécessite une direction

Cette puissance n'est toutefois pas un pouvoir : elle est un outil pour les scientifiques et pour les décideurs, mais elle ne dit pas quels sont les calculs à réaliser. Elle n'est *que* puissance de calcul, c'est-à-dire qu'on peut lui commander toutes sortes de calculs, même absurdes, et qu'elle les exécutera. Le processeur ne juge pas de l'intelligence du programmateur : l'interface de code peut, au mieux, signaler une erreur lorsque le programme est mal codé et que la machine ne parvient pas à exécuter le calcul, mais seules les erreurs techniques sont repérables. Le processeur ne peut pas dire au chercheur si son hypothèse est déraisonnable. Il ne peut pas non plus repérer les biais, notamment idéologiques, du programmateur – qui, lorsqu'il code un programme, peut y confirmer ses biais existants et produire des résultats présentés comme significatifs, alors que la base de données peut ne pas être représentative ou pertinente pour sa recherche. La puissance de calcul a sa limite dans son nom : elle est puissance, mais il faut que quelqu'un prenne la responsabilité de l'activer, et de la diriger.

## 3. Inutile : les cygnes noirs ne se prédisent pas

Cette puissance de connaissance du monde, même dirigée par le chercheur le plus consciencieux, est peut-être toutefois trompeuse : plus on est capable d'exécuter de calculs en une seconde, plus on pense maîtriser le monde, et plus on pense être capable de formuler des prédictions à son sujet. Mais cette croyance est illusoire. Dans *Le Cygne noir*, Nassim Nicholas Taleb (*cf.* Annexes) montre que tous les modèles de prédiction, aussi puissants soient-ils, échouent à prédire les événements qui constituent une rupture : ainsi, la crise financière de 2008 ne pouvait être prédite par les modèles de prédiction parce qu'elle était assortie d'une probabilité si faible qu'elle n'était pas prise en compte par les modèles. Ce sont les événements les moins probables qui bouleversent le plus notre monde. C'est pourquoi la puissance de calcul est un leurre qui nous donne l'impression de comprendre et de connaître le monde, alors que cette puissance ne nous garantit aucune possibilité de prédire le futur.

# Les arts mineurs

**Rappel sur les arts supposés majeurs**

Ou bien faire référence aux Neuf Muses, correspondant à neuf « arts » (dont certains ne sont pas considérés comme tels aujourd'hui) : la poésie épique, l'histoire, la poésie lyrique et chorale, la musique, la tragédie, la pantomime, la danse et la poésie, la comédie, l'astronomie.
Ou bien présenter la classification des six arts selon Hegel : l'architecture, la sculpture (ou statuaire), la peinture, la danse, la musique, la poésie.

## 1. Des arts sans histoire...

À première vue, lorsqu'on compare la liste des arts majeurs à celle – supposée – des arts mineurs, il semble que ce qui manque aux arts mineurs soit une histoire. Les arts majeurs ont pour parents les Muses, qui leur donnent une légitimité mythologique. Les arts mineurs s'intégreraient, eux, à la liste des arts majeurs à mesure qu'ils disposent d'une histoire propre. En effet, le cinéma est devenu le septième art, puis la photographie, et enfin la bande dessinée. Il semble que les disciplines puissent accéder au statut d'art majeur à condition d'avoir une production soutenue pendant une longue période de temps, mais surtout à condition d'avoir été critiquées et d'avoir été un objet d'étude pour les historiens de l'art.

## 2. Des arts sans génie créateur

Cependant, si c'est l'histoire qui fait d'un art un art majeur, comment expliquer que la photographie soit le huitième et non le septième art, alors qu'elle naît avant le cinéma ? Comment expliquer qu'on refuse à l'art du costume, bien plus ancien, la qualification d'art majeur ? Il semble que ce qui manque aux arts dits mineurs, ce serait de ne pas être compatibles avec le mythe du génie créateur, qui serait indispensable dans la genèse d'une œuvre d'art. Là encore, le reproche est double : d'abord, être une **pratique utilitaire** (comme l'ameublement, mais aussi comme la photographie, tant qu'elle n'a pour fonction que de garder une trace matérielle des visages, sans recherche esthétique apparente), mais aussi être une **pratique**, qui ne suppose pas de talent parce qu'elle est **mécanique. On veut que l'artiste soit à la fois éloigné de l'artisan, en tant qu'il ne doit pas produire de l'utile, mais on veut pourtant qu'il s'en rapproche dans la mesure où l'on exige que son œuvre demande un savoir-faire qui ne soit pas accessible à tous.** La photographie ne répond pas à cette exigence car son procédé est mécanique : il semble que déclencher l'appareil soit un geste réalisable par tout le monde, et cela disqualifie à première vue la photographie comme art (tout court), et d'autant plus comme art majeur. Dans *L'Œuvre d'art à l'heure de sa reproductibilité technique*, Walter Benjamin (*cf.* Annexes) dresse le constat que l'œuvre perd son « aura » dès lors qu'elle n'est plus unique et dès lors qu'il n'y a plus d'original. La photographie, parce qu'elle est reproductible, n'est pas une production sacrée. Les arts mineurs sont peut-être ceux que l'on considère accessibles à tous parce que leur technique ne suppose pas de talent.

### 3. Des arts, surtout, sans le sceau de la légitimité de l'élite

Mais lorsque nous étudions la progressive acceptation de certaines disciplines artistiques, il semble que le facteur déterminant soit avant tout la **légitimité** donnée par une classe sociale à une production. Si l'élite considère une œuvre supposée mineure ou populaire comme une œuvre digne d'être écoutée ou regardée, cette œuvre devient majeure. Ce qui est condamné à une époque peut être choisi par une autre époque comme de l'art légitime. Dans *La Distinction*, Bourdieu (*cf.* Annexes) étudie le mécanisme qui consiste, pour la bourgeoisie culturelle, à se distinguer en adoptant des goûts qui ne sont pas ceux des classes populaires. Il suffit qu'un chanteur populaire, dit mineur parce que supposé de moindre valeur artistique, ne soit plus à la mode pour que la bourgeoisie le choisisse comme modèle de l'art, de la culture, et en particulier de la chanson, par opposition aux productions contemporaines qui seraient des pratiques non artistiques ou, au mieux, de l'art mineur. En fin de compte, les arts mineurs, ce sont peut-être les arts que l'élite refuse de reconnaître.

# L'ouverture culturelle

**Problème possible :** l'ouverture culturelle est-elle une curiosité de l'autre, ce qui constitue une prise de risque quant à ses propres certitudes, ou bien la recherche confortable de l'exotisme pour confirmer ses propres certitudes ?

## 1. Le refus de l'entre soi culturel

L'ouverture culturelle apparaît tout d'abord comme une louable intention : s'ouvrir à d'autres cultures, c'est refuser l'enfermement dans l'entre-soi. C'est aussi prendre le risque de fragiliser ses certitudes en les confrontant à d'autres systèmes de croyances. Lorsque nous pensons savoir quelque chose, et que d'autres pensent eux aussi savoir, mais autre chose, nous sommes obligés de croire que l'un de nous a raison, et l'autre tort – à moins d'admettre le relativisme de la vérité. Si nous rencontrions ces autres certitudes sans le vouloir, c'est-à-dire pas par recherche d'ouverture culturelle, notre réaction pourrait être de rejeter en bloc ce que l'autre dit savoir et de n'accorder aucune valeur à son discours. Mais si nous nous ouvrons à d'autres cultures, c'est que nous acceptons que cet autre a de bonnes raisons de dire qu'il sait ce qu'il sait : ce qui nous amène à nous demander sur quoi reposent nos propres certitudes, et si les fondements de notre savoir sont aussi solides que nous le pensons. L'ouverture culturelle est, en premier lieu, une curiosité du monde extérieur, et une prise de risque quant à nos propres certitudes.

## 2. Une hypocrisie : l'expatrié *vs* l'immigré ?

Pourtant, nous n'employons pas l'expression ouverture culturelle de la même façon selon la culture à laquelle nous nous ouvrons et, surtout, la posture d'ouverture culturelle ne signifie pas une curiosité à l'égard de toutes les cultures. Il semble plutôt que l'ouverture culturelle soit une autre façon d'appeler la quête de l'exotisme qui, parce qu'elle rappelle les zoos humains du début du XX$^{e}$ siècle ou les récits romancés d'Orient, n'a plus nos faveurs. Peut-être avons-nous changé d'expression, mais désignons-nous toujours la même chose ? L'ouverture culturelle ne se traduit pas dans la croyance que toutes les cultures ont de la valeur. Celui qui se dit ouvert peut toutefois considérer sa culture comme supérieure à celle des autres. S'ouvrir, ce serait alors découvrir d'autres cultures, dont on s'étonnerait avec joie qu'elles soient si peu développées relativement à la nôtre. Ainsi, si l'expatrié peut être objet d'intérêt, l'immigré l'est moins, ou ne l'est pas : il faut que la culture de l'autre ne soit pas perçue comme une menace pour la nôtre pour que nous en soyons curieux. Autrement dit, l'ouverture culturelle pourrait être une pseudo-curiosité ayant pour but d'affermir la croyance en sa propre supériorité. C'est ce que décrit Jean Baudrillard dans *Le Miroir de la production* : la société occidentale, dans sa prétention à l'universel, fait entrer toutes les cultures dans ses musées.

### 3. L'ouverture culturelle comme joie de l'universel

Peut-être la culture de l'autre n'est-elle différente de la nôtre que dans notre imaginaire : en ce sens, l'ouverture culturelle serait le moyen de s'apercevoir que, malgré la pluralité des cultures, il existe des traits universels, partagés par tous les êtres humains, sur lesquels repose l'unité de cette espèce. Certains tabous par exemple sont universels, comme la prohibition de l'inceste, ainsi que l'observe Claude Lévi-Strauss dans *Les Structures de la parenté*. Les similitudes entre cultures peuvent être difficiles à observer au premier abord, parce qu'elles supposent non pas des comparaisons (comparer une pratique à une autre) mais des analogies (c'est-à-dire comparer le **rapport** entre A et B et le **rapport** entre A' et B'). Ainsi, ce qui est sacré et ce qui est profane dans chaque culture peut différer, mais on peut toutefois repérer la présence de cette distinction dans toutes les sociétés religieuses. Lorsque l'on regarde une autre culture de l'extérieur, on peut s'étonner que les membres de cette société vénèrent tel objet plutôt que tel autre, mais en s'y ouvrant, c'est-à-dire en étant curieux de cette culture, on peut remarquer que nous partageons la célébration d'une chose – même si chacun célèbre la sienne – et la ritualisation de cette célébration.

# Vivre en poète

## 1. C'est vivre d'amour et d'eau fraîche

Dans l'imaginaire collectif, le poète est souvent associé à celui qui accorde peu d'importance aux choses du monde et qui ne s'intéresse qu'à la forme, au style et à la poésie. « Vivre en poète », en ce sens, ce serait se satisfaire de peu. Diogène de Sinope, surnommé Diogène le Cynique, pourrait, par son existence, illustrer l'expression « vivre en poète » : on dit qu'il vivait dans un tonneau (une grande jarre) et qu'il marchait toujours pieds nus. Il refuse de se conformer aux codes sociaux, qu'il juge absurdes, et il méprise les conventions. Pour « vivre en poète », peut-être n'est-il même pas obligatoire de faire de la poésie au sens strict, c'est-à-dire d'écrire des vers. Le poète serait tel par son mode de vie et non par le type de textes qu'il écrit, à la différence par exemple du romancier, qui est romancier parce qu'il écrit des romans. Vivre en poète serait donc, dans un premier sens, avoir une existence très simple, voire vivre dans l'indigence.

## 2. C'est vivre sans morale

Mais l'expression « vivre en poète » n'est-elle pas dans le même temps une accusation morale ? Celui qui vit en poète n'est-il pas celui qui choisit la vie esthétique plutôt que la vie éthique ? Dans *Ou bien... ou bien...*, Søren Kierkegaard oppose ces deux genres de vie. La vie esthétique est représentée dans *Le Journal du Séducteur*, roman du même auteur qui s'inspire de sa vie. Le séducteur, qui ne vit que dans l'immédiateté, pourrait être celui qui « vit en poète », au sens où son ambition est esthétique. Le poète n'a que faire de la morale, qui est une norme sociale et qui empêche la réalisation esthétique de l'existence. Kierkegaard ne soutient pas que nous puissions choisir entre vie esthétique et vie éthique, mais il semble que vivre en poète revienne à ignorer la possibilité de la vie éthique.

## 3. C'est se préoccuper de la forme de sa vie, et non de son contenu

Ce qu'il y a de commun entre le poète cynique, qui vit dans le dénuement, et le poète séducteur, qui vit dans et pour l'immédiateté, ce pourrait être la préoccupation de la forme donnée à la vie. Plutôt que de chercher le sens de son existence, celui qui vit en poète prend des décisions motivées par l'esthétique, par le style. Celui qui vit en poète ne se demande pas s'il faudrait, ou non, parler à tel(le) inconnu(e), il ou elle lui parle si son intuition le lui demande. Dans *Nadja*, André Breton raconte sa rencontre avec Léona Delcourt, surnommée Nadja. Bien que présentés comme un récit factuel, leurs échanges semblent éminemment poétiques : elle choisit son surnom en référence à « Nadejda » (Надежда), qui signifie l'espoir en russe, elle dit être « l'âme errante ». Leurs répliques ne paraissent pas réalistes, mais c'est peut-être en cela que Breton et Léona Delcourt vivent en poètes : ils ne se soucient pas de ce qu'il faut dire dans une rencontre, ils suivent leur intuition esthétique. Cette vie de poète semble incompatible avec la société : Nadja est internée dans un hôpital psychiatrique, mais Breton dit qu'elle n'est pas folle. Selon lui, c'est la société qui crée la folie et qui reconnaît chez les patients les symptômes de celle-ci.

# Sexe et genre

## 1. Le genre est une construction sociale, le sexe une donnée biologique

La distinction entre sexe et genre est fondée sur la revendication que le rôle social et le comportement d'un individu ne seraient pas déterminés par son sexe, mais par son genre, qui serait une construction sociale. Dans *Sexe, genre et sexualités*, Elsa Dorlin distingue le sexe biologique (mâle ou femelle), le genre, qui correspond à notre rôle et à notre comportement, et la sexualité, qui désigne les comportements de recherche du plaisir charnel, qu'ils soient ou non réalisés dans le but de la reproduction. Sa thèse est que les genres se conçoivent l'un par rapport à l'autre, notamment dans un rapport de pouvoir, et qu'ils ne sont pas des essences indépendantes. La construction sociale du genre, par rétroaction, définit aussi le sexe, ou le corps biologique, en tant que les pratiques socialement acquises – manières de se nourrir, exercice physique – modifient les corps pour renforcer la différence entre les sexes. Les études de genre (*gender studies*) ont pour objectif de montrer que le masculin et le féminin, quand ils sont construits comme des essences, tendent à présenter comme naturel un rapport de domination entre hommes et femmes qui est, en réalité, social.

## 2. Le genre est construit à partir du sexe : il renforce la binarité qu'il prétendait critiquer

Pourtant, le mode choisi pour la critique des catégories de masculin et de féminin pourrait renforcer le rapport de domination que cette critique cherche à contester. Le combat politique des féministes, s'il se donne pour but la (re)construction du genre féminin, peut conduire à une essentialisation du féminin par la reconnaissance de la différence biologique entre les sexes. Peut-être, plutôt que de distinguer sexe et genre, pourrions-nous envisager la remise en cause de la binarité de ces deux concepts. Dans le tome 2 de *L'Ennemi principal*, Christine Delphy, citée par Juliette Grange dans « Genre et sexe : nouvelles catégories épistémologiques des sciences humaines », écrit : « Il en découle que si le genre n'existait pas, ce qu'on appelle sexe serait dénué de signification, et ne serait pas perçu comme important : ce ne serait qu'une différence physique parmi d'autres. » Le postféminisme, ou théorie *queer*, refuse le fondement naturel de la différence entre les sexes. Cette distinction binaire serait elle aussi le produit de la culture. Ainsi, distinguer sexe et genre et considérer que le genre est une construction sociale à la différence du sexe ne permettraient pas de rétablir l'égalité entre les individus.

## 3. L'identité dans le monde moderne : les revendications identitaires, menaces de fragmentation sociale ?

À partir de ces deux propositions théoriques – le féminisme différentialiste et le postféminisme –, nous pouvons nous demander si la volonté d'étiqueter les individus ne fait pas peser le risque d'une fragmentation sociale. Au lieu de s'ajouter, les différentes composantes de l'identité d'un individu semblent réduire le groupe social auquel celui-ci peut prétendre appartenir. Il semble que les étiquettes identitaires soient exclusives plutôt qu'intégrantes. C'est pourtant l'opposé du projet politique de contestation de la domination des hommes sur les femmes qui voudrait, au contraire, ou bien détruire la prétention à l'universel du seul genre masculin et former une société composée de toutes les identités, rendues compatibles par la disparition de la norme, ou bien construire un nouvel universel qui n'exclue pas les femmes et toutes les identités qui ne se reconnaissent pas dans le stéréotype universel : car si « l'homme » est considéré comme un concept universel, « la femme » est un objet construit socialement, notamment par l'importance accordée à la sexualité et à la vision binaire du monde. La remise en cause du sexe comme mode d'opposition des individus, qu'elle prenne la forme de la distinction entre sexe et genre ou qu'elle soit une contestation de la binarité du monde, peut nous amener à repenser la notion d'universel.

# La société patriarcale

## 1. Un modèle invisible de domination

Le monde, au moins jusqu'à la fin du XXe siècle, semble un monde d'hommes. Les femmes ne sont pas entrées dans l'histoire : non pas qu'elles soient de moindre valeur que les hommes, non pas qu'elles n'aient rien fait, mais elles sont absentes de tous les récits. La société pourrait être qualifiée de patriarcale, au sens où le pouvoir est détenu majoritairement par des hommes, mais aussi au sens où le neutre, l'objectivité, correspond en réalité au point de vue masculin. Le point de vue féminin est, lui, réduit à la subjectivité. La société patriarcale ne signifie donc pas uniquement que le pouvoir est détenu par des hommes, mais aussi que l'idée que l'on se fait de l'universel est en fait la généralisation du point de vue masculin et participe à la domination du masculin sur le féminin. Selon Simone de Beauvoir, dans *Le Deuxième Sexe* (*cf.* Annexes), la société patriarcale a pour fondement le fait que « le semblable, l'autre, qui est aussi le même, avec qui s'établissent des relations réciproques, c'est toujours pour le mâle un individu mâle ». En raison de cette impossibilité pour la femme d'être le « semblable », elle est considérée comme « l'inessentiel ». Pourtant, Beauvoir souligne que cette dualité n'est pas inscrite dans la nature : « L'homme n'est pas une espèce naturelle : c'est une idée historique. La femme n'est pas une réalité figée, mais un devenir. » Ainsi, la société patriarcale, si elle se reproduit de manière invisible, n'est pourtant pas naturelle – on peut donc la contester.

## 2. Des valeurs d'exploitation qui n'oppressent pas que les femmes

La critique de la société patriarcale peut amener au constat que ce n'est pas seulement la vie des femmes qui est modifiée par ces relations de domination : les valeurs de cette société conduisent à l'oppression de tout ce qui n'est pas mâle. Les écoféministes proposent de rapprocher le rapport de la société patriarcale aux femmes de celui qu'elle entretient avec la nature. Le terme écoféminisme a été introduit par Françoise d'Eaubonne, une militante française, en partant de la thèse que l'asservissement de la nature par le capitalisme et la domination des femmes au sein de la société patriarcale étaient deux symptômes produits par la même cause, et qu'en conséquence la lutte écologique et la lutte féministe devaient être réunies. Dans *The Death of Nature*, Carolyn Merchant pointe l'utilisation par les scientifiques, à partir de l'époque moderne, de métaphores sexuelles pour se rapporter à la nature. La logique de domination viendrait également, selon Karen Warren, de dualismes, pointés par Catherine Larrère dans l'article « La nature a-t-elle un genre ? Variétés d'écoféminisme », publiée dans les *Cahiers du genre* (« nature/culture, nature/société, femme/homme, passif/actif, objet/sujet, émotionnel/rationnel, matière/esprit ») qui amènent à quatre processus : la « distinction » – qui consiste à imposer la naturalité d'une séparation entre deux concepts et à masquer l'arbitraire de cette opposition –, la « hiérarchisation », la « valorisation » et la « subordination » – c'est-à-dire la soumission présentée comme légitime de l'un des deux concepts à l'autre, qui serait le concept dominant. La société patriarcale repose peut-être avant tout sur des oppositions présentées comme fondamentales, mais qu'elle a elle-même construites.

## 3. Le problème de la parole située : pourquoi une victime est toujours dite « subjective » ou « biaisée »

À partir de ces constats, notamment du problème de la parole masculine construite comme parole objective et voix de l'universel, sommes-nous condamnés au relativisme ? Si nous renonçons à la pseudo-objectivité qui renforce la société patriarcale, devons-nous défendre que tous les points de vue se valent, ce qui empêcherait toute pensée ? Selon Donna Haraway, dans l'article « Savoirs situés » (*cf.* Annexes), nous ne sommes pas confrontés à cette alternative : c'est la pseudo-objectivité masculine qui cherche à empêcher la possibilité d'une autre parole en présentant le relativisme comme la seule autre voie possible. En réalité, il est possible de « situer » les savoirs, c'est-à-dire de dire d'où l'on parle, afin de ne pas prétendre parler au nom de l'universel – ce qui est impossible – tout en sauvant la « responsabilité » que l'on a de sa propre parole, et que le relativisme détruirait. Haraway écrit : « La partialité, et non l'universalité, est la condition pour faire valoir ses prétentions à la construction d'un savoir rationnel. » Il s'agit donc, pour remettre en question les distinctions qui fondent la société patriarcale, de partir des expériences, notamment des expériences « encorporées », c'est-à-dire de reconnaître que la parole de chaque individu est une parole qui émerge d'un corps. À cette condition, nous pouvons échapper à l'essentialisation. Les femmes n'ont pas le défaut d'être les seuls êtres à vivre dans un corps : le savoir est toujours « encorporé », et personne ne parle sous la dictée de l'universel.

# « Le lièvre et la tortue »

## 1. Un paradoxe logique : le lièvre ne rattrape jamais la tortue

Si la fable propose de donner une morale à partir de la prétention du lièvre à ne pas devoir partir en même temps que la tortue, et même à partir le plus tard possible, à « brouter », « dormir », « écouter d'où vient le vent », elle est aussi une référence au paradoxe de Zénon. Dans ce paradoxe, Achille et une tortue font une course. Achille laisse de l'avance à la tortue, par courtoisie, mais en raison de cette avance, bien qu'Achille coure plus vite, ce dernier ne peut jamais rattraper la tortue. Car à chaque fois qu'il avance, la tortue avance aussi, et mathématiquement, même si l'intervalle entre les deux se réduit, il semble impossible qu'Achille dépasse la tortue. Ce paradoxe trouve sa résolution dans la théorie moderne des suites. Malgré la leçon que donne Jean de La Fontaine, la série infinie (c'est-à-dire une suite définie à partir d'une suite) de nombres positifs peut tendre vers un nombre fini, et donc le lièvre peut dépasser la tortue.

## 2. La résolution du paradoxe par la pratique

Mais ce paradoxe logique trouve aussi une résolution dans la pratique. En effet, peut-être ce paradoxe n'est-il pas un objet d'étude pour la philosophie : selon William James, dans *Le Pragmatisme*, il est inutile de débattre de questions métaphysiques qui ne peuvent trouver de réponse. Il donne l'exemple d'un homme qui court autour d'un arbre sur lequel un écureuil tourne. L'homme essaie d'apercevoir l'écureuil mais, malgré sa course circulaire, il le manque systématiquement. Deux philosophes observent cet homme et se demandent s'il tourne, ou non, autour de l'écureuil. Selon James, la question est mal posée : on ne peut pas y donner de réponse dans l'absolu, il faut définir un référentiel. Si l'on choisit un point cardinal comme référentiel – c'est-à-dire le repère à partir duquel on étudie le mouvement – alors l'homme tourne autour de l'écureuil ; mais si le référentiel est l'écureuil, on ne peut pas dire que l'homme tourne autour de lui. La solution que James propose est pragmatique : elle s'appuie sur la pratique. Pour ce qui est de la course entre le lièvre et la tortue, nous pouvons la résoudre en considérant qu'en pratique le lièvre dépasse la tortue à condition de ne pas partir trop tard pour réussir à parcourir la distance jusqu'à la ligne d'arrivée en moins de temps qu'il n'en faut à la tortue pour le faire.

## 3. Un monde fait pour les lièvres

Nous avons remis en question le devoir pour le philosophe de traiter ces paradoxes logiques et de raisonner en théorie sur des problèmes pratiques. Mais peut-être pouvons-nous également remettre en question la morale de la fable. Ce lièvre prétentieux, qui dort et broute, est-il traditionnellement perdant en société ? Dans *Le Lièvre d'Amérique*, Mireille Gagné décrit la progressive transformation en lièvre d'une employée subjuguée par les performances d'une autre employée. Il lui semble que la seule façon de survivre au monde de l'entreprise est de devenir elle-même un lièvre, c'est-à-dire quelqu'un dont les performances sont élevées et qui parvient également à plaire en société. L'héroïne se transforme en lièvre, mais sa transformation est littérale, ce qui l'exclut de la société dans laquelle elle voulait s'intégrer. La société actuelle, qui promeut la productivité quantifiable, semble faite pour les lièvres plutôt que pour les tortues, même lorsqu'elles se déguisent en lièvres.

# « Le corbeau et le renard »

**Conseil** : ne pas faire une colle sur le pouvoir des fables ! C'est « le corbeau et le renard » qu'il faut traiter, et non « la fable » ou « la morale » !

## 1. « Tout flatteur vit aux dépens de celui qui l'écoute »

La morale de la fable nous enseigne que « tout flatteur vit aux dépens de celui qui l'écoute » : le renard pratique l'art oratoire, ou la pseudo-rhétorique, c'est-à-dire la belle parole qui flatte le corbeau. C'est parce que celui-ci ne se méfie pas suffisamment de ce type de discours qu'il perd son morceau de fromage. Dans la *Critique de la faculté de juger*, Kant dénonce « l'art oratoire [...] en tant qu'art de se servir des faiblesses des hommes pour ses propres fins » ; il considère qu'il n'est « digne d'aucun respect ». Même quand les fins de l'orateur sont bonnes, le moyen employé – la persuasion – est mauvais. Le corbeau se laisse prendre au piège d'un discours sans valeur : il ne reconnaît pas, dans les paroles du renard, la marque d'un discours dont le seul but est la persuasion de celui qui l'écoute. Pour que notre jugement soit indépendant, nous devons nous méfier du discours persuasif.

## 2. Mais la confiance est un don nécessaire à la vie en société

Cependant, si nous devons nous méfier de la mauvaise rhétorique, qui est l'art de la flatterie, il semble que le corbeau, en ne se méfiant pas du renard, applique une règle nécessaire à la vie en société : celle d'accorder sa confiance à ceux que l'on y rencontre. En effet, la confiance semble le fondement des relations sociales ; aucune société ne peut survivre sans elle. Lorsque nous entendons parler de « crise de la confiance » dans les institutions, il s'agit d'une menace réelle de désagrégation sociale. Sans confiance, le pouvoir perd son moyen d'agir sur la société. De même, sans confiance, les échanges sociaux semblent difficiles ou impossibles. Cette confiance n'est pas nécessairement de la bienveillance : ainsi, dans *La Richesse des nations*, Adam Smith soutient que « ce n'est pas de la bienveillance du boucher, du marchand de bière ou du boulanger que nous attendons notre dîner, mais bien du soin qu'ils apportent à leurs intérêts » : la confiance peut se fonder sur la croyance que les autres citoyens ont intérêt à ne pas me tromper. Le corbeau fait preuve de citoyenneté en ne mettant pas en doute la parole du renard.

## 3. Et si le corbeau avait raison de chanter ?

Nous avons sauvé le corbeau de la condamnation morale : en ouvrant son bec, il donne sa confiance au renard, et c'est donc ce dernier qui est en tort. La morale de la fable présente le corbeau comme « honteux et confus », mais le sentiment de culpabilité que La Fontaine lui prête pourrait être discuté. N'est-ce pas une façon, pour la morale, d'asservir le majestueux corbeau au bénéfice du malin renard ? Peut-être la morale de la fable est-elle une antimorale qui, au lieu de condamner le renard, culpabilise le corbeau. Dans la « Deuxième dissertation » de la *Généalogie de la morale* sur la faute et la mauvaise conscience, Nietzsche déclare : « Sans cruauté, point de réjouissance. » La naïveté du corbeau n'est pas un mal, et la tromperie du renard ne l'est pas non plus : de la rencontre de ces deux modes d'êtres naît le plaisir du lecteur, réjoui de voir un renard se régaler injustement de la nourriture du corbeau. La morale semble faite, ici, pour tuer le chant des corbeaux en le soumettant à la culpabilité. S'il y a un fautif, c'est le renard : mais la société préfère, pour enseigner la morale, miser sur le sentiment de culpabilité.

# « C'était mieux avant »

Dire « c'était mieux avant » fait courir le risque d'une régression à l'infini. Il semble que l'on ait toujours dit que c'était mieux avant !

## 1. La nostalgie, coupable du « c'était mieux avant »

Si nous déclarons que c'était mieux avant, c'est peut-être parce que nous nous berçons d'illusions quant au passé : nous comparons le présent non pas au souvenir, mais à une idéalisation du souvenir, qui a pu remplacer le souvenir. Cette idéalisation tient notamment à ce que nous ne retenons de l'avant que ce qui confirme le sentiment que la situation y était meilleure. En nous rapportant au passé de manière nostalgique, nous faisons abstraction de ce qui était désagréable à cette époque. Cette illusion peut être dissipée par un témoignage extérieur qui rompt le processus subjectif d'idéalisation : un ami peut, par exemple, nous signaler qu'à ce moment-là nous nous plaignions de la fatigue, ou que nous attendions que d'autres choses se produisent. Pourtant, cette intervention extérieure peut ne pas suffire, et nous pouvons renforcer le récit idéalisé, pour y inclure les objections de cet ami.

**Transition** : Pourquoi nous mentons-nous à nous-mêmes sur ce que nous ressentions dans cet « avant » ? Si la certitude que « c'était mieux avant » engendre de la souffrance, en tant que cet « avant » est irrécupérable, pourquoi nous imposons-nous cette croyance ?

## 2. « C'était mieux avant » : le symptôme de la résistance au changement

La nostalgie pourrait être un symptôme, un effet d'une inclination intérieure : celle de résister au changement. Nous pouvons trouver des facteurs explicatifs d'ordre cognitif à cette résistance : il est plus confortable, et plus économe en énergie, de conserver des certitudes existantes que d'adopter de nouvelles croyances. Dans *La Dissonance cognitive*, Leon Festinger montre que lorsqu'un individu connaît une situation incompatible avec ses croyances et qu'il se sent responsable de cette situation, il se trouve face à une dissonance cognitive qui peut se résoudre de plusieurs façons. L'une d'elle est l'ajout de nouvelles croyances qui réduisent la dissonance. Par exemple, le fumeur qui sait que fumer est dangereux pour la santé subit une dissonance cognitive et il peut, pour la réduire, minimiser sa croyance dans le risque qu'il encourt, ou encore justifier son comportement (je fume parce que je suis nerveux). Le fait de dire « c'était mieux avant » pourrait constituer une réduction de la dissonance cognitive, en idéalisant le passé pour justifier l'éventuel désarroi au présent. La comparaison au passé permet de se justifier : malheureusement, avant, j'aurais pu... mais maintenant je ne peux plus.

**Transition** : Cette justification qui produit un plus grand confort cognitif présente toutefois un danger politique : celui de ne plus envisager aucun futur souhaitable.

## 3. L'action politique doit-elle viser l'utopie pour ne pas être sous le joug du « c'était mieux avant » ?

Pour se préserver de la critique du « c'était mieux avant », peut-être l'action politique doit-elle se donner pour orientation la création d'une utopie, c'est-à-dire d'un non-lieu. Ce non-lieu ne peut être comparé au passé parce qu'il ne s'inscrit pas dans la continuité historique. En cela, peut-être parlons-nous à tort de « révolution » pour des bouleversements qui ne furent que des réformes, ainsi que le soutient Simone Weil dans *Réflexions sur les causes de la liberté et de l'oppression sociale*. Elle écrit : « Depuis plus d'un siècle, chaque génération de révolutionnaires tombait en décadence avec le régime même qu'il aspire à détruire. » Le terme « révolution » n'est peut-être plus qu'un « mot », et non pas un futur possible, en rupture avec l'histoire. La vision nostalgique du « c'était mieux avant » semble aller de pair avec l'idéalisation d'un futur désirable, mais rendu impossible par le présent. La nostalgie menace la réalisation d'un projet politique de rupture en même temps qu'elle peut être instrumentalisée par un mouvement populiste, qui chercherait à convaincre en nourrissant le souvenir d'un passé meilleur que le présent.

# L'auteur, ce menteur

## 1. L'auteur impose une temporalité finaliste

Si l'auteur peut être considéré comme un menteur, c'est en premier lieu à cause du récit, qui ne peut être que mensonger. Un récit est construit autour d'un fil narratif, et la caractéristique de ce fil, c'est de ne mentionner que ce qui est pertinent pour l'histoire, ou seulement ce qui plaît à l'auteur. En tous les cas, l'histoire tout entière est soumise au finalisme, c'est-à-dire que c'est la fin du récit qui commande le déroulement de l'histoire. Même si l'auteur peut ignorer la fin du récit pendant qu'il rédige le roman, ce fil y conduit, et les corrections apportées à son manuscrit, une fois la fin écrite, rendent le récit compatible avec celle-ci. En cela, le récit n'est jamais réaliste : la fin du roman précède le début, et elle rend toute l'histoire mensongère parce que ne reconnaissant pas que tout est là en vue d'une fin. L'auteur prétend raconter ce qui doit l'être, et nous cache sa soumission à l'économie du récit. Dans *Voyage au bout de la nuit*, toutes les péripéties qui arrivent à Ferdinand semblent décousues, elles semblent toutes se dérouler à partir du début du récit – « Ça a commencé comme ça. Moi, je n'avais jamais rien dit. Rien » – alors qu'elles sont toutes postérieures à la fin du roman. Le roman est toujours finaliste, mais l'auteur ne le reconnaît pas. En cela, il nous ment.

## 2. L'omniscience est une tromperie

L'auteur se glisse dans le rôle du narrateur qui se prétend seulement omniscient alors qu'il est omnipotent. La tromperie repose sur le fait qu'en concédant l'omniscience le narrateur gagne notre confiance. Il nous dit : « vous voyez, je reconnais que j'ai une faculté extraordinaire », et nous, tout intrigués que nous sommes par sa faculté à tout savoir, et peut-être pris dans la tentative de nous assurer de cette omniscience, nous ne le soupçonnons pas d'être en réalité omnipotent. Le narrateur prétend tout savoir sur tous les personnages, et nous oublions qu'il est évident qu'il sait tout sur eux puisque ce sont ses créatures. Le narrateur n'est pas omniscient : il crée un monde dont il sait tout, non parce qu'il l'a appris ou découvert, mais parce qu'il a lui-même décidé de tout ce qui se trouve en ce monde. Ainsi, lorsque Marivaux, prétendant avoir trouvé un manuscrit et n'être qu'éditeur, écrit dans l'Avertissement qui précède la *Vie de Marianne :* « C'est une femme qui raconte sa vie ; nous ne savons qui elle était », et qu'il ajoute : « Je ne suis point auteur, et jamais on n'imprimera de moi que cette vingtaine de lignes-ci », il cache sa vraie tromperie, en éveillant nos soupçons sur cette fiction de manuscrit trouvé. Le lecteur se concentre sur cette anecdote, se dit que l'auteur n'a pas véritablement trouvé ce manuscrit, et il oublie de soupçonner l'auteur d'être un démiurge ! En somme, l'auteur est un menteur parce qu'il cache toujours sa tromperie derrière des artifices narratifs.

## 3. Fiction et mensonge : le roman réaliste est un roman fantastique

Si aucun roman n'est réaliste, en tant qu'il est toujours soumis à sa fin et que l'auteur décide de tout, peut-être pourrions-nous même soutenir que tout roman réaliste est un roman fantastique. Si l'auteur est un menteur, ce serait alors parce qu'il prétend décrire le monde, quand ce qu'il écrit n'est pas moins farfelu qu'un dragon ailé. Dans les *Lettres persanes*, Montesquieu fait dire à son personnage que les romans « passent leur vie à chercher la nature et la manquent toujours, et leurs héros y sont aussi étrangers que les dragons ailés et les hippocentaures ». Il est impossible que l'auteur réussisse dans son projet de dire le vrai. L'auteur est nécessairement un fantaisiste qui se prétend de bonne foi : en cela, il est un menteur. Nous pourrions étendre ce constat à tout auteur, et pas seulement à l'auteur de romans réalistes. En effet, l'auteur de travaux universitaires pourrait lui aussi être dit menteur dans la mesure où c'est l'intertextualité universitaire qui lui donne de la légitimité et de la valeur. L'écrit est fondé sur des citations croisées, et il semble que la recherche pourrait survivre à la disparition du monde : l'auteur, lorsqu'il écrit, prend une liberté telle par rapport à son objet qu'il produit son propre objet, paravent de celui qu'il étudie, sur lequel il peut tout écrire – à condition de ne pas interrompre le jeu des citations avec d'autres chercheurs. Dans « Pierre Ménard, auteur du Quichotte », Jorge Luis Borges (*Fictions*) se moque de cette possibilité de faire tout dire au texte, au point de nier que la version de Pierre Ménard et celle de Cervantès sont identiques : « Son admirable ambition était de produire des pages qui coïncidassent — mot à mot et ligne à ligne — avec celles de Miguel de Cervantès. » L'ambition de Ménard ressemble à un aveu de plagiat, mais toute la nouvelle est construite autour de la possibilité du commentaire littéraire comparé des deux textes, les distinguant par l'analyse, quand bien même leurs mots seraient les mêmes. L'auteur nous ment, car il ne décrit jamais l'objet qu'il prétend décrire.

# À chacun sa vérité

## 1. Le relativisme détruit la vérité

Dire « à chacun sa vérité », c'est considérer que l'opinion et la vérité se valent, c'est-à-dire que l'opinion d'un individu peut être considérée comme « sa » vérité. Pourtant, la vérité est considérée comme la correspondance entre le discours et la réalité, mais si l'opinion peut être dite vérité, quel est l'outil qui permet la vérification de cette correspondance ? Dans le *Théétète* de Platon, Socrate critique la position relativiste de Protagoras, qui considère que « l'homme est la mesure de toute chose ». Cette position est intenable selon Socrate, car elle aurait pour conséquence la destruction du savoir. La position relativiste est par ailleurs auto-réfutante selon Hilary Putnam : le relativisme est un « suicide mental », déclare-t-il dans *Raison, vérité et histoire*, car le relativiste ne peut faire de distinction entre « avoir raison » et « penser qu'on a raison », ce qui équivaut selon lui à ne plus pouvoir distinguer une parole qui fait sens de bruits inintelligibles. Dire « à chacun sa vérité » rend toute parole inutile.

## 2. La vérité comme valeur morale asservissante

Pourtant, la défense de la vérité comme nécessairement unique – car dire « sa » vérité, ou considérer qu'il y a plusieurs vérités, c'est rejeter la distinction entre opinion et vérité – pourrait être considérée comme une position morale qui asservit tout ce qui n'est pas vrai, ou qui n'y conduit pas. Dans *Ecce homo*, Nietzsche cherche à montrer que la vérité est une valeur : elle n'est pas seulement le constat d'une correspondance, comme elle prétend l'être, elle est le fondement d'un monde binaire où seule la vérité a de la valeur. Les apparences, par exemple, sont considérées comme toujours trompeuses, et l'injonction morale veut que tout soit dévoilé, que nous allions toujours au-delà de ce que nous percevons, ce qui fait perdre toute valeur à l'expérience et peut-être également à la vie. Lorsqu'on oppose le « monde vrai » au « monde de l'apparence », on oppose un monde « inventé » et la « réalité ». Or il n'y a que l'apparence dans le monde, nous ne pouvons percevoir que cela : le monde supposé vrai est un monde idéal qui ne s'observe nulle part. Nietzsche critique la soumission du monde réel à un monde idéal, qui n'existe qu'en tant que concept.

## 3. La possibilité de vérités intérieures : à chacun son monde

Peut-être le sens de l'expression « à chacun sa vérité » n'est-il pas équivalent à celui d'« à chacun son opinion » en tant qu'on voudrait, lorsqu'on dit « sa vérité », mettre l'accent sur le sentiment intérieur, la façon que l'on a de faire l'expérience du monde, par opposition à l'opinion qui serait notre façon de juger du monde, que nous en ayons ou non l'expérience. C'est un sens du terme « vérité » incompatible avec le sens traditionnel donné à cette dernière – celui de vérité-correspondance –, mais nous pouvons toutefois comprendre le besoin d'employer un autre mot que l'opinion quand celle-ci se confond avec le jugement et la critique. Dire « à chacun sa vérité » serait le moyen d'admettre plusieurs récits compatibles d'un même événement, et de nier la possibilité de décrire objectivement un événement humain. Cet événement humain pourrait n'être rien de plus que la fusion de toutes les perceptions de ce dernier. Dans *Leurs enfants après eux*, Nicolas Mathieu construit un récit polyphonique qui permet de donner au lecteur une vue synoptique de la Moselle au début des années 1990, telle que vécue par des adolescents. Anthony, Steph, Hacine et leurs amis ont « leurs » vérités du récit, qui peut être terrifiant ou émouvant, selon que la situation est vécue par eux-mêmes ou par ceux qu'ils rencontrent et que, parfois, ils offensent. Il n'y a pas de vérité de la Moselle de cette époque ; même le récit polyphonique échoue à la dire, il ne peut que nous la faire entrevoir.

# C'est un cliché

Poncif, lieu commun, cliché : attribuer un de ces termes à un élément de langage revient à le disqualifier. Dans un concours, il faut impérativement éviter les clichés pour se distinguer. Mais éviter les clichés n'est-il qu'une consigne répétée dans les rapports de jury, ou s'agit-il une règle qui nous permettrait de mieux raisonner ?

Le cliché est produit par l'intertextualité, c'est-à-dire par la répétition, dans plusieurs textes ou discours, d'une même expression ou d'une même idée, au point de perdre son sens littéral. Après une rupture amoureuse, dire qu'il faut « aller de l'avant » est un cliché : on ne sait pas vraiment à quoi cet « avant » fait référence ; l'expression semble une réponse mécanique à la situation, et non un véritable conseil. En quoi le cliché est-il à la fois contraire à la pensée, puisque c'est une répétition creuse, et dans le même temps un outil de communication, car il permet la compréhension immédiate par notre interlocuteur de ce à quoi nous faisons référence ?

## 1. Le cliché comme obstacle à toute pensée : énoncer un cliché, c'est transmettre une idée reçue qu'on n'examine pas

« C'est un cliché » est habituellement une formule qui conteste la pertinence de l'expression venant d'être employée. Il s'agit soit de montrer que l'idée reçue, qui considère par exemple que les Français ont telle caractéristique, est fausse, soit de diminuer la valeur de l'énoncé pour souligner que celui qui l'a employée n'a rien dit, puisque le cliché n'est qu'une répétition et qu'il ne remplit pas le critère fondamental du langage signifiant qui est de renvoyer au monde. Le cliché ne renvoie qu'à lui-même, et à l'histoire de l'utilisation répétée de ce cliché, mais pas à quelque chose dans le monde. Le cliché ne peut nous servir à penser, car il n'a pas d'objet. De plus, le cliché, en tant qu'idée reçue que l'on ne remet pas en question, semble empêcher la pensée : si l'idée est reçue sans être examinée, ce n'est pas une pensée car elle n'est pas soumise à notre propre jugement. Or, répéter quelque chose que l'on n'a pas évalué, c'est le contraire du discours réfléchi.

**Transition :** Le cliché semble donc un obstacle à la pensée, et une dérive du discours qu'il faudrait à tout prix éviter.

## 2. Le cliché comme outil de la pensée : toute catégorie n'est-elle pas un cliché ?

Pourtant, le cliché, à la différence du stéréotype, pourrait être la condition même du langage. Si le stéréotype est d'extension plus large et désigne également l'idée générale que l'on se fait, par exemple, des habitants d'un pays ou d'un groupe social, le cliché est un morceau de discours qui peut éventuellement illustrer un stéréotype. S'il y a des clichés, ce pourrait être en raison de la fonction du langage qui est de transmettre un message d'un énonciateur à un destinataire. Plus le langage est clair, mieux la transmission est faite. Or, dans le cliché, la transmission est immédiate : dire « il pleut des cordes » n'est pas faire des vers, mais cette expression consacrée nous permet de comprendre tout de suite notre interlocuteur. S'il avait utilisé une métaphore plus originale, par exemple « il y a une pluie qui mitraille », il aurait risqué un *quiproquo*, ou du moins la transmission du message aurait été plus longue. Le cliché nous dispense de l'explicitation.

Le langage est par ailleurs une généralisation nécessaire : s'il y avait un mot pour chaque chose, le langage serait inutile. Ainsi, le cliché est peut-être un langage qui a si bien réussi la généralisation que la référence à l'objet n'est plus nécessaire. Plutôt que de considérer le cliché comme un discours raté, il pourrait être vu comme un langage parvenu au terme du processus de généralisation. Dans le *Cours de linguistique générale*, Saussure explique que le signe est immuable : « La masse sociale n'est point consultée, et le signifiant choisi par la langue ne pourrait pas être remplacé par un autre. » Nous ne choisissons pas le signe, tout comme nous ne choisissons pas le cliché, et nous ne pouvons changer le signifiant, c'est-à-dire ce vers quoi le signe renvoie, ce qu'il signifie. Le cliché nous précède, et le maîtriser c'est se plier à une norme sociale, comme lorsque nous respectons l'usage courant d'un mot.

**Transition :** Si le cliché peut être le terme de la généralisation qui produit le signe, pourquoi refuser l'emploi de celui-ci ?

## 3. Le cliché comme marqueur social

Comment distinguer le cliché de la norme ? Pourquoi certaines expressions, bien que répétées par tous, ne sont pas des clichés mais des marques de reconnaissance qu'il faut montrer pour être intégré dans un groupe ? La différence entre clichés et attendus sociaux pourrait constituer un marqueur de classe : serait cliché tout ce qui est associé à la culture populaire, mais symbole, ou référence incontournable, ce que la classe sociale la plus élevée reconnaît comme son patrimoine. Les mythes de la Grèce antique ne sont pas des clichés, mais les dictons populaires le sont. Énoncer un cliché, c'est se rendre ridicule parmi les membres de la classe sociale la plus élevée, car c'est introduire dans son discours un morceau de culture populaire. Dans les *Contemplations* (I, 7), Victor Hugo reconnaît avoir usé de mots que la poésie traditionnelle refusait : « J'ai dit à la narine : "Eh mais ! tu n'es qu'un nez !" / J'ai dit au long fruit d'or : "Mais tu n'es qu'une poire !" ». Dans ces deux vers, la « narine » et le « fruit d'or » pourraient être considérés comme des clichés : ils ne le sont pas par la poésie classique qui considère ces expressions comme le respect de la norme, et non comme un abaissement au cliché. Peut-être le cliché est-il ce dont un groupe s'est lassé, ou ce qu'un groupe refuse de laisser entrer en son sein. Le problème d'un cliché ne serait pas qu'il est répétitif et qu'il ne renvoie à aucun objet, mais plutôt qu'il ne renforce pas la culture du groupe. La dénonciation du cliché permet de rappeler le partage d'un langage commun au sein de ce dernier. L'intertextualité, même redondante, est ainsi permise à condition qu'elle ne soit pas fondée sur une référence extérieure au groupe.

# Tout a déjà été dit

« Tout a déjà été dit » semble tout d'abord un constat décourageant : quelle que soit l'idée que nous ayons, quand bien même elle nous semble originale et intéressante, notre interlocuteur peut toujours nous répondre que cela se trouve déjà dans un livre. Si cela nous dissuade d'écrire cette idée, cela peut également nous conduire à ne plus l'exprimer, même seulement à voix haute. Pourquoi parler, si tout a déjà été dit ?

## 1. Le monde moderne ne réserve plus de découvertes

Nous pourrions imputer ce découragement au monde moderne dans lequel plus rien ne semble pouvoir être découvert. Si nous regardons une carte du monde d'il y a quelques siècles, nous pouvons à la fois nous sentir très supérieurs à nos ancêtres, qui n'avaient pas encore parcouru tous les continents, mais également nous trouver désemparés devant ce monde qui ne demande plus à être exploré. La conquête de l'Antarctique en 1911 par Amundsen marque la fin des grandes expéditions. Lui succèdent quelques décennies d'efforts pour cartographier toutes les zones blanches de la planète. Les enfants qui naissent à la fin du XX^e siècle sont éduqués dans la croyance que le territoire est entièrement maîtrisé, au moins partout où il est possible de se repérer grâce à des coordonnées GPS. Du point de vue politique, l'historien Francis Fukuyama prédit en 1989 la fin de l'histoire : toutes les sociétés deviendraient progressivement des démocraties, et ce serait la fin des conflits. Cet essai crée une croyance populaire qui voudrait que le futur ne réserve aucune crise, aucun bouleversement de même envergure que ceux que l'histoire décrit. Si l'on répète que tout a déjà été dit, c'est peut-être parce que l'on considère que rien de neuf ne pourra se produire et susciter un discours qui serait original.

**Transition :** La croyance en la fin de l'histoire, et en l'impossibilité de réaliser des découvertes techniques ou scientifiques aussi significatives que celles du passé, repose en partie sur notre sentiment de supériorité par rapport aux siècles précédents : il nous paraît impossible que nous soyons, nous aussi, les « Moyenâgeux » du monde à venir, et il est donc impossible que quelque chose de décisif reste à dire ou à découvrir. Si nous considérons que « tout a déjà été dit », c'est peut-être par orgueil.

## 2. L'ingéniosité comme puissance infinie de faire parler le monde

Notre orgueil à refuser la possibilité que nous ignorions des éléments du monde, mais aussi que notre société supposément si évoluée ait manqué des paroles ou des théories importantes, nous conduit à ne plus rien dire qui aurait l'ambition de l'originalité. Soutenir que « tout a déjà été dit », tout en refusant de se taire, c'est se condamner à parler pour ne rien dire. Pourtant si, comme l'écrit Galilée, « la nature est écrite en langage mathématique », tout n'a pas déjà été dit car nous n'avons pas épuisé la possibilité de la description mathématique du réel. En ce sens, chaque nouvelle équation serait une façon d'allonger le livre de la nature et de dire quelque chose de neuf.

**Transition :** Mais la prétention à expliquer le réel par la science, la traduction mathématique du monde, est-elle la seule voie pour ne pas se répéter ? Les mathématiques ne sont-elles pas plutôt une constante réinterprétation de la nature et, plutôt qu'une parole toujours nouvelle ajoutée à l'ancienne, une perpétuelle correction de précédents discours ?

## 3. Trouver les mots justes est le moyen de donner le sentiment de l'inédit

Nous pourrions soutenir que le moyen que nous avons de contourner le sentiment que tout a été dit est de parler en reconnaissant notre singularité. Plutôt que de construire des généralisations, ou d'essayer de comprendre le monde, l'expression du sentiment intérieur ne serait-elle pas une garantie de dire quelque chose d'unique ? Lorsque quelqu'un parle juste, que son discours paraît lui venir du cœur, comme le dit l'expression, nous avons le sentiment que les mots qu'il emploie n'ont jamais été dits. La sincérité et la qualité d'un discours font oublier à ses auditeurs que ces mots s'utilisent aussi au quotidien. Le talent de l'artiste, notamment de l'auteur, serait alors de donner l'impression à ses lecteurs qu'il utilise un langage inédit. Dans *Bérénice*, Racine met en scène un amour impossible. N'est-ce pas là un lieu commun ? Comment expliquer alors que nous goûtions cette pièce où tout a déjà été dit ? Pourquoi assister à une représentation de *Bérénice* après en avoir lu le résumé ? Titus, amoureux de Bérénice, est obligé de renoncer à l'épouser car Rome n'est pas favorable à leur union. Il fait part, à la scène 2 de l'acte II, à son confident, Paulin, des tentatives infructueuses pour préparer Bérénice à cette nouvelle : « Et dès le premier mot ma langue embarrassée / Dans ma bouche vingt fois a demeuré glacée. » Ce que Titus dit, c'est qu'il lui a été impossible d'avouer à Bérénice qu'il ne pourrait pas l'épouser. Cela, nous le savons avant de l'entendre dire. Pourtant, ces deux vers, nous les entendons comme si jamais nous n'avions su que Titus renoncerait au mariage avec Bérénice. Par l'intrigue de la pièce, qui est tout entière construite autour de ce mariage qui n'aura pas lieu, mais aussi par la justesse des mots de Titus, Racine parvient à nous faire croire que tout n'a pas déjà été dit.

# La sagesse des foules

## 1. La multitude nécessairement bête, acéphale

On dit familièrement de celui qui suit l'opinion majoritaire qu'il est un « mouton ». L'imaginaire populaire considère la foule comme stupide. Le comportement inapproprié d'un individu est parfois considéré comme imputable à l'effet de masse, qui serait toujours producteur de bêtise et de violence. Dans *Psychologie des foules*, Gustave Le Bon rappelle le sens ordinaire que l'on donne à la foule : une « réunion d'individus quelconques, quels que soient leur nationalité, leur profession ou leur sexe, quels que soient aussi les hasards qui les rassemblent ». Le sens psychologique se distingue du sens courant : tout rassemblement n'est pas une foule. Il faut que se crée une « âme collective » et que la « personnalité consciente » des participants se dissipe. La foule forme « un seul être » – quand bien même cette union serait « transitoire ». La foule, au sens psychologique, semble incapable de sagesse : elle « se trouve le plus souvent dans un état d'attention expectante favorable à la suggestion ». Si la sagesse consiste à examiner une opinion avant d'y adhérer, la foule fait le contraire : elle agit sur simple « suggestion ». « S'agit-il d'un palais à incendier ou d'une œuvre de dévouement à accomplir, la foule s'y prête avec la même facilité », écrit Gustave Le Bon. À première vue, la foule est donc susceptible de bêtise plutôt que de sagesse.

## 2. Les foules, en moyenne plus sages que les individus

Pourtant, et malgré l'idée reçue au sujet des foules, il se pourrait que celles-ci soient en moyenne susceptibles de prendre de meilleures décisions qu'un individu seul. Peut-être cela suppose-t-il de ne plus considérer seulement la foule dans son sens psychologique, c'est-à-dire l'être collectif dont chacun des membres devient inconscient. Dans *La Sagesse des foules*, James Surowiecki s'appuie sur les statistiques pour soutenir la thèse que les foules résolvent mieux les problèmes que les individus seuls. S'il faut, par exemple, estimer le poids d'un objet, la réponse moyenne des individus de la foule est meilleure que presque toutes les propositions individuelles.

Toutes les foules ne sont pas équivalentes : il faut qu'il y ait une grande diversité parmi les individus composant la foule, que ceux-ci soient indépendants les uns des autres (c'est-à-dire que certains ne décident pas en connaissant la décision des autres, qui auraient de l'autorité sur eux, ou une expertise particulière) et qu'il n'y ait pas de centralisation de la décision (qui, au lieu d'agréger les opinions, choisirait par exemple de suivre la majorité).

## 3. La démocratie comme système politique de la confiance en la sagesse des foules

Quand nous considérons la foule comme un grand nombre d'individus, et non pas seulement le cas particulier d'une réunion d'individus qui, par contagion, pourraient agir sans réfléchir, il semble que la foule soit un bon moyen de résoudre des problèmes théoriques ou pratiques. C'est le présupposé sur lequel repose la démocratie : si l'on ne croyait pas dans la possible sagesse des foules, le système démocratique serait à repenser. Bien qu'en démocratie les conditions établies par Surowiecki ne soient pas toutes rassemblées, si l'on décide de confier le pouvoir à l'ensemble des citoyens, c'est que l'on estime que cela est une meilleure façon de gouverner que de réserver le pouvoir à une partie d'entre eux. Pourtant, ce paradigme peut conduire à un despotisme (ou à une tyrannie) de la majorité, comme le regrette Alexis de Tocqueville dans *De la démocratie en Amérique*. Dans une note, il rapporte une discussion avec un « habitant de la Pennsylvanie » : il s'étonne de ne voir que des hommes blancs se rendre au « collège électoral » et demande si les hommes noirs n'ont pas le droit de vote dans cet État. L'habitant lui répond qu'ils ont le droit de vote, mais « qu'il arrive quelquefois que la loi manque de force, quand la majorité ne l'appuie point ». La majorité serait, selon lui, « imbue des plus grands préjugés », et les magistrats ne sauraient faire appliquer ce que la loi permet. Bien qu'ayant le droit de vote, les hommes noirs ne votent pas dans cet État. Tocqueville s'étonne : « Eh quoi ! la majorité, qui a le privilège de faire la loi, veut encore avoir celui de désobéir à la loi ? » En effet, la loi se décide à la majorité, et c'est encore la majorité qui dissuade les magistrats de l'appliquer. Autrement dit, bien que la foule puisse être sage, sa sagesse est menacée par la création de groupes homogènes à l'intérieur de celle-ci qui pourraient s'arroger le pouvoir. Ils pourraient le faire parce qu'ils sont majoritaires, ou parce qu'ils sont influents et réussissent à faire croire qu'ils sont majoritaires, au point de convaincre d'autres individus de suivre leurs opinions, ce qui crée en fin de compte une majorité réelle.

# L'homme et la machine

## 1. La machine : ni outil ni instrument, perfection de l'objet technique au service de l'homme

La machine se distingue de **l'outil**, que l'on tient en main afin d'effectuer un geste technique, et de **l'instrument**, qui prolonge la main et nous donne des informations sur le monde. Par exemple, le **couteau** est un outil quand on s'en sert pour découper un aliment, mais un instrument lorsqu'on l'utilise pour savoir si un gâteau est cuit. Dans *L'Homme et la machine*, Oswald Spengler soutient que la main n'est humaine que lorsqu'elle se sert d'un outil : c'est la pratique technique qui fait de nos mains des mains, c'est-à-dire des extrémités qui peuvent se transformer en toutes les autres extrémités en fonction de l'outil dont elle se servent. La machine, elle, est l'objet technique qui peut produire son propre mouvement : un **vélo**, par exemple, est une machine parce que l'énergie que le pied lui donne en appuyant sur la pédale actionne un mécanisme de transmission de la force, lequel permet aux roues de tourner. Au chapitre 15 du livre I du *Capital*, Karl Marx distingue les trois parties d'un mécanisme : moteur, transmission et machine d'opération. Ces trois parties ne sont pas différenciées dans l'outil et l'instrument. La machine apparaît d'abord comme le stade technique supérieur à ces deux autres types d'objets techniques. Elle serait l'objet technique individuel – à ce titre, Gilbert Simondon qualifie la machine d'« individu technique » qui ne requiert plus la présence de l'homme, notamment de sa main. En cela, la machine dispense l'homme de l'action technique et semble le libérer du travail, à supposer que celui-ci soit une contrainte.

## 2. La machine comme possibilité de l'homme-rouage

Si la machine semble la production la plus évoluée que permet le progrès technique, lorsqu'on la distingue de l'outil et de l'instrument, la généralisation de l'utilisation *des* machines nous rend étranger au progrès technique. Si *les* machines demandent un grand « capital de savoir technique », comme le souligne François Sigaut dans la Préface à

*La Technologie, science humaine* d'André Haudricourt, « la part de chacun de nous dans ce capital n'a jamais été aussi négligeable ». En effet, par les machines, nous sommes tenus éloignés de la pratique technique dans la mesure où la machine n'a pas besoin de la main pour être actionnée, à la différence de l'outil et de l'instrument. Le passage de la machine (par exemple le vélo) à un système de machines au pluriel, qui communiquent entre elles et s'actionnent ou s'éteignent par rétro-contrôle, correspond à une défamiliarisation technique de l'homme. Cette défamiliarisation pratique n'est pas compensée par une éducation technique, et c'est en cela que l'homme, créateur de la machine, n'est pourtant pas maître de la technique quand la machine est reliée à d'autres machines.

## 3. L'homme machine : quand l'homme lui-même est l'objet technique

Non seulement la désignation de la machine au singulier pose problème, car il semble que nous soyons plutôt face à un système de machines, mais la conjonction « et » peut nous surprendre : y a-t-il l'homme, d'un côté, et la machine de l'autre ? L'homme continue-t-il à exister et à pouvoir être défini sans la machine, qui semble à première vue son artefact technique mais qui tend à faire partie de lui ? Dans le *Manifeste cyborg*, Donna Haraway (*cf.* Annexes) remet en question l'opposition entre naturel et artificiel par la figure du **cyborg**. L'homme ne semble plus pouvoir être distingué de la machine. Si son manifeste utilise le cyborg – cet être humain couplé à des greffes de pièces mécaniques ou électroniques – comme métaphore, la remise en cause de la distinction entre homme et machine semble pouvoir être lue de manière littérale. Elle écrit : « Nos machines sont étrangement vivantes, et nous, nous sommes épouvantablement inertes. » Si l'homme est le créateur de la machine, il devient lui-même objet technique quand la société qu'il a produite est une société de machines qui communiquent entre elles, et notamment à travers l'homme. Celui-ci devient une partie du système de machines qu'il a produit et il est difficile de dire « l'homme et la machine », comme s'ils avaient des existences différenciables.

# « On s'habitue à tout »

## 1. L'intolérable devient supportable

« On s'habitue à tout », dit-on pour relativiser les indignations, ou la caractérisation d'une pratique ou d'une règle comme intolérable. Il semble que ce que l'on imagine impossible à accepter, à vivre, à subir, se révèle finalement toujours supportable. Ce serait la nouveauté d'une pratique qui nous ferait réagir, mais avec l'habitude tout nous paraîtrait normal. C'est là une force de caractère qui permet à l'homme de survivre dans des conditions inhumaines, comme celles des camps de concentration : dans *Si c'est un homme*, Primo Levi décrit « la faculté qu'a l'homme de se creuser un trou, de sécréter une coquille, de dresser autour de soi une fragile barrière de défense, même dans des circonstances apparemment désespérées ». Cette « faculté » semble la capacité de s'habituer à tout, de trouver le moyen de se donner l'impression d'être protégé de l'imprévu. Il ne s'agit pas de dire que la vie dans le camp devient normale pour les déportés, mais de partir de leurs témoignages pour observer que, dans les conditions les plus extrêmes, l'être humain parvient à se faire un « nid », comme l'écrit Primo Levi. La volonté humaine semble pouvoir forcer l'habitude et rendre l'intolérable supportable, pour que l'on parvienne à survivre.

## 2. La résistance à ce qui est contraire à l'humanité

Si le cynisme veut que nous nous habituions à tout, cela ne signifie pas pour autant que cette habitude se traduise en conviction intérieure du bien-fondé du régime politique auquel on s'habitue. Nous pouvons nous habituer, et pourtant résister intérieurement. Dans *La Servante écarlate*, Margaret Atwood décrit une société où la sexualité est contrôlée et où il semble que les femmes soient protégées, par la religion, des anciens abus dont elles pouvaient être victimes dans la société qui n'encadrait pas les rapports entre hommes et femmes. Pourtant, les règles imposées à toutes les femmes dans cette nouvelle société et l'attribution de fonctions sociales qui dépendent du rapport à la reproduction de chacune, ne semblent pas une véritable libération. Bien au contraire, leur fonction reproductrice devient le cœur de leur vie. Si l'on peut penser que ces femmes se sont habituées au régime, en réalité un réseau secret de résistance perdure, qui a pour nom de code « Mayday ». L'autre faille du système, c'est la persistance de pratiques qui lui sont antérieures, comme le lieu de débauche où le Commandeur amène Defred, la narratrice. Les régimes les plus sévères peinent à s'appliquer à eux-mêmes ce qu'ils appliquent à leurs sujets, ce qui peut entretenir chez ceux-ci l'envie d'accéder à ces privilèges. Si dans des conditions extrêmes les êtres humains parviennent à se construire un « nid », l'habitude n'est pourtant pas synonyme d'acceptation du régime, ni d'obéissance durable.

### 3. Pour durer, une idéologie politique doit survivre à l'atténuation de la passion

Pour que l'habitude se transforme en consentement, il faudrait que le régime auquel nous devons nous habituer soit institutionnalisé, et qu'il survive à l'atténuation de la passion. En effet, une foule peut être galvanisée par une haine ciblée, par de la violence, mais la passion n'est motrice d'une foule que de manière temporaire – par exemple lors de la Terreur en 1793. La peur ne suffit pas à asservir : si le sentiment de justice n'est pas assuré, l'habitude au régime politique peut n'être qu'un moyen de gagner du temps avant d'avoir les moyens de le renverser. Pour que l'habitude devienne consentement, il faudrait également que la rationalité soit préservée : des règles qui changent en permanence déstabilisent les individus, au point qu'un discours plus logique les séduit immédiatement, comme c'est le cas de Winston Smith dans *1984*. Le ministère de la Vérité corrige continuellement les archives pour qu'il n'y ait aucune incohérence, ce qui donne aux citoyens l'inconfort cognitif de savoir sans savoir (la « doublepensée ») que les informations sont inexactes. La « doublepensée » empêche un réel consentement au régime. Si Winston Smith peut s'y habituer, il ne peut toutefois y assentir pleinement, ce qui laisse ouverte la possibilité de la résistance.

# La vie sauvage

La vie sauvage se rapporte à la vie « dans la forêt », et en particulier à un « genre de vie animal » (Lévi-Strauss, *Race et histoire*). Si le terme « sauvage » ne semble pouvoir être appliqué qu'à un animal, il arrive pourtant qu'on l'emploie pour décrire le mode de vie d'un homme qui vit hors de la société. Cependant, même appliqué à l'animal, le terme semble inadéquat : il prétend désigner une nature vierge, mais celle-ci pourrait être une projection de l'homme, une idéalisation d'un milieu qu'il n'aurait pas transformé. On peut opposer la vie sauvage à la vie sociale et à la vie domestique : dans le premier cas, il s'agit de comparer l'homme qui vit en société à celui qui aurait grandi loin de tous les hommes ; dans le second, il s'agit de comparer les animaux dits sauvages, c'est-à-dire non maîtrisés par l'homme, aux animaux domestiques qui peuvent vivre en compagnie des hommes. Mais ces oppositions sont-elles fondées sur la nature ou sur des critères définis par l'homme lui-même ? La vie sauvage n'est-elle pas invoquée tantôt comme menace tantôt comme paradis perdu ?

## 1. Une fiction : l'homme sauvage, un demi-homme ?

La vie sauvage, pour l'homme, s'apparente à une vie loin des hommes. À cette vie sauvage, on peut être tenté de donner la qualification de vie naturelle. Cette association peut nous étonner : pourquoi l'homme sauvage serait-il l'homme naturel ? Est-ce moins la nature de l'homme d'être parmi d'autres hommes que de grandir sans socialisation ? L'homme, à l'état sauvage, ne possède pas le langage. Lorsque celui qu'on appelle Victor de l'Aveyron, enfant d'une dizaine d'années, est aperçu pour la première fois en 1797, puis capturé deux ans plus tard, il paraît sourd et muet : si on le pense handicapé et qu'on attribue son supposé abandon par ses parents à ce handicap, il semble en réalité que la non-maîtrise du langage par cet enfant vienne de son absence de socialisation. Sans contact avec les hommes, il n'a pu faire l'acquisition du langage. Doit-on pour autant en déduire que la nature de l'homme est de ne pas parler, ou doit-on plutôt être conforté dans la thèse que l'homme est un animal grégaire et que, lorsqu'il grandit loin des hommes, il ne devient pas tout à fait un homme ?

**Transition :** L'observation d'hommes dits sauvages, qui auraient grandi loin de la société, semble très difficile. Mais à partir du cas de Victor de l'Aveyron, nous pouvons nous demander si ce que nous devons espérer d'une telle observation est de mieux comprendre ce que nous sommes par nature, ou si ces individus sont plutôt des exemples d'êtres humains qui n'ont pu pleinement se développer, faute de contacts sociaux.

## 2. Un modèle théorique pour justifier les règles et la loi

Cependant, la vie sauvage est également un modèle théorique pour justifier l'établissement du contrat social : c'est parce que l'homme serait, à l'état de nature, un « loup pour l'homme », que le contrat social serait justifié. C'est la thèse de Hobbes dans le *Léviathan* : l'état de nature, c'est-à-dire, un état où les hommes mèneraient une existence sauvage, hors de la société, serait un état de guerre permanente. La raison d'être de la République, qui impose des lois, est de permettre à l'homme de « s'arracher de ce misérable état de guerre qui est la conséquence nécessaire [...] des passions naturelles des hommes quand n'existe aucun pouvoir visible pour les maintenir dans la peur, et les lier, par crainte de la punition, à l'exécution des conventions qu'ils ont faites ». La vie sauvage n'est alors pas la vie supposée originelle de l'homme, mais un objet théorique qui permet de se demander si la vie en société est profitable à l'homme. C'est aussi un moyen de rejeter des sociétés supposées primitives qui n'auraient pas produit des institutions suffisantes pour les extraire de la vie sauvage : mais cette croyance est la marque de l'ethnocentrisme.

**Transition :** Pourtant, la thèse de la nécessité de la loi pour assurer la morale est contestée, notamment par Pierre Kropotkine, dans *La Morale anarchiste*, qui soutient que tous les animaux sociables agissent moralement « par simple habitude » : il est naturel de traiter les autres comme nous aimerions être traités. La vie sauvage, bien qu'elle soit invoquée comme état primaire de l'homme, ou comme modèle-repoussoir pour justifier la société, tend à être présentée dans le même temps comme un idéal d'une nature que nous n'aurions pas abîmée. Dans quelle mesure le désir de retour à la vie sauvage, ou de rencontre avec celle-ci, constitue-t-il la requalification de cette expression ?

## 3. La confrontation à la vie sauvage comme symbole du désir d'authenticité

La vie sauvage, constituée comme désir de retour à la nature, est une projection humaine qui semble ne désirer de « sauvage » que le mot, pour se donner le frisson du danger sans jamais rien risquer. Qu'il s'agisse de safaris ou de randonnées jusqu'aux plus hauts sommets, on exige la confrontation à la vie sauvage – des animaux en liberté, dans leur habitat naturel, une montagne aux sentiers difficiles d'accès – mais on refuse de prendre un risque véritable – l'animal doit être assez proche pour être photographié, mais ne pas attaquer le touriste ; le sentier doit être difficile, mais on ne doit pas risquer d'y mourir. Autrement dit, l'appel de la vie sauvage, tout comme la recherche de l'authenticité dans le voyage, paraissent l'expression d'un désir contradictoire : celui de découvrir des lieux préservés de la transformation culturelle et de l'uniformisation des pratiques, tout en évitant l'incertitude d'une telle rencontre. La vie sauvage serait ainsi une construction qui participe de la nostalgie d'un monde perdu – monde qui n'a jamais existé, et que nous ne souhaiterions pas véritablement connaître s'il avait existé. Ce que l'on désire, c'est en réalité accéder à une vie pseudo-sauvage encadrée par la main de l'homme.

# 3

# Sujets citations

## « Ne pas avoir besoin de plaisir ne signifie pas se passer de plaisir. »

### 1. Tout désir n'est pas mauvais : il faut classer les désirs en fonction du plaisir relatif qu'ils procurent

Le plaisir est ce que nous obtenons lorsque nous réalisons un désir et, traditionnellement, on oppose le besoin – qui serait nécessaire – au désir – qui ne serait pas nécessaire. Épicure classe les désirs en trois groupes, dont le premier correspondrait à la définition courante du besoin : les désirs naturels et nécessaires, pour le « bonheur », la « tranquillité continue du corps » ou « la vie même » (*Lettre à Ménécée*). La réalisation de ces désirs-là n'est le plus souvent pas remise en cause dans la mesure où la non-satisfaction des besoins peut entraîner la mort. La troisième catégorie concerne les désirs qui ne sont ni naturels ni nécessaires – par exemple, la soif de pouvoir, ou d'honneur – qui sont à rejeter selon Épicure. C'est dans la deuxième catégorie que l'on rencontre le plus de dissensions, notamment parmi les philosophes de l'Antiquité : ces désirs seraient naturels mais non nécessaires. Épicure soutient que nous pourrions nous en passer – car ils ne sont pas nécessaires –, mais pourtant les réaliser nous procure du plaisir. Nous ne devons pas nous restreindre au seul besoin, dit Épicure. Pour les désirs non nécessaires, il faut évaluer si le plaisir est plus grand que la souffrance, dans la réalisation de ce désir, pour déterminer s'il faut ou non le réaliser.

## 2. Mais le « besoin » de plaisir n'est-il pas un « désir » lui aussi ?

Ne pourrions-nous pas considérer que cette distinction entre désir et besoin est insatisfaisante ? Un désir naturel semble proche d'un besoin. Dans le livre A de la *Métaphysique*, Aristote écrit : « Tous les hommes désirent naturellement connaître. » Ordinairement, le désir de connaissance n'est pas décrit comme un besoin, mais son universalité pourrait nous amener à nous demander s'il n'est pas également un besoin. N'est-ce pas le désir de connaissance qui a permis le développement de l'*homo sapiens* ? On pourrait considérer que la curiosité de l'homme est un besoin de connaître son environnement, notamment pour le maîtriser, et que la distinction entre désir et besoin pourrait donc être remise en cause.

## 3. Une vie de besoin serait terrifiante !

Que nous reconnaissions ou non la distinction entre désir et besoin, la perspective d'une vie de besoin semble terrifiante : c'est, au mieux, une vie animale si par besoin on veut signifier la poursuite de l'instinct naturel, mais c'est surtout le risque d'une vie soumise aux règles sociales et au jugement moral qui départage ce qui relève, ou non, du besoin. Autrement dit, une vie où l'on se passe de ce qui n'est pas nécessaire est d'autant plus inquiétante que le nécessaire n'est pas ce que demande le corps, mais ce qu'exige la société. La valorisation du nécessaire, par rapport à l'accessoire, est notamment un moyen de louer le travail, y compris s'il produit de la souffrance. Dans *Aurore*, Nietzsche écrit : « Le travail use la force nerveuse dans des proportions extraordinaires, il retire cette force à la réflexion, à la méditation, aux rêves, aux soucis, à l'amour et à la haine, il place toujours devant les yeux un but mesquin et accorde des satisfactions faciles et régulières. » Le travail place le besoin au-dessus de l'accessoire, et transforme les valeurs de l'homme. Un plaisir dont nous aurions besoin ne serait plus un plaisir.

# « Nous devons croire, parce que nos ancêtres ont cru. » (Freud, *L'Avenir d'une illusion*)

## 1. Il y a une continuité des croyances à travers l'histoire

Tout d'abord, avant d'étudier les fondements de nos croyances, nous pouvons nous demander s'il est exact que nous croyons comme nos ancêtres. Nos croyances reposent sur ce que nous avons appris, et nous apprenons d'abord par « confiance » en « l'autorité » d'êtres humains, déclare Ludwig Wittgenstein dans *De la certitude*. L'expérience est un autre moyen de former des croyances mais, pour interpréter cette expérience, nous nous fions au récit qu'en donnent ceux en qui nous avons confiance. Les manuels scolaires, par exemple, nous transmettent ce qui est présenté comme un savoir, dont nous avons ensuite la certitude, mais nous ne pouvons pas vérifier chacune de nos certitudes. Celles-ci reposent sur des croyances, qui elles-mêmes reposent sur la confiance que nous accordons à d'autres individus, le plus souvent ceux qui ont autorité sur nous.

## 2. Si l'on maintient ces croyances, c'est parce que l'effondrement des croyances conduit au désespoir

La première partie de notre cheminement était de l'ordre du constat : nous nous appuyons sur des croyances qui nous précèdent pour former les nôtres. Il s'agit maintenant d'analyser pourquoi nous accordons notre confiance, et pourquoi nos certitudes, qui sont en réalité des croyances, ne sont pas remises en question. Wittgenstein montre l'impossibilité de tout vérifier : « Y a-t-il quelqu'un pour vérifier que cette table existe toujours lorsque personne ne lui prête attention ? » Il semble à première vue invivable de vérifier toutes nos certitudes, à tout instant. Mais il n'y a pas que l'impossibilité existentielle de la vérification permanente : peut-être croyons-nous aux mêmes choses que nos ancêtres parce que nous désirons y croire. Nous ne pouvons nous rendre compte qu'ils avaient tort (lorsque c'est le cas) car nous nous rapportons à nos croyances, et notamment à nos croyances religieuses, sur le mode de l'illusion. Dans *L'Avenir d'une illusion*, Freud distingue l'erreur de l'illusion : lorsque je me trompe sur une chose qui m'est indifférente, et lorsque la rectification de ma croyance ne remet pas en question d'autres éléments de croyance que celle-ci, alors il s'agit d'une erreur. J'accepte de la corriger lorsque l'on me la signale. En revanche, lorsqu'il s'agit d'une illusion, j'ai le désir de continuer à y croire, car cette croyance est avantageuse ; aussi, même si des éléments contredisent cette croyance, je m'y accroche, pour ne pas souffrir. Nous croyons comme nos ancêtres parce que nos croyances sont des illusions réconfortantes.

## 3. Les croyances peuvent changer mais le symbolisme perdure

La permanence des croyances n'exclut pas le changement d'objet de la croyance. Ainsi, même dans les sociétés qui semblent éloignées de la religion, le symbolisme des croyances passées perdure. Dans *Le Sacré et le Profane*, Mircea Eliade repère les survivances du sacré dans les sociétés qui ne semblent pourtant plus rythmées par les pratiques religieuses. Il note par exemple que nous célébrons le passage à la nouvelle année, ou que nous fêtons l'emménagement dans un nouvel appartement. Ces fêtes sont des traces du sacré, elles marquent une continuité dans nos croyances, qui peuvent devenir des superstitions après avoir été des religions, qui elles-mêmes succédaient à des superstitions païennes.

# « La réputation de posséder un pouvoir est un pouvoir car on s'attache grâce à elle ceux qui ont besoin de protection. » (Hobbes, *Léviathan*)

## 1. Le pouvoir s'observe par ses attributs

Il suffit que nous semblions posséder un pouvoir pour en posséder un dans la mesure où la réaction des autres citoyens est telle qu'elle le serait si nous possédions véritablement ce pouvoir. En l'occurrence, la « réputation de posséder un pouvoir » permet de s'assurer l'obéissance de ceux qui cherchent la sécurité sous la domination d'un individu plus puissant qu'eux. Hobbes soutient cette thèse dans le *Léviathan* : le pouvoir est réel avant d'être réel, c'est-à-dire dès qu'il est supposé car la réputation attire à celui qui semble puissant les mêmes avantages que s'il était vraiment puissant, et ces avantages-là permettent de rendre actuel un pouvoir qui n'était qu'une rumeur. La réalité du pouvoir tient à ses avantages et attributs, que la réputation suffit à donner. Cela fonctionne comme une prophétie autoréalisatrice : si l'on me pense puissant, je deviens puissant.

## 2. Le pouvoir s'observe par son exercice

Toutefois, la réputation s'entretient. Et précisément parce que la réputation attire un plus grand pouvoir, il faut la nourrir de l'exercice du pouvoir, en particulier au moyen de démonstrations de force. Dans *Le Prince*, au chapitre VII, Machiavel fait le récit de l'acquisition de nouvelles principautés, notamment par César Borgia. Ce dernier charge Ramiro d'Orco d'assurer la paix dans une nouvelle principauté, mais pour cela ce dernier doit faire usage de la force, ce qui lui attire l'inimitié des habitants. Lorsque l'ordre est assuré, César Borgia fait tuer Ramiro d'Orco et le présente en quartiers sur une place publique. Il écarte ainsi un potentiel concurrent et s'attire les faveurs du peuple, qui associe les exactions précédemment commises à l'ancien *condottiere* (un individu à la tête d'une armée de mercenaires) : « Cet horrible spectacle satisfit le ressentiment des habitants, et les frappa en même temps de terreur. » Cette exécution sert doublement la réputation de César Borgia : si la réputation crée le pouvoir, l'usage de la force permet de nourrir cette réputation.

### 3. C'est le consentement à la soumission qui renouvelle le pouvoir

En fin de compte, si la réputation de posséder un pouvoir est déjà un pouvoir, c'est parce qu'elle s'appuie sur le consentement à la soumission. C'est parce que certains acceptent de se soumettre que la réputation attire ceux qui pensent avoir intérêt à être soumis. Dans le *Discours de la servitude volontaire*, La Boétie soutient que le pouvoir d'un tyran vient du soutien de ceux qu'il asservit : aussi, il ne serait même pas nécessaire de se révolter pour le renverser. La Boétie écrit : « Soyez résolus à ne plus servir, et vous voilà libres. » Le pouvoir vient de la soumission, non pas acquise par la force, mais fondée sur un consentement collectif à l'exercice de ce pouvoir par un individu. Dans *On ne naît pas soumise, on le devient*, Manon Garcia analyse ce consentement à la soumission chez les femmes, qui renforcerait la domination masculine. La réputation de la domination et le consentement à cette réputation, le consentement à demander une protection à celui qui est réputé dominant, entretiennent le rapport inégalitaire entre hommes et femmes. Le consentement à la soumission repose notamment sur la reconnaissance, par les femmes, de soi-même comme « autre » – par opposition à l'homme, qui serait l'universel.

## « Ce que je peux m'approprier grâce à l'argent, ce que je peux payer [...] je le suis moi-même, moi le possesseur de l'argent. »
## (Marx, *Manuscrits de 1844*)

### 1. Mes biens ne sont pas moi !

La citation peut à première vue paraître étonnante : nous ne sommes pas ce que nous possédons. Les biens sont des objets, distincts de nous. Nous avons plutôt tendance à croire que l'habit ne fait pas le moine, et que l'apparence, aussi bien que les possessions, ne déterminent pas notre valeur. C'est la croyance que la valeur d'un individu ne repose pas sur son argent qui permet de sauver la morale : quelle que soit ma fortune, je peux être un homme de bien. Je me choisis indépendamment de mes possessions. Mais, à l'inverse, l'argent ne suffit pas à posséder les marqueurs de la classe dominante. La classe sociale d'origine de celui qui devient soudainement riche peut apparaître dans les paroles ou la gestuelle de ce dernier. Dans *Le Paysan parvenu*, Marivaux décrit l'ascension sociale de Jacob qui, malgré les faveurs que lui accordent ses différents protecteurs et malgré les biens qu'il acquiert par mariage, est trahi par ses manières dans les scènes sociales, par exemple au théâtre.

### 2. Dans le regard des autres, je suis ce que j'ai

Peut-être faut-il étudier le sens du verbe être dans la citation de Marx : si ce que je suis est mon moi social, c'est-à-dire moi dans les yeux des autres, alors peut-être suis-je ce que je possède. L'injonction à ne pas juger l'autre en fonction de l'apparence se traduit le plus souvent par une chance que l'on donne à celui dont l'apparence est suspecte de se révéler meilleur qu'il n'en a l'air. Mais celui qui possède, lui, devient ce qu'il possède car **ou bien son apparence lui confère des avantages, ou bien**, même si l'autre ne s'en remet pas à la seule apparence pour le juger, **celui qui possède l'argent peut acheter la réaction de l'autre**, par exemple en engageant des domestiques qui lui renvoient l'image qu'il désire. Marx explique que, par l'argent, je peux devenir beau, au sens où je peux acheter les regards de ceux qui m'entourent pour que j'aie l'impression d'être beau. Ma richesse efface ma laideur dans les yeux des autres. C'est à travers le regard des autres que je sais qui je suis, et en ce sens je deviens ce que je possède.

## 3. L'argent est puissance, et non pouvoir

Mais peut-être l'argent ne donne-t-il que la puissance d'être : il me donne la possibilité d'être reconnu comme ce que je veux, mais il n'achète pas l'authenticité. Par exemple, la démesure dans les dépenses, notamment ostentatoires, peut tourner en ridicule le possesseur de ces biens. On pourrait toutefois considérer que la relation authentique à l'autre est un mythe, et que l'argent est un moyen comme un autre de créer la relation aux autres que l'on souhaite, comme peut l'être la beauté ou l'intelligence. Nous pourrions alors présenter l'argent comme l'extension de la disponibilité du monde, comme le fait Hartmut Rosa dans *Rendre le monde indisponible* : une « croisière dans les mers du Sud » ne fait partie du monde disponible qu'à condition d'avoir l'argent pour la financer ; et inversement, un trajet en autobus peut être indisponible pour celui qui n'a pas les moyens d'acheter son billet. Peut-être suis-je ce que je possède au sens où mon monde disponible est à la mesure de ma puissance économique.

# « La nature aime à se cacher. »
# (Héraclite)

## 1. En s'exprimant, la nature masque la cause qui la fait naître

Lorsqu'elle devient ce qu'elle était en puissance, la plante est méconnaissable : elle était une graine, marron, dure, et petite ; elle devient fragile, verte et haute. Dans ce passage de la puissance à l'acte, il semble que tout ait changé, pourtant tout ce qui était nécessaire à la formation de la plante, sauf l'énergie, était compris dans la graine. Et même à superposer la graine, l'eau et le soleil, on ne comprend pas ce qui a pu produire une couleur aussi différente, qui n'était dans aucun des trois éléments. De même pour la transformation de la chenille en papillon : lorsqu'on observe une chenille, on peut difficilement croire que ce sera un jour un être capable de voler très rapidement. Il semble qu'en s'exprimant, c'est-à-dire en devenant ce que son programme génétique a prévu, la nature, du moins la nature biologique, le vivant, masque la cause de son développement et son apparence originelle. En observant le papillon, on ne peut pas deviner qu'il est né d'une chenille.

## 2. La nature est disponible pour être décrite par le langage mathématique

Si la nature biologique semble cacher son origine lorsqu'elle se développe, ce n'est peut-être que parce que nous accordons beaucoup d'importance aux différences de phénotypes entre organismes embryonnaires et organismes adultes, comme si l'individu adulte était un état final alors qu'il fait partie du processus vital, cyclique. Nous comparons deux états que nous figeons de manière artificielle. Mais si nous tentons de modéliser les phénomènes naturels, aussi bien les phénomènes physiques que les phénomènes biologiques, nous nous étonnons de la disponibilité de la nature à être dite : il semble, comme le soutient Galilée, que la nature soit « écrite en langage mathématique ». Le réel semble fait pour être mis en équation, et c'est ce qui peut étonner le chercheur, au point de produire en lui une pensée religieuse, qui se distingue pourtant de celle de l'homme simple – ainsi que l'explique Einstein dans *Comment je vois le monde.*

## 3. Nous nous empêchons de voir la nature tant que nous la décrivons comme « l'autre »

Mais n'est-ce pas nous qui cachons la nature en nous considérant extérieurs à elle ? Dans *Par-delà nature et culture*, Philippe Descola conteste l'universalité de la distinction entre nature et culture : cette distinction est propre à une époque et à une géographie : l'Occident à partir du siècle des Lumières. Mais par cette distinction, sur laquelle repose en partie le paradigme de la science moderne, nous nous empêchons de comprendre la nature car nous nous considérons comme les seuls êtres qui seraient parvenus à s'arracher à la nature. Nous construisons, peut-être par orgueil, une distinction entre l'homme et la nature, et nous étudions la nature sous le prisme de notre extériorité à celle-ci. Notre positionnement épistémologique – c'est-à-dire du point de vue de la construction de ce qu'est une science – est peut-être la raison pour laquelle nous pensons que la nature se cache : nous lui prêtons une intention qu'elle n'a pas et, surtout, nous oublions que nous en faisons partie.

# « C'est une erreur de croire que le peintre est devant une surface blanche. » (Deleuze, *Logique de la Sensation*)

## 1. Le peintre est un producteur de monde : la surface de la toile est blanche avant son passage

À première vue, le peintre produit ce qui n'était pas encore là : là où il y avait une surface blanche, il y a, après son intervention, des couleurs. Pour l'observateur qui se tient dans l'atelier du peintre, il semble que le peintre se tenait devant une surface blanche (la toile), et qu'il est parvenu à la remplir grâce à son imagination. En effet, le peintre ajoute de la matière sur la toile, et il rend visible ce qui ne l'était pas dans la nature. Dans *Théorie de l'art moderne*, Paul Klee affirme que les artistes « rendent visible une vision secrète ». En ce sens, le peintre est un producteur de monde : il permet de donner à voir ce qui était invisible dans le réel, avant sa transformation en œuvre. L'artiste est un démiurge, il peint sur une surface blanche.

## 2. En puissance, la toile est pleine : le peintre doit trier

Nous pouvons avoir l'impression que la toile est une surface vierge parce qu'elle nous apparaît blanche et que l'on peut avoir l'impression que le peintre ajoute de la couleur, mais en réalité, quand il regarde la toile, il doit se défaire de tout ce qui le précède, de l'histoire de l'art, de normes, des précédentes représentations de l'objet qu'il a choisi de peindre. La fleur des peintres éclipse la fleur observée et, pour peindre, l'artiste ne doit pas ajouter, mais retrancher. Il est pris dans une histoire de la peinture qui peut enfermer son imaginaire. Dans *L'art brut préféré aux arts culturels*, Jean Dubuffet plaide pour un art brut qui serait débarrassé de tous les « poncifs de l'art classique ou de l'art à la mode ». Lorsqu'un peintre regarde une toile, il voit en elle la culture artistique dont il est imprégné. Il doit déconstruire cet imaginaire des artistes qui l'ont précédé pour produire une œuvre. Léonard de Vinci, dans le *Traité de la peinture*, met en garde le peintre contre ce glissement de l'imitation de la nature vers l'imitation des autres peintres : « Un peintre ne doit jamais s'attacher servilement à la manière d'un autre peintre, parce qu'il ne doit pas représenter les ouvrages des hommes, mais ceux de la nature. » Aussi, avant de peindre, le peintre doit effacer l'œuvre des autres peintres de la toile.

## 3. L'artiste voit les choses en elles-mêmes

L'artiste est un « homme qui voit mieux que les autres », déclare Bergson à la Conférence de Madrid sur l'âme humaine, publiée dans le recueil *Mélanges*. Quand nous, néophytes, voyons une surface blanche, l'artiste, lui, voit déjà l'œuvre en surimpression. Son regard traverse la toile. Lorsqu'il regarde un objet, il le voit en lui-même au lieu de le voir comme un moyen d'autre chose, ou de le réduire à sa fonction. Dans un couteau, par exemple, nous voyons l'action qu'il permet de réaliser : trancher ou couper. Nous ne voyons pas le couteau en lui-même, à moins qu'un défaut éveille notre attention et dans ce cas notre regard change. Le regard de l'artiste est ce regard-là : un regard qui s'intéresse à l'objet en lui-même, à cette forme, et non pas au monde que cet objet ouvre si on l'utilise. La toile n'est pas une surface à remplir. Elle fait partie de l'œuvre, dans la matérialité de son tissu. Autrement dit, le peintre ne voit pas la toile comme moyen de l'œuvre, mais comme l'œuvre elle-même que la peinture qu'il ajoute transforme.

# « La mort incite l'homme charnel à dire : "Mangeons et buvons, car demain, nous mourrons." » (Kierkegaard, *Trois discours sur des circonstances supposées*)

## 1. La mort est un appel à la jouissance

Lorsque nous prenons conscience de notre mortalité, nous pouvons nous réfugier dans la jouissance : il faudrait « profiter » de la vie tant qu'on le peut encore. En effet, nous pourrions croire que le pire consiste en notre absolue disparition au moment de cette mort, et que ce serait en raison de cette néantisation de soi-même à venir que l'on devrait profiter de tout ce qui est – car, pour l'éternité, il ne restera que ce qui n'est pas. Mais cette injonction à la jouissance est en réalité d'autant plus forte si la mort n'est pas le moment d'une destruction, mais le signal d'un renouvellement du cycle. Si nous sommes destinés à vivre notre vie telle que nous l'avons vécue, pour toujours, si nous ne connaîtrons que la répétition, il semble d'autant plus important de profiter de la vie, car tout instant sera à revivre, et peut-être, si c'est un instant de jouissance, sera-t-il moins pénible à supporter à la millième occurrence. Dans *Le Gai Savoir*, Nietzsche écrit : « Cette vie, telle que tu la vis et l'a vécue, il te faudra la vivre encore une fois et encore d'innombrables fois ; et elle ne comportera rien de nouveau. » Sa théorie de l'éternel retour, présentée comme une hypothèse, nous invite à donner la primeur, dans notre existence, au temps présent.

## 2. La mort comme source de crainte

Mais, au contraire, la perspective de notre mortalité peut nous inciter à ne manger et ne boire que ce que la raison permet. En effet, nous pouvons craindre que la jouissance ne précipite la venue de notre mort. Dans la nouvelle « Voyage de santé », Maupassant décrit un homme qui semble excessivement prudent : M. Panard a « peur de tout dans la vie », parce qu'il craint d'avoir un accident, mais aussi de tomber malade. Or, cette crainte de voir sa vie écourtée le conduit à ne pas vivre du tout : parti se réfugier à Nice par peur d'une légère épidémie observée à Paris, il ne cesse de changer d'hôtel parce qu'une odeur constatée dans toutes les chambres d'hôtel l'inquiète. M. Panard finit par s'apercevoir, une fois rentré chez lui, que cette odeur venait de ses bagages, où s'était renversée l'une des fioles qu'il avait emportées au cas où il serait souffrant. Cette nouvelle comique illustre la réponse possible à la perspective de la mort : la décision de ne plus vivre, ou de vivre sans cesse en réaction à la possibilité ou la crainte de la mort.

## 3. La jouissance comme injonction d'un monde disponible

Si la jouissance de l'instant présent apparaissait comme corrélée à la conscience de sa propre mortalité, elle peut toutefois devenir une injonction à laquelle on se soumet pour elle-même. Dans *Rendre le monde indisponible*, Hartmut Rosa décrit le monde moderne comme un monde de plus en plus disponible, et il présente cette disponibilité du monde comme un appel à la consommation de cette disponibilité. Dans une telle société, la croissance est le seul modèle de subsistance dans la mesure où tout ce qui est rendu disponible doit être consommé. L'exigence de jouissance n'est alors pas produite par la peur de sa propre mortalité, mais par la peur de la disparition du monde, ou par la peur de « perdre le monde, d'être confronté à son mutisme ». La peur de la perte pousse à l'accumulation, et celle-ci entretient la croissance. Autrement dit, dans un tel rapport au monde, on ne mange plus parce qu'on mourra le lendemain, mais on mange par peur que le monde ne soit plus mangeable. La crainte a changé d'objet.

# « Dans l'état de nature il n'y a pas de péché. » (Spinoza, *Traité politique*)

## 1. Dans l'état de nature, il n'y a ni bien ni mal

Il ne peut y avoir de péché à l'état de nature qu'à condition que les concepts de bien et de mal existent avant l'instauration du contrat social. Or, selon Spinoza, dans le *Traité politique*, il n'y a pas de péché en dehors de la société, car il n'y a aucun moyen de distinguer le bien du mal. À l'état de nature, le juste est ce qui me semble juste, l'injuste ce qui me semble injuste : chacun est son propre juge (« chacun juge lui-même », écrit Spinoza) quant au caractère bon ou mauvais, juste ou injuste, de tous ses actes. Rien ne nous appartient de droit à l'état de nature : en dehors de la société, de la « vie sociale », les choses que nous possédons dépendent de notre pouvoir de les obtenir et de les conserver. Autrement dit, Spinoza conteste l'existence d'un droit naturel : la justice apparaît avec le droit, c'est-à-dire avec la société.

## 2. La justice, en conséquence, ne peut s'appuyer que sur le droit positif, et pas sur le droit naturel

S'il n'y a pas de justice à l'état de nature, cela signifie que, lorsque nous jugeons une loi, nous ne pouvons pas nous appuyer sur des principes de justice qui seraient antérieurs au contrat social et au droit positif – les lois écrites, instaurées par la société. Soutenir qu'il n'y pas de péché à l'état de nature, c'est considérer qu'il n'existe pas de droit naturel. C'est notamment la thèse de Hans Kelsen au paragraphe 59 de *Justice et droit naturel*. S'il est possible de concevoir une norme de justice distincte du droit positif, il est toutefois impossible de prendre cette norme de justice comme principe légitimant la remise en cause du droit positif. S'il n'y a pas de péché, au sens de la criminalisation possible d'un acte, à l'état de nature, alors les lois d'une société ne peuvent être comparées ou évaluées relativement à un hypothétique droit naturel.

## 3. La naturalité de la morale : le principe d'égalité

Toutefois, le rejet du concept de droit naturel n'est peut-être pas une complète disqualification de la possibilité d'un sentiment moral hors de la société. Si les prédicateurs de morale agitent la menace d'un homme sauvage et mauvais à l'état de nature, c'est peut-être parce qu'ils ne considèrent que les cas où l'individu est face à un dilemme moral, c'est-à-dire les situations où il réfléchit avant d'agir. Pourtant, dans la plupart de ses actions, l'homme agit de façon morale non pas par sentiment moral mais, selon Pierre Kropotkine dans *La Morale anarchiste*, par « simple habitude ». Il affirme que les animaux sociables peuvent eux aussi distinguer le bien et le mal. Ils appliquent le principe d'égalité, qui consiste à traiter les autres comme on aimerait être traité. La morale n'est pas un acquis théorique que seule la société humaine a obtenu : « La fourmi, l'oiseau, la marmotte et le Tchouktche sauvage n'ont lu ni Kant ni les saints Pères, ni même Moïse. Et cependant, tous ont la même idée du bien et du mal », écrit Kropotkine. S'il n'y a pas de péché à l'état de nature, au sens où l'on ne peut punir par la justice celui qui se conduit mal, il y a toutefois une reconnaissance possible du bien et du mal en dehors de la société humaine.

# « Penser n'est pas croire. »
## (Alain, *Propos*)

### 1. Le scientifique ne croit pas, il pense

La pensée est un discours intérieur rationnel, par opposition à la croyance qui est une opinion que l'on a et que l'on distingue d'un savoir. En ce sens, nous pouvons soutenir que « penser n'est pas croire ». Dans les *Propos*, lorsqu'Alain écrit que « penser n'est pas croire », il compare la pensée scientifique à celle du croyant. Si l'on cherche dans la science quelque chose de semblable à la religion, on se trompe : on ne doit pas s'attacher aux théories scientifiques comme on s'attache aux théories religieuses, sinon on ne peut plus les évaluer correctement. Alain écrit : « Le croyant est comme le lierre sur l'arbre. » Cela ne signifie pas que la croyance soit un mal, mais que la croyance, notamment religieuse, exclut le doute : douter, pour le croyant, c'est manquer de foi. Au contraire, le scientifique, lui, doit encourager le doute. C'est pourquoi il ne doit pas croire mais penser. La pensée doit être librement soumise à la critique, ce qui est impossible dès lors qu'on s'y rapporte sur le mode de la croyance.

### 2. La croyance complète la pensée

Si la pensée, dans son sens scientifique, s'oppose à la croyance en tant qu'on doit pouvoir la critiquer et la remplacer par une autre pensée, si de nouvelles démonstrations invalident la première pensée, cela ne signifie pas nécessairement que la croyance ne nous soit d'aucune aide. Nous pourrions nous demander dans quelle mesure la croyance complète la pensée, comme le fait Pascal dans les *Pensées* : « C'est le cœur qui sent Dieu, et non la raison : voilà ce que c'est que la foi. Dieu sensible au cœur, non à la raison. » Si penser n'est pas croire, cela ne signifie pas que l'impossibilité de penser Dieu soit un défaut dans la relation à Dieu. La croyance consiste en un rapport au monde différent de la pensée, mais il ne lui est pas inférieur. La pensée et la croyance sont toutes deux valides, mais elles portent sur des objets différents.

## 3. La croyance est le point d'arrivée de la pensée

Et, plus encore que cela, la croyance pourrait être le point d'arrivée de la pensée scientifique, et pas seulement un autre mode de relation à certains objets et à Dieu. Dans *Comment je vois le monde*, Einstein soutient que le scientifique développe lui aussi une religiosité. Celle-ci n'est toutefois pas à confondre avec la religiosité de « l'homme simple » : celle du scientifique ne provient pas de l'ignorance, notamment des causes, mais d'une connaissance de la nature qui produit chez lui l'admiration de celle-ci. La religiosité du scientifique, écrit Einstein, « réside dans l'admiration extasiée de l'harmonie des lois de la nature ». Autrement dit, si penser n'est pas croire, l'aboutissement d'une pensée scientifique rigoureuse peut être la religiosité, non pas comme soumission aveugle à un dogme religieux, mais comme l'humilité de celui qui découvre, à chaque théorie, une nature dont la causalité est implacable.

**« Je croyais noter les rêves que je faisais : je me suis rendu compte que, très vite, je ne rêvais déjà plus que pour écrire mes rêves. »**
**(Perec, *La Boutique obscure*)**

## 1. Les rêves : voie royale d'accès à l'inconscient

Nous rêvons pendant notre sommeil, et plus particulièrement pendant la phase de sommeil paradoxal. À notre réveil, notre état de dormeur et notre état éveillé nous paraissent distincts : la conscience que nous avons de notre environnement semble différente lorsque nous sommes éveillés, et même si nous pouvons, par exemple, avoir peur en rêve, et donc croire que ce que nous voyons est réel, une fois éveillé il nous paraît évident que tout ce dont nous avons rêvé ne s'est pas produit. Nous semblons donc incapables de contrôler nos rêves et, alors qu'ils viennent de nous, nous n'avons pas l'impression de rêver de ce que nous voulons, ni de pouvoir décider, ou non, de rêver. En cela, le récit de rêve semble un moyen de connaître une partie de nous, inconsciente, qui nous échappe. Selon Freud, « l'interprétation des rêves est la voie royale qui mène à la connaissance de l'inconscient » : à partir du récit de rêve, le patient peut comprendre ce qu'il refoule. Dans le rêve, les éléments apparaissent sous forme symbolique : par exemple, une armoire qui serait celle de notre chambre d'enfant, apparue en rêve, pourrait être un symbole de cette période de notre vie. Freud distingue le contenu manifeste du rêve, qui est le rêve tel que nous nous en souvenons – ce que nous pouvons « noter » au réveil, pour reprendre l'expression de Perec –, et le contenu latent, qui correspond à ce que nous pouvons analyser à partir du premier récit, souvent incohérent. Il semble donc que l'impression de Perec ne soit qu'une illusion : il pense contrôler ses rêves, mais ceux-ci sont un symbole qui s'impose à lui.

## 2. Les rêves comme production consciente

Pourtant, comme Georges Perec, nous pouvons observer que dès lors que nous nous intéressons à nos rêves, par exemple quand nous essayons de les remémorer le matin et de les écrire, nous nous en souvenons de mieux en mieux, au point que nous pouvons nous demander si nous ne nous mettons pas à rêver davantage quand nous accordons de l'importance au rêve. Dans *La Boutique obscure*, qui est un recueil de récits de rêves, Perec écrit : « Comme de bien entendu, je rêve et je sais que je rêve comme de bien entendu que je suis dans un camp. » Il semble que la distance réflexive sur le contenu manifeste du rêve (le camp) soit présente au moment du rêve : ce dernier semble transformé en contenu par le rêveur lui-même, au point que l'on pourrait se demander si le rêve n'est pas une production consciente du rêveur pour se raconter à lui-même des histoires qu'il pourra écrire. L'impression de Perec recoupe également une autre inquiétude du romancier, surtout lorsqu'il pratique l'autofiction, qui peut être de se demander si l'on ne provoque pas certaines choses, notamment certains malheurs, pour pouvoir ensuite les raconter. Celui qui écrit sur sa vie ne peut-il être tenté de vivre pour écrire, par opposition à l'écrivain qui écrirait par nécessité vitale, parce qu'il mourrait s'il cessait d'écrire ?

## 3. Le rêve, matériau aléatoire, ne devient signifiant que par le récit qui en est fait

L'impression de Perec pourrait toutefois être éclairée par l'analyse de la nature neurobiologique du rêve : John Allan Hobson, neuropsychiatre, remet en cause les thèses de Freud et présente le rêve comme un ensemble de signaux nerveux qui n'ont *a priori* pas de lien. C'est lorsque le dormeur se réveille qu'une histoire se crée à partir de ces signaux nerveux. Aussi, le récit de rêve peut servir de matériau pour l'introspection non pas parce que le rêve est en lui-même signifiant, mais parce que le récit que le rêveur produit est une activité signifiante. Hobson pratique l'autoanalyse, qu'il considère comme une technique valide d'enquête, au même titre que l'étude de l'activation des neurones, à partir d'images du cerveau. Lorsque Perec considère qu'il rêve pour écrire, il ressent donc l'artificialité du récit de rêve : par la notation du rêve, il produit quelque chose de plus que le rêve, qui n'est qu'un assemblage de signaux nerveux. Le rêveur est par ailleurs perméable aux perceptions : ce qui se passe dans le monde qui l'environne (sons, stimulations tactiles) est traduit en rêve. À force d'écrire ses rêves, Perec se rend peut-être plus perméable aux perceptions sensibles, et celles-ci se font actrices de son rêve. Bergson écrit, dans sa conférence sur le rêve : « Le rêve est la vie mentale tout entière, moins l'effort de concentration. » Peut-être est-il plus facile de produire une histoire à partir d'images rassemblées au hasard en rêve que de produire soi-même ce hasard pendant la vie consciente, car dans celle-ci « l'effort de concentration » semble toujours présent.

# 4

# Sujets questions

## Le scientifique peut-il être superstitieux ?

### 1. La superstition est contraire à la démonstration scientifique

Dans cette partie, il s'agit de montrer que, dans la science moderne, le scientifique s'est construit par opposition à la superstition, à la magie, aux pseudosciences (notamment l'alchimie). Ce qui fait la scientificité d'une théorie, c'est son **exposition à la réfutation** : pour qu'une théorie soit considérée comme scientifique, il faut qu'elle prenne le risque d'être réfutée. C'est la théorie de Karl Popper dans *Conjectures et réfutations*. À l'inverse, les théories magiques ou les superstitions s'appuient sur les confirmations pour montrer qu'elles sont crédibles. Ce procédé de recherche de confirmations n'est pas scientifique, et c'est celui qui est utilisé par les complotistes. Ceux-ci déploient notamment la stratégie du millefeuille argumentatif, expliquée par Gérald Bronner dans *La Démocratie des crédules* : il s'agit de multiplier les pseudo-preuves ou énoncés visant à convaincre son interlocuteur, de sorte que celui-ci n'ait pas la possibilité de tous les réfuter et que le conspirationniste puisse déclarer que « tout [l'ensemble du millefeuille] ne peut pas être faux ».

## 2. Pourtant, le scientifique n'est pas aussi « objectif » qu'il le pense...

Cette opposition à la superstition a entraîné la **sacralisation de l'objectivité des sciences naturelles**, par opposition aux sciences humaines qui, elles, ne pourraient prétendre à l'objectivité. Ce que montre Hilary Putnam dans *Fait/valeur : la fin d'un dogme*, c'est que l'opposition entre fait et valeur – c'est-à-dire la croyance que l'on peut distinguer dans une science, ce qui relève du fait (supposé objectif) et de la valeur (supposée traduire le biais de l'observateur) – est trompeuse. Dans les sciences naturelles, il y a également des valeurs, par exemple la valeur de **cohérence** ou celle de **simplicité**. Parmi deux démonstrations, en mathématiques, si toutes deux sont satisfaisantes du point de vue de la logique, on préfère la plus simple des deux. Ce choix est justifié par une valeur : la prévalence de la simplicité. Ainsi, le scientifique n'est pas à l'abri de la superstition.

## 3. La superstition comme résultat de la recherche scientifique

Non seulement la science ne peut s'affranchir de la valeur, mais on pourrait même soutenir que la superstition, au sens de la suspicion que le hasard seul n'est pas à l'origine du monde, serait le résultat de la pensée scientifique. C'est ce que soutient Einstein dans *Comment je vois le monde*, publié en 1934. La recherche scientifique conduit à l'**admiration « religieuse » de la nature**, selon Einstein. Cette admiration est produite par la connaissance des lois de la nature : elle n'est pas la pensée magique de « l'homme simple ». Cette religion intérieure n'est pas décrite par Einstein comme une superstition, mais nous pourrions voir dans cette admiration la possibilité d'une intuition que tout ne peut pas être arrivé par hasard. Or, le refus du hasard est l'une des composantes de la superstition.

# Peut-on douter que la Terre est ronde ?

**Point méthode** : les questions en « peut-on » peuvent être interprétées de quatre façons (mais attention, il n'est pas pertinent de mobiliser les quatre sens de « pouvoir » sur tous les sujets !) :

- la **possibilité logique** : puis-je diviser un nombre par zéro ? C'est-à-dire : est-il possible, sans contradiction logique, de diviser un nombre par zéro ?
- la **possibilité réelle** : puis-je conduire une voiture ? C'est-à-dire : ai-je la capacité physique et la compétence nécessaire à la conduite d'une voiture ?
- la **possibilité morale** : puis-je trahir un ami ? C'est-à-dire : est-il possible de concevoir une trahison d'un ami qui serait morale ?
- la **possibilité juridique** : puis-je occuper une terre qui ne m'appartient pas ? C'est-à-dire : ai-je le droit de m'approprier une terre ?

## 1. Oui on peut douter de tout

Il est possible, si l'on entend possible dans son sens logique, de douter que la Terre est ronde. En effet, la Terre est un objet physique, dont nous pouvons mettre en doute les propriétés. Il n'y a pas de contradiction logique à ce que la Terre est plate ou carrée. Ce qui constituerait une contradiction logique, ce serait que la Terre soit à la fois plate et non plate, ou à la fois ronde et non ronde. Toutes les sciences appliquées peuvent être mises en doute, affirme Descartes dans le *Discours de la méthode*. En ce sens, nous pourrions soumettre la rotondité de la Terre au doute. Ce doute méthodique est toutefois temporaire. Ce doute, bien que possible logiquement, repose sur des croyances : par exemple, sur la croyance que la « Terre » est un objet qui existe et que la rotondité est une caractéristique qui permet de décrire un objet. Dans *De la certitude*, Wittgenstein souligne que tous nos doutes sont fondés sur des croyances. Il écrit : « Le jeu du doute lui-même présuppose la certitude. ». Si nous pouvons *a priori* douter de tout, il faut prendre garde que les mots avec lesquels nous exprimons nos doutes soient eux-mêmes mis en doute, ainsi que le recommande Condillac dans l'*Essai sur l'origine des connaissances humaines* : il faut s'assurer que nos « idées » sont bien conçues avant d'exprimer notre doute, appuyé sur ces mêmes idées.

## 2. Mais ce doute est résolu par l'expérience

Si douter que la Terre est ronde est possible logiquement, il est toutefois possible de lever ce doute par la pratique. La possibilité réelle de douter que la Terre soit ronde est donc limitée, à moins de refuser notre confiance à tous les instruments de mesure, et même à nos sens, qui nous donnent une perception de la rotondité de la Terre, par exemple lorsque nous observons une éclipse, ou encore si nous avons la chance de pouvoir comparer le ciel étoilé tel qu'on le voit dans l'hémisphère Sud et tel qu'on le voit dans l'hémisphère Nord. Dès l'Antiquité, on savait que la Terre était ronde : Pythagore, notamment, l'avait montré. Au IIIe siècle avant Jésus-Christ, Eratosthène a estimé la circonférence de la Terre à 39 375 kilomètres (aujourd'hui, on l'estime à 40 975 kilomètres). Si l'on peut appliquer le doute méthodique à la Terre comme objet, différentes observations concordent pour lever, en pratique, ce doute.

## 3. La possibilité du doute universel n'équivaut pas au conspirationnisme

La possibilité du doute universel, c'est-à-dire de tout mettre en doute (même ce que l'expérience semble montrer de manière évidente, par exemple le fait que la Terre est ronde), est, malgré les apparences, à l'opposé de la logique conspirationniste. On pourrait croire que le conspirationniste est celui qui doute de tout. En effet, celui-ci se présente parfois comme inspiré de la méthode cartésienne, et il semble nous inviter à remettre en question nos certitudes. « Êtes-vous vraiment sûrs qu'il en est ainsi ? » demande-t-il. Pourtant, cette question ne soulève qu'un pseudo-doute, car les théories conspirationnistes proposent une réponse unique à tous les doutes. Plutôt que de véritablement soulever, avec méthode, un doute, le conspirationnisme invite à tout interpréter selon un seul système causal : c'est ce que montre Bronner dans *La Démocratie des crédules*. Les conspirationnistes rejettent la coïncidence et le hasard et refusent de douter de la crédibilité de leur théorie explicative du monde. Leur logique repose sur l'adjonction de preuves, l'accumulation d'éléments supposés douteux, et ils répondent à tous les doutes ou contre-arguments par l'affirmation que tout (dans ce qu'ils présentent comme éléments suspects) ne peut pas être faux. La charge pratique du doute (c'est-à-dire l'évaluation de la crédibilité de chaque élément) est laissée à ceux qui s'opposent à leur théorie. Autrement dit, le conspirationnisme est à l'opposé du doute méthodique de Descartes. Lorsqu'il prétend douter que la Terre est ronde, il affirme en réalité que la Terre est plate et refuse toute mise en doute des preuves supposées qu'il dispose de cette assertion.

# Pourquoi obéir ?

## 1. Pour sa propre sécurité

Il semble que la première justification de l'obéissance, la seule légitimation de ce renoncement à sa propre volonté, pour suivre celle d'un autre, soit la sécurité individuelle et collective. Dans le *Léviathan*, Hobbes défend la thèse qu'à l'état de nature, sans lois, les hommes sont conduits à la guerre de tous contre tous. En effet, en l'absence d'inégalité naturelle entre les hommes, c'est-à-dire en l'absence de la reconnaissance par certains individus de la supériorité naturelle d'autres individus, qui justifierait leur soumission, tous, se pensant égaux, refusent que leur liberté soit limitée par celle des autres. Ils contestent l'existence d'une hiérarchie naturelle, et cela entraîne un état d'insécurité permanente. Il est nécessaire, selon Hobbes, que tous les individus cèdent l'ensemble de leurs droits à un souverain, qui aura sur eux le pouvoir absolu. La domination de ce souverain ne repose pas sur une supériorité naturelle, mais sur le besoin qu'un individu soit supérieur aux autres, par le contrat social, et que tous lui obéissent. En premier lieu, il semble que nous obéissions pour garantir notre sécurité.

## 2. Pour sa propre liberté

Pourtant, cette justification du contrat social présente celui-ci comme un état où l'on a moins de liberté qu'à l'état de nature, ce qui pourrait nous faire comparer l'hypothétique état de nature à l'état civil, où nous ne disposons d'aucune liberté, et conclure que nous perdons beaucoup en acceptant le contrat social. Mais si, contrairement à l'apparence, par l'obéissance à la loi, nous étions plus libres à l'état civil qu'à l'état de nature, nous gagnerions non seulement la sécurité, mais aussi la liberté. C'est la thèse de Rousseau dans *Du contrat social* : s'il semble que je renonce à ma liberté par le contrat social, en réalité j'échange contre une liberté illimitée mais seulement théorique, car limitée par celle de tous les autres, une liberté encadrée contre la volonté générale, mais réelle. Une liberté illimitée mais théorique n'est pas préférable à une liberté réelle. De plus, la liberté que je gagne est limitée par la volonté générale, dans laquelle je suis inclus.

Autrement dit, j'obéis à une loi qui est l'expression de la volonté générale, volonté à laquelle je consens. J'obéis donc pour ma propre liberté.

## 3. L'obéissance aveugle n'est pas exigible du citoyen

Cependant, si ma volonté fait partie de la volonté générale, cela n'exclut pas la possibilité de désobéir à la loi lorsqu'elle me paraît injuste. Dans *La Désobéissance civile*, Henry David Thoreau explique qu'un citoyen ne peut pas en même temps considérer qu'une loi est injuste et obéir à cette loi. C'est pourquoi il a décidé de ne plus payer l'impôt de son État (le Massachusetts) car cet impôt finançait un système esclavagiste, qu'il réprouvait. À ceux qui lui répondent qu'il aurait dû employer des moyens légaux pour faire changer la loi, il considère que la loi n'en aurait pas moins cessé d'être injuste si les moyens légaux avaient échoué. On ne peut exiger du citoyen une obéissance aveugle. Bien au contraire, Thoreau se « plaît » à imaginer un État qui recherche la critique du citoyen, qui se réjouisse de l'entendre, afin de devenir plus juste. Si l'obéissance, et notamment l'obéissance à la loi, me garantit la liberté dans le cadre du contrat social, la possibilité de la désobéissance civile garantit le respect des principes de justice. Simone Weil, dans *Oppression et liberté*, écrit : « Rien au monde ne peut empêcher l'homme de se sentir né pour la liberté. Jamais, quoi qu'il advienne, il ne peut accepter la servitude, car il pense. » Nul ne peut exiger du citoyen qu'il soit servile : le pouvoir doit, au contraire, reconnaître la faculté de penser que possède tout être humain, et qui l'empêche de se considérer lui-même comme devant obéir.

# Pourquoi rechercher la vérité ?

**Difficulté du sujet** : ce pourrait être une question de cours, de dissertation, ou une question qui occupe la philosophie depuis sa naissance. Comment la traiter en dix minutes ? Il faut ouvrir des questionnements, et ne pas chercher à tout dire.

## 1. Par instinct naturel (analyse de la cause)

Ce qui nous pousse à rechercher la vérité, c'est peut-être un mouvement naturel : que celui-ci vienne de l'évolution de notre espèce ou non, il semble que nous soyons, par nature, curieux – à tout le moins dans l'enfance, car la curiosité, qui nous pousse à multiplier les expériences, nous permet d'améliorer notre modèle du monde. La cause de la recherche serait naturelle. Dans le livre A de la *Métaphysique*, Aristote soutient que « tous les hommes désirent naturellement savoir ». Notre recherche du savoir n'est pas le produit d'un effort, nous n'en sommes pas le moteur. En revanche, nous pouvons résister à cette curiosité naturelle et perdre l'étonnement, qui est pourtant, selon Aristote, le début de la philosophie.

## 2. En vue de l'élévation de l'âme (analyse de la fin)

À la question « pourquoi rechercher la vérité ? », nous pourrions aussi répondre par la fin, le but que nous recherchons dans cette quête, c'est-à-dire : « en vue de quoi recherchons-nous la vérité ? ». La recherche de la vérité pourrait être le moyen de l'élévation de notre âme, à supposer que le jugement de celle-ci soit empêché par les apparences. Dans le livre VII de *La République*, Platon décrit des prisonniers, enfermés dans une caverne, qui prennent des ombres pour des objets réels. Cette allégorie symbolise notre âme, enfermée dans notre corps : non pas que ce dernier soit un mal en lui-même mais, ce qui nous égare, c'est de prendre les informations sensibles pour autre chose que ce qu'elles sont. Le sensible (ce que nous percevons par les sens) est distinct de l'intelligible (ce que nous concevons par l'intellect), c'est-à-dire des choses telles qu'elles sont en elles-mêmes.

Le corps ne peut nous permettre de connaître les Idées ; seule l'âme le peut. Aussi, rechercher la vérité consiste à se défaire des illusions et à se rappeler que l'âme ne doit pas se servir du corps pour atteindre les Idées. Le but de la recherche de la vérité est de connaître les Idées, et d'élever l'âme vers l'intelligible, où se trouvent notamment le Vrai et le Bien. Faire route vers la vérité, c'est donc faire route vers le Bien.

### 3. La vérité est une valeur : la rechercher, c'est se soumettre à la morale

Toutefois, ne pourrions-nous pas contester la naturalité de la recherche de la vérité ? Cette dernière pourrait être, en réalité, une injonction morale qui asservit l'illusion et qui soumet le monde à une opposition entre le vrai et l'apparence, au bénéfice du vrai. Dans le *Crépuscule des idoles*, Nietzsche s'oppose à la valeur que l'on accorde à la vérité. Il considère qu'il n'y a pas, derrière les apparences, une vérité à rechercher. Nous avons construit un « monde-vérité » « inaccessible, indémontrable, que l'on ne peut pas promettre, mais, même s'il n'est qu'imaginé, une consolation, un impératif », mais ce monde est un mythe qui nous oblige à rechercher la vérité, avec pourtant l'impossibilité de la trouver. Ce serait une ruse des prédicateurs de morale pour nous décourager de jouir des apparences.

# Peut-on séparer l'homme de l'artiste ?

L'artiste produit des œuvres. La valeur de celles-ci se juge, en théorie, sans tenir compte de leur créateur. Qu'un(e) artiste peintre ait douze ou quarante-deux ans, son tableau n'en acquiert pas plus ou moins de valeur. Nous devrions pouvoir juger une œuvre sans connaître son auteur. Pourtant, certains scandales ont soulevé la question de l'opportunité d'une telle distinction entre œuvre et artiste : ne pourrait-elle être responsable de la non-condamnation de l'artiste ? Sous prétexte que des œuvres sont belles, doit-on continuer à récompenser un artiste qui serait aussi un criminel ?

## 1. Non, on ne peut pas les séparer, pour une raison métaphysique

Il est à première vue impossible de distinguer l'homme ou la femme de l'artiste. Un individu s'exprime pleinement dans toutes ses actions et séparer, chez un individu, la personne qu'il est au quotidien de la personne qui produit l'œuvre est une quête impossible. Chaque individu est, selon Leibniz dans la *Monadologie*, une monade distincte de toutes les autres monades : la monade est une unité où tout est identité. La monade est simple (par opposition au corps composé) : nous ne pouvons séparer, à l'intérieur d'un individu, plusieurs personnalités. L'individu, la monade, est entier dans chaque action qu'il mène. L'homme et l'artiste sont tous deux présents, à la fois dans les éventuels crimes de l'homme et dans le processus de création.

**Transition :** Pourtant, ne pas séparer l'homme de l'artiste nous oblige, lorsque l'homme est déclaré coupable de quelque chose, à condamner l'artiste avec l'homme, et éventuellement à censurer ses œuvres. Ne risquons-nous pas de perdre notre faculté à juger de la réussite esthétique d'une œuvre en n'accordant d'importance qu'à la morale ? Le risque est aussi de produire une fascination autour des œuvres dont on interdit la publication. Ne pourrions-nous pas juger de la qualité d'une œuvre sans nous intéresser à l'artiste qui l'a produite ?

## 2. Oui, on peut les distinguer si, par artiste, nous faisons référence à ses œuvres

Nous pouvons séparer l'homme de l'artiste lorsque nous devons juger de la qualité d'une œuvre d'art. En effet, ce n'est pas la biographie de l'artiste – c'est-à-dire l'homme, dans toutes les dimensions de son existence qui ne sont pas la production artistique – qui permet d'apprécier la valeur d'une œuvre. Les bons sentiments ne donnent pas plus de valeur à une œuvre, et les mauvaises intentions ne diminuent pas non plus sa valeur. *Mein Kampf* est un livre médiocre, de moindre qualité littéraire, indépendamment du jugement moral que l'on porte sur le projet qui y est présenté. Dans la *Critique de la faculté de juger*, Kant détaille les fondements du goût : la critique ne repose que sur l'œuvre. « Le beau est ce qui plaît universellement sans concept » écrit Kant, il ne dépend pas des valeurs que je partage, ou non, avec le producteur de l'œuvre.

**Transition :** Si une œuvre peut être jugée pour elle-même, n'est-il pas toutefois nécessaire de distinguer, *a posteriori*, l'œuvre de son producteur pour ne pas récompenser à tort celui qui ne le mérite pas ? Pourrions-nous envisager que l'artiste ne soit pas nécessairement reconnu et valorisé, quand bien même sa production serait qualifiée d'œuvre d'art ?

## 3. C'est toujours l'homme que l'on récompense, même si on prétend distinguer l'artiste

L'artiste, dans sa pratique, n'est ni moral ni immoral. Dans la Préface du *Portrait de Dorian Gray*, Oscar Wilde écrit : « Un livre n'est point moral ou immoral. Il est bien ou mal écrit. C'est tout. » Autrement dit, le jugement moral que l'on peut porter concerne toujours l'artiste, pas sa production. Mais que doit-on faire alors des œuvres créées par des artistes considérés comme des criminels ? Pouvons-nous attribuer un César à un réalisateur qui serait poursuivi par la justice en soutenant que, par ce César, c'est l'œuvre qui est récompensée, et non pas l'homme ? Si les prix sont censés récompenser des œuvres artistiques, c'est pourtant l'auteur, le créateur, qui bénéficie d'une exposition médiatique par les prix qu'il remporte. Lorsqu'un écrivain remporte le prix Goncourt, c'est une photo de lui que l'on trouve dans les journaux. Les célébrations médiatiques mettent l'homme en lumière quand c'est l'artiste qui est visé par la récompense : cette confusion systématique nous invite à renoncer à récompenser l'artiste, car en fin de compte c'est toujours l'homme qui y gagne. Il ne s'agit donc pas, quand on condamne un homme pour des délits ou des crimes commis, de considérer mécaniquement son œuvre comme dépourvue de valeur. Mais, dans le même temps, cela n'empêche pas d'exclure cet homme des cercles artistiques en ne lui décernant plus de prix. On remarque par ailleurs que si l'on est enclin à plaider pour une séparation de l'homme et de l'artiste chez les hommes artistes, souvent on refuse de le faire pour les femmes artistes, dont on cherche toujours, dans les œuvres, la trace de la biographie. La croyance tenace en l'impossibilité pour les femmes de produire autre chose que des témoignages, en leur incapacité à inventer et à produire de l'art qui ne soit pas un récit de soi, en leur inaptitude à dire l'universel, les discrimine en matière de reconnaissance artistique. Pourquoi seul un genre pourrait-il avoir le luxe de séparer ses œuvres de lui-même ?

# Pourquoi échanger ?

Dans la cour de récréation, deux enfants s'échangent des billes : pour une bille particulièrement belle, il faut parfois donner cinq billes ordinaires – la valeur d'une bille est relative, elle est fonction de l'offre et de la demande, c'est-à-dire de sa rareté. Un bien rare vaut davantage qu'un bien qui est surreprésenté sur le marché. À la question « pourquoi échanges-tu cette bille ? », l'enfant pourrait répondre « pour en obtenir une autre qui m'intéresse davantage ». Pourtant, ce but ne semble pas rendre raison à lui seul de la persistance de l'échange. Il semble que les enfants trouvent un plaisir dans la pratique de l'échange, et que les billes ne soient en définitive qu'un prétexte pour interagir. Pourquoi cherche-t-on à échanger ?

## 1. Parce qu'on en a besoin (cause)

La raison principale pour laquelle nous échangeons semble à première vue le besoin d'échanger : plutôt que de diviser son temps pour produire tous les biens dont il a besoin, il vaut mieux que l'individu se spécialise dans une tâche et qu'il produise pour tout un groupe un certain type d'objets. Dans *La République* de Platon, Socrate montre à Adimante que cet échange est à l'origine de la cité : nous formons société pour assurer une couverture mutuelle des besoins, et le but de l'échange n'est donc pas la poursuite de l'intérêt personnel mais la réponse aux besoins de la société entière. Le bénéfice n'est pas pensé en termes individuels mais en termes collectifs.

Cette division du travail semble se produire naturellement dans toute société : ainsi, dans *Sa majesté des mouches* de William Golding, les enfants se répartissent les tâches afin de pourvoir à toutes les nécessités de leur petite société. S'ils espèrent au début être secourus, ils comprennent ensuite que, pour survivre, leur groupe doit s'organiser. La notion d'échange n'est pas mentionnée explicitement : il est naturel que la répartition des tâches soit faite dans le but de profiter collectivement des biens produits.

**Transition** : Pourtant, le sens dans lequel nous avons considéré l'échange semble ne pas correspondre à l'usage courant du terme, qui le considère dans sa seule acception économique. Dans *Les Politiques*, Aristote dénonce la dérive marchande de l'échange. Ce dernier était un moyen de satisfaire des besoins, mais les marchands ont entraîné la dé-corrélation entre valeur d'échange et valeur d'usage. Cette dé-corrélation a entraîné une restriction du sens du terme « échange ». L'échange économique a pour moteur l'intérêt, alors que l'échange, dans son sens originel, ne devrait être qu'un moyen de couvrir les besoins que nous ne sommes pas en mesure de couvrir seuls.

## 2. Pour créer une communauté politique (but)

La raison naturelle de la couverture collective des besoins semble ne plus être valable dans l'économie de marché. Nous échangeons des choses dont personne n'a besoin, et seule une partie de la population assure la couverture des besoins de l'ensemble de la population. Quel pourrait alors être le but de l'échange ? Un moyen de prendre en compte le terme « échange » dans son sens plein (c'est-à-dire en ne le réduisant pas à son sens économique) est d'étudier comment cet échange peut être l'appui d'une institution sociale : il ne serait ni le moyen de la couverture des besoins ni la recherche nécessaire du profit, mais la relation avec l'autre que l'organisation sociale impose. Ainsi, dans une société où l'inceste est tabou, il est nécessaire que les femmes ou les hommes soient échangés, c'est-à-dire qu'ils soient déplacés d'un clan vers un autre clan afin de s'assurer que cet inceste n'aura pas lieu. Dans *Les Structures élémentaires de la parenté*, Claude Lévi-Strauss montre que la prohibition de l'inceste contraint à donner et crée un droit de recevoir : le partenaire sexuel qui m'est interdit est donné à l'autre clan, qui donne lui aussi en échange un partenaire sexuel prohibé dans son clan d'origine. Dans ce cadre, l'échange n'a pas pour fonction de couvrir les besoins, et il n'est pas pensé uniquement sur le mode d'un gagnant-gagnant : il est la condition de fonctionnement de la structure sociale qui repose sur la prohibition de l'inceste. L'échange est une manifestation de la civilisation : le groupe refuse collectivement le rapport naturel à l'autre pour instaurer des règles sociales quant au mariage et à la reproduction.

**Transition :** La poursuite de l'échange n'est pas seulement la recherche d'un intérêt économique, ou d'un intérêt individuel quel qu'il soit :

l'échange est un moyen de stabiliser la relation avec autrui, et donc de renforcer les liens sociaux.

## 3. Les échanges renforcent les relations de dépendance

Si, à l'intérieur d'une société, les échanges renforcent les liens sociaux, il semble que les échanges avec d'autres sociétés soient parfois un moyen d'entretenir une relation de domination sans passer par la guerre. Dans *Des principes de l'économie politique et de l'impôt*, David Ricardo expose la théorie des avantages comparatifs qui recommande à chaque pays de se spécialiser, même en l'absence d'avantage absolu (la théorie d'Adam Smith), dans la production pour laquelle sa productivité est plus grande – non pas de manière absolue (c'est-à-dire la plus grande comparée à tous les autres pays), mais relative (c'est-à-dire comparée à ses autres productions possibles). Le problème que pose cette théorie économique est qu'elle renforce les relations de domination : les pays les plus productifs dans les industries les plus complexes deviennent de plus en plus productifs quand les pays spécialisés dans les industries les moins complexes, voire dans la seule extraction de matières premières, tirent moins de valeur ajoutée de leur production et dépendent d'autres pays pour l'importation des produits de ces industries à forte valeur ajoutée. Cela crée un système où seule une des parties a intérêt à échanger, mais où la deuxième y est contrainte par dépendance économique. C'est notamment le cas entre les pays anciennement colonisés et les pays colonisateurs : l'échange est le plus souvent inégal et la poursuite de l'échange entretient le rapport de domination préexistant, par exemple au moyen de la concession de prêts financiers.

# Qu'est-ce que faire l'histoire ?

## 1. Être l'événement qui en interrompt le cours

Faire l'histoire signifie d'abord accomplir quelque chose qui sera considéré dans le futur comme digne d'être mentionné. C'est le cas d'un événement qui semble interrompre le cours de l'histoire. Faire l'histoire, c'est surprendre, rompre la continuité. C'est peut-être aussi faire ce que l'analyse du passé – l'histoire – ne pouvait prévoir. Une révolution est un événement qui fait l'histoire, même si des contestations la précèdent et font dire, après sa venue, qu'elle était prévisible : car en réalité elle ne l'était pas. L'événement est ce qui s'arrache à la causalité et qui pousse à produire un discours pour la rétablir. La possibilité de l'événement historique repose sur la distinction entre la causalité naturelle et la liberté humaine. La causalité naturelle serait mécanique, implacable et quasi universelle : la seule exception à cette causalité serait l'homme, seul capable d'échapper à la causalité. Dans l'histoire, il n'y a d'événement qu'humain. Un tremblement de terre dévastateur ne fait pas l'histoire de la même façon qu'une révolution, au sens où, dans l'expression « faire l'histoire », on suppose l'intervention d'une puissance causale libre – c'est-à-dire la main de l'homme.

## 2. Être présenté comme ce qui a fait l'histoire

Mais c'est par l'être humain que l'événement est distingué du reste de l'histoire : aussi, plutôt que de considérer cet événement comme une interruption du cours de l'histoire, nous pourrions également l'interpréter comme ce que l'homme choisit d'arracher au cours de l'histoire. Ce n'est pas l'événement qui fait l'histoire, c'est l'historien, ou l'homme politique, qui crée l'événement, en choisissant, dans la profusion du réel, un élément qui est désigné comme nouvelle origine, début d'une nouvelle ligne causale. L'histoire ne se « fait » pas d'elle-même, les discours la produisent. Ernesto Guevara, lorsqu'il déclare que le communisme doit produire un « homme nouveau », fait l'histoire par son discours : ses paroles sont performatives et, si l'on s'appuie sur l'analyse de cette fonction du langage par Searle, les paroles du « Che » sont des « actes de langage ». Ces derniers correspondent à des énoncés qui produisent ce qu'ils disent ; par exemple : « Je baptise ce bateau le *Queen Mary.* » Le baptême, c'est l'énoncé lui-même. Dans le discours du Che, la production de l'homme nouveau est effective dès lors qu'elle est annoncée.

## 3. Transformer le passé en cause de l'événement

Peut-être devons-nous tordre l'expression : faire l'histoire, ce ne serait pas être l'événement qui la déclenche mais être celui qui le raconte *a posteriori*, et qui la produit. Non seulement l'événement pourrait n'être que ce qui est reconnu comme tel, mais nous pourrions contester qu'il *se passe* quelque chose, en dehors du discours qui est tenu sur les événements. François Furet, historien spécialiste du XIXe siècle, remet en cause les discours qui recréent une nécessité antérieure à un événement. Par exemple, la Révolution française était, avant l'analyse de François Furet, parfois considérée comme préparant la révolution russe de 1917, mais François Furet conteste cette version et analyse le XIXe siècle comme un siècle de révolutions (au pluriel). Faire l'histoire, ce serait alors ce que fait tout historien, au point de supprimer la différence entre faire *l'histoire* et faire *de l'histoire*. Si, dans *Les Falsificateurs* d'Antoine Bello, une société secrète – le Consortium de falsification du réel – est chargée de produire l'histoire, et notamment d'inventer des sources afin de donner au grand public une version contrôlée de ce qui s'est produit, toute interprétation de l'historien n'est-elle pas comparable au travail fourni par Sliv Dartunghuver, le personnage principal, malgré l'absence d'organisation internationale qui donnerait à l'historien des consignes de réécriture du réel ?

# Comment déterminer quel est mon devoir ?

## 1. Droits et devoirs sont encadrés par la loi

La première réponse semble de l'ordre de l'évidence : mon devoir est encadré par la loi et, pour connaître mon devoir, il suffirait de suivre la loi. Pourtant, le devoir est moral alors que le droit est un droit positif, instauré par des textes. Il arrive que nous ayons le sentiment qu'un comportement, bien que légal, n'est pas bon, et à l'inverse qu'une action illégale pourrait être considérée bonne ou légitime. Le légal, c'est-à-dire ce qui est conforme à la loi, est distinct du légitime, c'est-à-dire ce qui est juste. Lorsqu'on demande « comment déterminer quel est mon devoir ? », il s'agit de déterminer – notamment dans le cas où il nous semble que notre devoir est de ne pas suivre la loi – comment savoir si notre sentiment qu'il y a une injustice et que nous devons agir contrairement à la loi pour la réparer est fondé sur une injustice réelle, ou bien si ce sentiment est en réalité produit parce que c'est notre intérêt qui est contrarié.

## 2. Mon devoir peut être de m'opposer aux devoirs

Nous avons parfois l'intuition que notre devoir est de nous opposer aux obligations légales. Dans *La Désobéissance civile*, Henri David Thoreau théorise la possibilité de s'opposer au gouvernement pour défendre le bien. Il fait reposer la désobéissance civile notamment sur le devoir de faire le bien, supérieur à celui de suivre la loi : « Il n'est pas souhaitable de cultiver le même respect pour la loi et pour le bien. La seule obligation qui m'incombe est de faire le bien. » Thoreau cesse de payer l'impôt pour montrer sa désobéissance à l'État du Massachusetts, qu'il considère injuste parce qu'il permet l'esclavage. Si l'on se dit abolitionniste, on ne peut dans le même temps obéir à un gouvernement esclavagiste, soutient Thoreau : mon devoir, en ce cas, est de m'opposer à tous mes devoirs de citoyen, notamment celui de payer l'impôt.

## 3. Mon devoir est fondé sur l'obligation elle-même : ce que je dois, je le dois parce que je le dois

La concurrence entre les devoirs peut être difficile à résoudre car nous pouvons toujours suspecter, sous un devoir, l'indice de l'intérêt personnel : ce qui me paraît injuste ne pourrait-il être ce qui m'est défavorable ? Et dans le cas où réparer une injustice m'est favorable, car je suis victime de cette injustice, suis-je dans l'impossibilité d'agir conformément au devoir, car devoir et intérêt seraient accordés ? Peut-être n'y a-t-il pas de moyen de déterminer quel est notre devoir : lorsque nous faisons notre devoir, nous le faisons parce que nous le devons, sans autre raison. Il n'y a pas de réponse autre que « je le dois » à la question « pourquoi fais-tu cela ? » quand ce que je fais est mon devoir. C'est la thèse de Kant dans les *Fondements de la métaphysique des mœurs* : l'acte moral est désintéressé, et nous ne pouvons y trouver d'autre motivation que l'acte lui-même. Je ne peux pas déterminer *a priori* quel est mon devoir, je le reconnais dans son accomplissement et dans mon impossibilité à retracer ce qui a motivé mon action, à part l'action elle-même.

# Le désir peut-il être son propre objet ?

## 1. Le désir porte sur un objet dont il dépend

Considérer le désir comme son propre objet semble tout d'abord une impossibilité logique : le désir a un objet, qui peut lui aussi être appelé désir, mais il n'est pas, par définition, désir du désir. Quand nous prenons la définition du désir comme le mouvement vers un objet que l'on désire, cela exclut la considération, en même temps, de la deuxième définition du désir, qui est l'objet du désir. Le désir dépend de l'objet qu'il désire : ce dernier produit le désir. Le désir manque de cet objet : or, comment pourrait-il en manquer, s'il était son propre objet ? Dans *Le Banquet* de Platon, Aristophane présente l'amour comme la conséquence de la séparation d'un être unique en deux sexes incomplets. Chacun désirerait l'autre par souvenir de cet état initial, où il était uni à l'autre. En ce sens, le désir – ici dans le cas particulier de l'amour – porte sur un objet qui est la moitié manquante de chaque individu.

## 2. Désirer le désir à travers un objet : une possibilité métaphysique

Pourtant, il semble que le désir puisse se détacher de l'objet qu'il désire, voire s'en rendre tout à fait indépendant. Dans *La Nouvelle Héloïse*, Rousseau décrit le pouvoir de l'imagination : celle-ci embellit l'objet, au point que l'objet imaginaire du désir est préférable à l'objet réel, supposément désiré. En effet, l'objet imaginaire a toutes les qualités que l'objet réel ne peut avoir : celui qui désire « modifie [l'objet du désir] au gré de sa passion ». Notre rapport à l'objet imaginaire n'est pas contraint par le réel, qui est toujours décevant. Cela ne veut pas dire que l'objet réel est inférieur à l'objet imaginaire, mais que notre relation à l'objet imaginaire est une relation libre, ce que n'est pas celle à l'objet réel, qui est une fermeture des possibles. Quand j'ai l'objet de mon désir devant moi, il ne peut plus être rien d'autre que ce que je vois. En ce sens, l'objet du désir pourrait n'être qu'un prétexte pour que le désir produise un objet imaginaire, qu'il transforme à son gré.

## 3. Le désir comme force qui s'entretient elle-même

Le désir, lorsqu'il devient son propre objet, rapport libre à l'imaginaire, peut se rendre finalement indépendant de son objet, même imaginaire. Le désir se défait alors de son prétexte, pour ne jamais risquer que l'objet imaginaire devienne réel et que le désir, transformé en plaisir, cesse. Le désir serait alors une force qui s'entretient elle-même, sans objet. Le Zarathoustra de Nietzsche est une figure d'affirmation désirante, sans objet : Zarathoustra est un « oui », non pas un « oui à », c'est une affirmation inconditionnelle. Le désir peut finalement se passer d'objet, et être une force sans visée ni déclencheur.

# Peut-on s'aimer sans se comprendre ?

## 1. On peut s'aimer sans se comprendre

L'amour semble à première vue un don inconditionnel : il ne s'explique pas rationnellement et il n'est pas assujetti à des critères. En cela, l'amour se distingue d'autres sentiments qui peuvent l'accompagner, comme la gratitude ou la reconnaissance, mais aussi de la compassion, qui consiste à souffrir avec un autre, et non pas à l'aimer, c'est-à-dire à lui être attaché, au-delà de la relation que peut construire la souffrance partagée. Aimer, ce n'est pas seulement être amoureux de quelqu'un. L'amour du prochain, par exemple, n'est pas un sentiment amoureux et il n'est pas dépendant de la nature de ce prochain. Lorsque le missionnaire Bartolomé de Las Casas arrive aux Amériques, il rencontre des Indiens et cherche à les convertir à la religion catholique par amour de Dieu, mais aussi par amour de ce peuple que, pourtant, il ne comprend pas. Nous pouvons, semble-t-il, aimer un être sans pourtant le comprendre : je ne comprends pas le dessein de Dieu, mais je peux l'aimer quand même. Mon amour peut d'ailleurs venir de ce que je ne comprends pas l'Autre – dans le cas de Dieu, cette incompréhension me montre Sa grandeur, et renforce mon amour.

## 2. Mais l'amour véritable requiert la compréhension

L'amour pourrait ne pas être conditionné par la compréhension, notamment dans le cas de l'amour de Dieu, mais nous pouvons toutefois nous demander si, lorsque nous pensons aimer un individu sans le comprendre, ce n'est pas en réalité d'un autre sentiment dont il s'agit. La *philia* – qui signifie en grec l'amitié, mais aussi l'amour – requiert la compréhension de l'âme de l'individu aimé. Si l'on dit aimer sans comprendre, ne pourrait-il s'agir d'admiration pour l'autre, que je ne comprends pas et que j'imagine meilleur qu'il n'est ? Il pourrait également s'agir de recherche de l'exotisme quand quelqu'un est charmé par celui ou celle dont il ne comprend ni la langue ni la culture. L'aimerait-il encore s'il le comprenait ? Peut-être projette-t-on ce qu'on attend d'un amant, chez cet amant que l'on ne comprend pas, par narcissisme ? Le manque de compréhension permet d'entretenir la projection sur l'autre : puisque je ne sais pas tout de lui, je remplis les blancs avec ce que j'aimerais y trouver, et en particulier avec ce qui me plaît et ce qui me ressemble. Dans *Yoga*, Emmanuel Carrère confie avoir une pensée pour les familles des terroristes abattus lorsque lui-même se rend à la morgue après les attentats de Charlie Hebdo pour y veiller un ami. L'amour spontané qu'il ressent pour ces familles n'est-il pas une projection de sa propre expérience de l'amour paternel ? Ne s'agit-il pas d'une empathie aucunement conditionnée par la personnalité de ces individus ? Quand l'amour naît sans la compréhension, il semble que l'on puisse toujours le soupçonner de n'être pas authentique, c'est-à-dire de n'être pas un don qui nous ouvre vers l'autre.

### 3. La compréhension naît de l'amour

Mais si l'amour semble exiger la compréhension, celle-ci ne peut-elle naître grâce à l'amour ? Si l'on dit aimer l'autre et qu'on ne parvient jamais à le comprendre, il peut s'agir d'autre chose que d'amour. Mais dans le cas de Las Casas, par exemple, nous pourrions imaginer que c'est grâce à son amour spontané pour le peuple qu'il rencontre qu'il est ensuite parvenu à les comprendre, à apprendre leur langue et à les défendre lors de la controverse de Valladolid. Il ne s'agit pas d'une simple compassion – pâtir avec un autre, partager ses souffrances, mais d'amour, au sens d'un don. Même Dieu nous paraît plus compréhensible dès lors que nous l'aimons. Nous ne lui faisons pas l'offense de l'humaniser, mais nous pouvons, parce que nous l'aimons, avoir l'impression de le comprendre. Autrement dit, il semble en fin de compte que le monde n'est muet que pour les êtres qui n'aiment pas. Pour donner la parole aux animaux, au monde, aux individus qui ne me ressemblent pas, je dois d'abord les aimer, c'est-à-dire faire don de mon amour, sans projeter sur eux ce que je souhaite y trouver, pour espérer les comprendre : à condition de ne pas me satisfaire d'un amour narcissique qui serait un étalement de moi sur l'autre, sur tout ce qui en lui m'est étranger, je peux, au terme de l'amour, trouver la compréhension.

# La vie biologique doit-elle primer sur toute autre vie ?

## 1. La sélection naturelle : le choix de la vie biologique

Les espèces s'adaptent, ou bien disparaissent. La sélection naturelle conserve les êtres dont la vie biologique est la plus résistante. Nous pourrions en tirer deux conclusions opposées : ou bien la vie biologique n'est que la conséquence de toutes les autres dimensions de la vie, et il ne faudrait pas chercher à la préserver puisque la préservation de la vie biologique est une conséquence de l'adaptation des espèces, et non l'inverse. Ce serait considérer que la nature choisit ceux qui doivent survivre, et ceux qui doivent mourir. Ou bien la vie biologique, en tant qu'elle n'est que conséquence de la sélection, doit être protégée si nous voulons intervenir sur la sélection naturelle. La société semble avoir presque toujours privilégié la seconde interprétation : nous ne sommes pas des animaux, et nous le prouvons notamment en n'admettant pas que les plus faibles périssent.

## 2. Le « *bios* » (βίος) comme prétexte à l'asservissement de l'élan vital

Mais cette noble intention contient son effet pervers : si c'est par humanité que nous décidons de protéger la vie biologique, par exemple en soignant les maladies, la préservation de la vie biologique peut conduire à l'étouffement de l'élan vital, par peur de menacer la vie biologique. Nietzsche, dans la *Seconde considération intempestive*, récuse le choix de l'utile, qui peut être celui de l'homme de science, du savant – et en particulier de l'historien – contre la vie dans son sens de force vitale. La préservation de la vie devient, sous l'œil de la science, une analyse de la vie qui fige celle-ci ou, en d'autres termes, qui la mortifie. Le primat de la vie biologique peut constituer la dévitalisation de la vie pour n'en garder que ses symptômes : pouls, tension, température.

## 3. Le choix de la valeur accordée à la vie est un choix politique, donc contestable

La valeur supérieure que l'on donne à la vie biologique sur les autres formes de vie n'est pas le seul modèle de société possible car l'excès de préservation semble nous transformer en objets de science, ou en œuvres de musée. Aussi, sauver la vie biologique plus que toute autre vie est un choix non pas mécanique, mais politique. Renoncer à la vie sociale, psychologique, affective, est un sacrifice qui doit être décidé collectivement. Préfère-t-on ne vivre qu'à demi, ou qu'à un quart, pour mourir plus tard que prévu ? Ou encore : accepte-t-on de tous renoncer à nos vies pour sauver la vie biologique de certains d'entre nous ? Ce dilemme a été soulevé par certains citoyens lors de la pandémie de covid-19, relativement au confinement. Différentes stratégies de santé publique ont été appliquées et celles-ci témoignent peut-être de l'importance relative accordée par différentes sociétés à la vie biologique. Le coût politique de la perte de la vie biologique de certains membres de la société, s'il peut être imputé à l'État, était perçu par beaucoup comme plus grand que celui de la frustration collective à perdre la possibilité de jouir de sa force vitale dans d'autres dimensions de l'existence (affective, sociale, culturelle).

# Doit-on sauver la nature ?

La question « doit-on sauver la nature ? » ressemble à une provocation : comment ne pourrait-on pas répondre « oui » à une telle demande ? *A priori*, il semble évident que l'on doive préserver la nature, et, lorsqu'elle est en danger, la sauver. En effet, même à ne raisonner qu'égoïstement, la nature semble devoir être sauvée car nous ne survivrions pas à sa disparition. Pourtant, la formulation n'est peut-être pas anodine et, surtout, il est possible qu'en se donnant la mission de sauver la nature nous précipitions sa destruction.

## 1. Oui, nous menaçons la nature, alors nous devons la sauver

En premier lieu, il semble que nous devions sauver la nature puisque c'est nous qui la mettons en danger. Le projet de maîtriser et d'arraisonner la nature, qui semble incontesté dans le monde occidental depuis le siècle des Lumières, conduit à un épuisement des ressources naturelles, notamment des énergies fossiles. Le rapport occidental à la nature n'est pas durable, et les modèles de prédiction semblent unanimes sur l'urgence à changer de modèle de développement pour que la nature survive. Dans *La Fin du monde par la science*, Eugène Huzar déploie une vision catastrophiste du progrès technique et nous met en garde quant au danger que celui-ci fait courir à la nature : quand l'homme « aura brisé le rocher de la nature, celui-ci s'entrouvrira pour l'écraser sous les ruines, et la fin du monde sera accomplie ». C'est l'homme qui menace la nature, et il a la responsabilité de réparer ses erreurs – s'il en est encore temps. En effet, la croyance que nous trouverons toujours un « remède » est, selon Huzar, illusoire : un « incendie peut s'allumer dans le monde », qui serait tel que rien ne pourrait l'éteindre. Nous sommes donc responsables de la destruction de la nature ; nous reproduisons le péché originel, et c'est nous qui avons la responsabilité de sauver ce qui peut l'être.

**Transition :** Mais si la nature est un objet dont nous pouvons nous extraire, pourquoi aurions-nous l'obligation de la sauver ?

## 2. Non car en réalité, c'est nous que nous sauvons

Lorsque nous nous demandons si nous devons, ou non, sauver la nature, nous oublions qu'en réalité c'est nous que nous sauvons. La nature existait avant l'homme, elle existait même avant l'apparition de la vie il y a 3,5 à 3,8 milliards d'années. Nous ne pouvons pas considérer séparément « l'avenir de l'humanité » et « l'avenir de la nature », soutient Hans Jonas dans *Le Principe responsabilité*. Nous présentons l'obligation de sauver la nature comme un fardeau extérieur, mais elle revient à l'obligation de nous sauver nous-mêmes. En effet, « l'intérêt de l'homme coïncide avec celui du reste de la vie qui est sa patrie terrestre » : le milieu dans lequel vit l'être humain ne peut pas être détaché de ce dernier. L'obligation n'est donc pas de sauver la nature, mais de nous sauver en sauvant la nature.

**Transition :** Considérer que nous devons sauver la nature consiste à nous leurrer sur l'interdépendance de ce que nous prenons pour deux destins, quand il n'y en a qu'un.

## 3. Nous devons la sauver, mais pas à la manière d'un réactionnaire fétichiste et passéiste

Pour sauver la nature, la solution est peut-être de cesser de la considérer comme un environnement, ou un objet, et de repenser notre relation aux êtres vivants. Dans l'article « L'illisibilité du paysage », *Nouvelle revue d'esthétique*, n° 22, en 2018, Estelle Zhong Mengual et Baptiste Morizot se demandent dans quelle mesure la crise écologique est une crise de la sensibilité, notamment à l'égard du vivant. Nos perceptions du vivant se seraient appauvries, en partie à cause d'un rapport esthétique restreint au paysage, « réduisant l'environnement naturel à un ensemble de vues ». Le projet de sauver la nature ne peut être fructueux si ce que nous cherchons à sauver de la nature est sa beauté figée, consommable par le touriste pressé. Si nous voulons la sauver, il faut le faire pour elle-même et pas en imposant une hiérarchie des préoccupations fondée sur notre appétit esthétique de découper le monde en belles photographies, et notre appétit énergétique qui n'accorde d'importance qu'à ce qui peut être consommé avec une rentabilité maximale.

# Le bonheur n'est-il qu'une illusion ?

On oppose généralement le bonheur et le plaisir : le second serait éphémère et appelé à être sans cesse renouvelé tandis que le premier serait un état permanent de bien-être. Cette définition pose plusieurs problèmes, notamment celui de l'absence d'intensité dans cet état permanent de bien-être : n'est-ce pas une conception du bonheur éloignée de l'usage courant que l'on fait du terme « heureux » ? Ne disons-nous pas que nous sommes « heureux » quand nous sommes exaltés par un sentiment fort ? Ou bien le bonheur peut être défini comme la répétition de la jouissance, et en ce sens le bonheur peut ne pas être illusoire, mais alors comment le distinguons-nous du plaisir ? Ou bien le bonheur est un idéal, distinct de la répétition des plaisirs, et il est illusoire, mais sommes-nous alors condamnés à souffrir ?

## 1. Non, si nous considérons que plaisir et bonheur sont équivalents

Nous pouvons ressentir de la satisfaction, du plaisir, notamment lorsque nous réalisons un désir. Pourrions-nous considérer que le bonheur consisterait à répéter sans cesse la réalisation de nos désirs pour parvenir à une satisfaction presque permanente, entrecoupée de brefs moments de manque ? Le problème que pose la satisfaction des désirs, c'est qu'elle appelle toujours une nouvelle satisfaction. Le plaisir nous rend dépendants de la satisfaction perpétuelle des désirs. Dans le *Gorgias* de Platon, Socrate compare l'état de l'homme désirant à celui d'un homme qui posséderait une infinité de tonneaux percés, comme les tonneaux des Danaïdes : l'homme qui est tourné vers les plaisirs doit en permanence remplir ses tonneaux, alors que l'homme dont les tonneaux ne sont pas percés ne dépend pas des plaisirs. Si, en apparence, celui qui réalise ses désirs s'approche du bonheur par les instants de plaisir auxquels il accède, en réalité sa vie est une vie de peine car il est contraint à s'épuiser à remplir sans cesse ses tonneaux. Cet épuisement est incompatible avec la permanence que l'on associe traditionnellement au bonheur. L'homme aux tonneaux percés s'agite sans cesse : son bonheur n'est qu'illusoire.

**Transition :** Mais sommes-nous capables de ne pas percer nos tonneaux, ou sommes-nous condamnés à souffrir ? Le bonheur n'est-il pas une illusion en laquelle nous voulons croire pour ne pas renoncer à la satisfaction des désirs qui, bien qu'elle ne permette pas d'atteindre le bonheur, nous distrait momentanément de notre souffrance ?

## 2. Le bonheur est nécessairement illusoire, car le concept de bonheur est un absolu

La réalisation des désirs est un bonheur illusoire : à la satisfaction, courte, succède l'ennui quand le désir nous quitte, puis la souffrance lorsque nous désirons de nouveau. C'est la thèse de Schopenhauer dans *Le Monde comme volonté et comme représentation.* Mais si le bonheur est illusoire, c'est peut-être en raison même de la définition habituelle qu'on lui attribue : un bonheur est absolu, ou il n'est pas. Si l'on nous demande la différence qui existe entre bonheur et plaisir, nous sommes le plus souvent capables de la faire, à la différence de Calliclès, l'interlocuteur de Socrate dans le *Gorgias*, qui considère qu'une vie heureuse est une vie de jouissances répétées. Si la succession des plaisirs peut nous donner l'illusion que nous sommes heureux, nous sommes pourtant capables de dire qu'il s'agit là de plaisirs, et non d'un bonheur absolu. Or, si ce dernier est inaccessible, c'est peut-être précisément parce que nous lui donnons cette épithète : « absolu ». Dans les *Fondements de la métaphysiques des mœurs*, Kant fait l'hypothèse que nous ne pouvons savoir ce qu'est le bonheur, car c'est par des éléments « empiriques, c'est-à-dire qui doivent nécessairement être empruntés à l'expérience » que nous constatons ce qui nous rend, ou non, heureux. Nous considérons que le bonheur doit être « absolu », mais il ne peut jamais l'être, car l'expérience que nous avons correspond à des moments de joie qui s'ajoutent, et que l'addition d'éléments singuliers ne peut prétendre former un absolu. Le bonheur est un « idéal » de « l'imagination » et il est vain de tenter de le définir, comme s'il existait un concept rationnel (susceptible d'être produit par la raison) de bonheur. Le bonheur est une illusion car il est impossible de le définir, et donc impossible de « déterminer une action » qui permettrait de l'atteindre.

**Transition :** Peut-être ces deux voies étaient-elles des impasses puisque nous ne pouvons espérer atteindre le bonheur ni en multipliant les plaisirs, ni en répétant les expériences supposées composer cette totalité. Il faudrait parvenir à ne plus concevoir le bonheur comme conditionné par l'expérience pour qu'il ne soit pas qu'une illusion.

## 3. Il est possible de se défaire de l'illusion, et d'être heureux, à condition que le bonheur ne soit pas conditionné

Soumettre le bonheur à des conditions de réalisation semble nous condamner à des déceptions, ou à tout le moins à l'impossibilité de parvenir à la réalisation de cet absolu. Il semblerait que, pour que le bonheur ne soit pas qu'une illusion, pour qu'il soit possible, il faudrait qu'il soit inconditionné. Plutôt que de se demander à quelles conditions nous serions heureux, nous pourrions n'accorder de l'importance qu'à ce qui dépend de nous, et faire dépendre le bonheur de nous-mêmes. Dans son *Manuel*, Épictète distingue ce qui dépend de nous (« nos opinions, nos mouvements, nos désirs, nos inclinations, nos aversions », c'est-à-dire nos « actions ») et ce qui n'en dépend pas (« le corps, les biens, la réputation, les dignités »). Si nous faisons dépendre le bonheur de ce qui ne dépend pas de nous, nous ne pourrons jamais l'atteindre, car même à supposer que rien ne nous contrarie en un instant donné, cela pourrait changer ; or, pour que le bonheur soit absolu, il faut qu'il soit durable. Ainsi, le moyen pour que le bonheur soit autre chose qu'une illusion serait de le réaliser immédiatement, en décidant de ne plus accorder d'importance à ce qui ne dépend pas de nous. À cette condition, notre bonheur n'est plus conditionné, et nous pouvons atteindre la tranquillité de l'âme.

# Sommes-nous dans l'espace comme nous sommes dans le temps ?

## 1. Oui, nous sommes dans l'espace comme nous sommes dans le temps car nous spatialisons le temps par le langage

Les mots que nous employons pour décrire le temps correspondent à une spatialisation de ce dernier : en effet, nous disons que le temps s'écoule, comme s'il était un fluide en mouvement qui parcourrait continuellement de l'espace. Nous pouvons même dire qu'il semble passer vite, ou lentement, oubliant que le référentiel, pour une vitesse, est le temps lui-même. Le « vite » et le « lentement » sont des vitesses rapportées à un référentiel qui est lui aussi une vitesse. Pourtant, cette spatialisation du temps semble inadéquate : dans la *Phénoménologie de la perception*, Merleau-Ponty déclare que « le temps n'est pas un ruisseau ». Ce n'est que par abus de langage qu'il « passe » ou qu'il « s'écoule ». Le temps « n'est » nulle part, et nous-mêmes ne pouvons nous y trouver : « si l'avenir et le passé sont, je veux savoir où ils sont », écrit Saint Augustin dans le livre XI des *Confessions*.

## 2. Nos modes d'être dans le temps et l'espace ne sont pas comparables

Non seulement l'assimilation du temps à de l'espace est un abus de langage, mais notre façon d'être dans l'un et dans l'autre est également incomparable parce que nous savons que le temps passé est un temps perdu à jamais. La conscience de l'irréversibilité du temps passé fait de ce dernier une dimension irréductible à l'espace. Si je crains de perdre mon temps, je ne crains pas de perdre l'espace, si ce n'est, précisément, en raison du passage du temps qui modifie ce qui m'entoure. Ce que nous perdons est perdu à jamais, comme l'écrit Proust dans *Le Temps retrouvé* : « C'était qu'il était encore à l'âge des croyances, mais je l'avais dépassé, et j'avais perdu ce privilège. » Si je peux faire demi-tour pour récupérer des clefs oubliées dans un espace que j'ai quitté, je ne peux en revanche retourner en enfance pour y faire de nouveau l'expérience de croyances que j'ai abandonnées.

## 3. Le point est une impossibilité temporelle qui empêche la réduction du temps à de l'espace

Si nous ne « sommes » pas dans l'espace comme nous « sommes » dans le temps, c'est peut-être parce que nous ne « sommes » jamais dans le temps. Notre conscience a besoin de temps, et le temps qu'elle passe à se rapporter au temps qui passe l'empêche de saisir ce dernier. Nous devenons, sans jamais être. Il ne peut y avoir d'arrêts dans le mouvement, ou dans le temps : l'instant est impossible à concevoir. Dire « maintenant », c'est déjà dire « il y a un instant » ; et dire « il y un instant de cela, c'était maintenant », c'est déjà dire « il y a deux instants de cela, c'était maintenant ». À ce titre, Bergson soutient, dans *La Pensée et le Mouvant*, que les « arrêts » sont « impossibles » dans le temps. Si je décompose un mouvement en différentes positions, je détruis le mouvement. Aussi, il propose de concevoir le mouvement comme un collier de perles : il est à la fois de la durée (le fil du collier) et des instants (les perles).

# Peut-on imaginer ce qui n'existe pas encore ?

## 1. Oui, car imaginer, c'est par définition créer du nouveau

Imaginer, c'est semble-t-il se détacher du réel, former en soi-même des images de possibles ou de rêves, même irréalisables. Nous imaginons donc quelque chose qui n'existe pas encore, et qui pourrait ne jamais exister. Dans *Émile ou De l'éducation*, Rousseau décrit l'imagination comme la faculté qui « étend pour nous la mesure des possibles » : elle nous permet d'aller au-delà non seulement du réel, mais aussi de ce qui paraissait possible, avant de laisser libre cours à l'imagination qui ouvre des possibles. Ce que nous imaginons se distingue de ce qui se tient devant nous : si je ne pouvais imaginer que ce qui existe, l'imagination serait-elle encore une rêverie libre ? En quoi se distinguerait-elle de l'observation ou de l'analyse du réel ?

## 2. Non, car imaginer, c'est produire des images, et nous ne pouvons produire d'images qu'en recomposant des images existantes

La capacité de créer du nouveau semble faire partie de la définition de l'imagination : mais quand bien même nous pourrions imaginer des choses que nous n'observons pas, cela signifie-t-il que nous puissions imaginer « ce qui n'existe pas encore », dans un sens littéral ? Lorsque nous imaginons, nous produisons des images, et peut-être celles-ci ne sont-elles toujours que des recompositions de choses qui existent, au moins en idée. Nous pouvons imaginer ce que nous n'avons jamais observé, mais nous ne pouvons pas imaginer l'inimaginable, c'est-à-dire ce dont nous ne pouvons former aucune image. Un rêve, par exemple, est une recomposition d'instants vécus et de symboles : toutes ces images, qui peuvent sembler farfelues et tout à fait détachées du réel, puisent toutefois leurs formes dans ce dernier.

## 3. Peut-être peut-on concevoir ce qui n'existe pas encore, à défaut de l'imaginer

Si l'imagination nous apparaissait dans un premier temps comme l'activité libre de la rêverie, que le réel ne limite pas, sa forme – l'image – semble toutefois la restreindre au déjà-connu. Nous pourrions peut-être concevoir ce qui n'existe pas encore, mais pas l'imaginer. Dans les *Méditations métaphysiques*, Descartes explique que l'on peut concevoir un chiliogone – une figure à mille côtés – mais qu'on ne peut pas « imaginer les mille côtés », « les regarder comme présents avec les yeux de [son] esprit ». Le défaut de l'imagination, c'est qu'elle repose sur la formation d'images. À partir de cette distinction, nous pourrions repenser la possibilité de produire, en nous-mêmes, ce qui n'existe pas encore : ce serait concevoir un possible sans l'imaginer. La prospective, par exemple, qui se donne pour objectif de prévoir les futurs possibles, pourrait, pour être capable de se projeter dans ce qui n'existe pas encore, tenter de se défaire de la tentation de mettre l'idée, ou le concept, en images.

# Doit-on juger l'action en fonction de l'intention de son auteur ?

## 1. N'est morale que l'intention

Si une action peut être dite bonne ou mauvaise sans connaître l'intention de son auteur, peut-elle pour autant être dite morale ? Lorsqu'on juge l'action d'un individu, il semble que nous ayons besoin de connaître son intention pour former ce jugement. En effet, si je réalise une bonne action apparente dans le but de nuire à un individu par exemple, ou si je donne ma fortune à une œuvre de charité avec pour seul souci de ne pas transmettre d'héritage à mes enfants avec lesquels je suis en conflit, s'agit-il véritablement d'une action morale ? Selon Kant, dans les *Fondements de la métaphysique des mœurs*, une action ne peut être dite morale qu'à condition d'être désintéressée. Cela signifie que c'est seulement par devoir que l'action doit être réalisée – et non, par exemple, pour être fier de moi-même. Mais pour savoir si une action est désintéressée, j'ai besoin de connaître l'intention de son auteur – c'est donc à partir de celle-ci que l'action doit être jugée.

## 2. Lâche ou héros se départagent par l'action, non par l'intention

Mais si c'est à l'aune de l'intention que l'on juge une action, cela ne signifie pas que l'on puisse, en l'absence d'action, récompenser la seule bonne intention. Dans *L'existentialisme est un humanisme*, Sartre soutient que le lâche et le héros se distinguent par leurs actions, et non par leurs intentions. On ne peut pas se réfugier dans l'intention pour excuser son inaction et dire par exemple que nous avions l'intention d'être un héros mais que le contexte nous a empêché de transformer cette intention en action. Sauver l'inaction par la belle intention est de la mauvaise foi.

## 3. C'est à la justice de prendre en compte action et intention

L'intention n'est donc pas suffisante pour juger d'un acte, du moins d'un point de vue juridique. C'est l'action **et** l'intention que le juge prend en compte, notamment en assignant des peines plus lourdes s'il y a des circonstances aggravantes – comme l'est par exemple l'intention de nuire, ou de tuer – ou des peines plus légères s'il y a des circonstances atténuantes – par exemple la volonté de protéger quelqu'un. Notre système judiciaire reconnaît que l'intention de l'auteur de l'action doit être prise en compte pour juger celle-ci. Pourtant, elle n'est qu'un élément d'appréciation du dossier, et non le seul fondement du jugement. C'est ce qui différencie la justice de la morale : sa fonction est de rendre justice, de faire appliquer la loi, et éventuellement de réparer les torts, mais pas d'évaluer la pureté morale du prévenu. La morale ne sauve pas de la peine encourue – qui, elle, est définie en droit.

# L'art peut-il se passer de règles ?

## 1. Les règles de l'art permettent de le définir : l'art ne peut s'en passer

Chaque art se définit par des règles, même minimales, de sorte qu'il puisse se distinguer des autres arts. Ces règles portent par exemple sur le matériau que l'artiste utilise : de la peinture, un appareil photo, de l'argile. À chaque matériau son type de production privilégié : le peintre imite la nature, l'architecte construit des habitations et des lieux fonctionnels, le romancier raconte des histoires avec des mots. Les règles permettent une plus grande lisibilité des productions en permettant de les classer par catégorie. Elles facilitent aussi la réception des œuvres car l'intitulé – « peinture » – permet au spectateur de se représenter quels types d'œuvres se trouvent dans telle ou telle exposition. Les règles sont également utiles pour que les critiques puissent juger les œuvres, et pour que des prix soient attribués en fonction de critères propres à chaque art.

**Transition** : Mais si l'artiste se contente de suivre des règles, on lui reprochera bientôt de n'être qu'un artisan, c'est-à-dire un technicien qui applique sans créer. Il semble que l'on attende d'un artiste qu'il crée du nouveau, qu'il déroge à la règle, pour lui accorder ce titre et le distinguer de l'artisan.

## 2. L'art peut temporairement se passer de règles, lorsqu'il change de règles

Si l'art a besoin de règles, il semble que l'artiste doive s'en passer. Tout artiste s'affranchit des règles dans sa pratique, même sans chercher à les enfreindre, en tant qu'il ne produit pas des œuvres identiques, mais qu'il interprète, chaque fois, le sujet qu'il choisit. Cette interprétation est libre, même dans le cadre d'un art encadré par des règles. Parfois, un artiste peut toutefois contrarier les règles, au point de les rendre obsolètes : c'est le cas du génie, que Kant décrit au paragraphe 46 de la *Critique de la faculté de juger*. Par la figure du génie, l'art se passe momentanément de règles, mais pour en trouver d'autres, grâce à la production de ce génie.

**Transition** : Toutefois, même dans le cas du génie, l'art ne se passe pas vraiment de règles puisqu'il s'agit de remplacer des règles par d'autres règles, et non pas de s'affranchir de manière permanente d'une pratique codifiée de l'art.

## 3. L'art comme expérience : le modèle de performativité de la pratique contre le modèle de normativité

Quand la valeur d'une œuvre n'est pas encadrée par des normes, l'art peut ne plus reposer sur des règles. Dans *L'art comme expérience*, John Dewey décrit une forme d'art où le spectateur est impliqué dans le processus de création, où il participe à la production artistique. Cet art a pour fondement la performance, et en particulier la possibilité que celle-ci naisse du dialogue entre artiste et spectateur. L'artiste perd sa position d'extériorité ou de surplomb, au point d'être presque indistinct du spectateur dans la mesure où tous deux sont producteurs de l'œuvre. L'œuvre d'art, selon Dewey, est une relation : on ne peut pas la réduire à sa seule phase de production et considérer le regard du spectateur comme une réception de quelque chose qui est déjà là, et qui est arrêté. Le spectateur participe à la relation, et sa participation n'est pas encadrée par les règles que peut suivre l'artiste, par exemple dans des pièces de théâtre où le public participe à la pièce par ses interactions avec les comédiens. Dewey propose une analyse de l'art dans sa forme démocratique et nous permet d'envisager un art qui se passerait de règles parce que le spectateur ne serait pas seulement le récepteur d'une œuvre dont le sens n'appartiendrait qu'à l'artiste. Ce qui fait la valeur d'une œuvre, dans l'art comme expérience, ce n'est pas l'obéissance à la règle.

# L'homme, un animal poétique ?

Cette expression détourne la formule d'Aristote (« l'homme est un animal politique ») mais pour l'analyser, il ne faut pas s'arrêter à la pirouette de langage.

## 1. L'homme peut dire le vain : le langage est la possibilité de la poésie

Nous pourrions soutenir que l'homme est un animal poétique, au sens d'un animal capable de poésie, par la distinction entre la « voix » que possèdent les animaux et la « parole » que possède l'homme. Nous avons la possibilité d'exprimer ce qui ne nous est pas immédiatement nécessaire, or, selon Aristote dans la *Politique*, « la nature [...] ne fait rien en vain ; et l'homme, seul de tous les animaux, possède la parole ». Si nous avons la possibilité de dire autre chose qu'un danger immédiat, c'est que nous devons faire usage de cette parole : la poésie, faculté de dire le vain, si elle est en puissance chez l'homme, doit être actualisée par ce dernier, qui doit se faire poète.

## 2. La poésie est plus puissante que la politique pour unir les hommes

Non seulement la parole nous donne la possibilité de dire le vain, et en cela il paraît que l'homme soit, en puissance, un poète, mais il semble que la poésie soit le moyen de réaliser la citation originale (« l'homme est un animal politique »). La poésie pourrait être la condition de réalisation de la politique. En effet, la poésie, traditionnellement, est un art oral, qui rapporte les mythes et qui construit un imaginaire collectif. L'homme politique doit, pour convaincre et rassembler, être un bon orateur : ainsi, la poésie se fait l'outil du politique. *L'Odyssée* est chantée par un aède, Homère : que ce dernier soit un personnage fictif ou historique, il représente la fonction du conteur, qui introduit chaque épisode par un court poème. Le chant de l'aède semble unir les hommes : et n'est-ce pas le but de la politique que de créer une communauté d'individus qui vivent ensemble, c'est-à-dire une société ?

## 3. L'homme poétique, une espèce en voie de disparition

Le langage consiste à associer un mot à une chose. C'est un outil de communication qui permet de créer des catégories à l'intérieur du réel. Cet outil est toutefois imparfait : il existe des quiproquos, notamment en raison de l'ambiguïté de certains mots. Peut-être que le langage idéal, celui qui remplit pleinement sa fonction communicative, est un langage sans polysémie, et donc sans risque d'ambiguïté. Mais si pour chaque chose il y a un mot, l'ensemble de ces mots ne constitue pas un langage puisqu'il y a autant de mots que de choses et qu'aucune généralité n'est donc possible. Cette disparition de la polysémie condamne la possibilité poétique : la poésie n'existe qu'à condition que l'interprétation soit libre. L'homme poétique tend à disparaître à mesure que le langage chasse l'ambiguïté, mais il existe des projets poétiques qui forcent cette dernière, comme celui de l'Oulipo. Les membres de cette organisation littéraire s'imposent volontairement des contraintes formelles – ne pas utiliser la lettre e comme Georges Perec dans le roman *La Disparition*, placer un certain nombre de mots dans un texte, s'imposer des figures de style – qui permettent de forcer la non-transparence du mot. Les contraintes stylistiques obligent, en retour, la réception poétique du texte par le lecteur ou l'auditeur, et empêchent la soumission du discours à l'impératif utilitaire qui, habituellement, chasse toute poésie.

# Que gagne-t-on à travailler ?

« Tout travail mérite salaire. » Cette revendication courante semble considérer que ce que nous obtenons de plus important en travaillant est la compensation financière reçue en échange de ce travail. Autrement dit, le travail serait un sacrifice nécessaire en vue de l'acquisition d'autres biens, et non le moyen d'un gain. Si le travail est sanctionné par le seul salaire, et par aucun autre gain, alors il semblerait que nous ne gagnions rien à travailler – si ce n'est cette somme d'argent. Pourtant, le verbe « travailler », s'il renvoie à la définition « exercer une activité rémunérée », ne signifie pas que la rémunération soit la seule chose que nous puissions attendre du travail. Le travail est une activité rémunérée, mais il ne se réduit peut-être pas à cette dernière. Que gagne-t-on à travailler ?

## 1. Le travail nous assure une domination sur la nature

Par le travail, nous nous assurons en premier lieu une domination sur la nature. Ainsi que l'écrit Descartes dans le *Discours de la méthode*, les connaissances pratiques nous permettent de « nous rendre comme maîtres et possesseurs de la nature ». Notre maîtrise est le fait d'une technique – c'est-à-dire la connaissance pratique –, mais celle-ci est appliquée à la nature par notre travail : l'objet technique est le produit de notre connaissance, pourtant c'est son utilisation qui permet la domination effective de la nature, et cette utilisation est le fait du travailleur. Travailler une terre pour qu'elle produise les fruits que nous désirons, c'est devenir maître de cette terre : nous ne sommes plus dépendants du hasard, nous décidons de la composition de notre parcelle et nous maîtrisons également la temporalité de cette culture. Nous pouvons par exemple prévoir en quelle saison poussera tel fruit ou tel légume. Le travail est donc en premier lieu un instrument de pouvoir plutôt que le moyen d'une aliénation.

**Transition** : Toutefois, nous ne pouvons ignorer les changements qu'implique l'apparition de la monnaie, qui permet de classer tous les biens et services selon une échelle de valeur – voire de déterminer combien vaut une heure du temps d'un homme, et une heure du temps d'un autre homme. La propriété est un autre élément à prendre en considération : notre réflexion précédente supposait que l'on cultivât notre propre parcelle, mais qu'en est-il pour celui qui ne dispose d'aucune propriété ? De quelle nature est son travail ?

## 2. Nous ne gagnons rien à travailler : le travail est une aliénation

La couverture de nos besoins par notre propre travail est probablement une vision bucolique du travail qui ne correspond pas à l'expérience que nous en avons. Le travail dans une société capitaliste n'a pas le sens large que nous lui avons donné précédemment, si ce n'est métaphoriquement. Le travail s'entend comme une activité rémunérée exercée pour un patron, un patient, un client, ou l'État. Si cette activité est rémunérée, nous pouvons toutefois nous demander si nous n'y gagnons pas autre chose que le salaire. Selon Marx, dans les *Manuscrits de 1844*, nous ne gagnons rien à travailler : l'ouvrier est obligé de « vendre » sa force de travail au capitaliste, car c'est le capitaliste qui possède les moyens de production. Le profit de ce travail est capté par le capitaliste, et l'ouvrier n'obtient pas une partie du profit mais un « salaire », qui a pour but d'assurer sa subsistance. Dans le rapport de force, c'est le capitaliste qui domine et les ouvriers sont en compétition pour l'emploi : le salaire est donc la rétribution minimale pour la « subsistance de l'ouvrier pendant le travail ». En somme, nous ne gagnons rien à travailler : le travail vu comme épanouissement n'est qu'une ruse des propriétaires des moyens de production pour nous inciter à faire fructifier leur capital. Le salaire ne peut même pas être considéré comme un gain puisqu'il n'a pour but que d'entretenir le corps de l'ouvrier, qui est une force nécessaire au capitaliste. Le travail se perpétue lui-même par le salaire, et nous n'y gagnons rien.

**Transition :** Le travail décrit comme aliénation est une interprétation possible de la société capitaliste et du salariat. Suivant cette interprétation, il n'y a pas de gain possible pour l'ouvrier, par son travail. Nous avons parfois tendance à opposer le travail de l'ouvrier à celui de l'artisan : le premier serait aliénant tandis que le second serait épanouissant : c'est donc qu'il existe un travail, même soumis à un impératif commercial – dans le cas de l'artisan – dans lequel nous pourrions trouver autre chose qu'un salaire minimal n'assurant que la survie du corps et l'existence bestiale. Il nous reste à déterminer dans quelle mesure nous pouvons trouver dans le travail un gain autre que celui du salaire, dont nous avons mis en lumière le caractère aliénant pour l'ouvrier.

## 3. Le travail est une réalisation de soi à condition que son produit soit une œuvre

Peut-être l'aliénation ne vient-elle pas de tout travail, mais de la solution qui aurait dû permettre de s'en libérer. Par la mécanisation des tâches, une partie des métiers manuels a disparu : parmi ces métiers, certains demandaient beaucoup d'effort physique, et nous pourrions considérer leur disparition comme une libération. Pourtant, dans la *Condition de l'homme moderne*, Hannah Arendt soutient une théorie surprenante : ce n'est pas travailler qui serait aliénant, mais ne plus travailler, ou être « une société de travailleurs sans travail ». Comment pouvons-nous concevoir des « travailleurs sans travail » ? Si ce sont des travailleurs, n'est-ce pas précisément parce qu'ils ont du travail ? Selon Arendt, ce n'est pas le cas : si nous ne sommes chargés que d'une petite partie d'un processus de production et que nous n'avons pas connaissance ou conscience du processus dans son ensemble, notre travail n'a pas de sens pour nous, et dans ce cas nous n'avons pas véritablement un « travail ». Au mieux, nous avons une tâche ; nous sommes bien des travailleurs en ce que nous recevons un salaire, mais nous ne pouvons pas reconnaître un objet comme notre « œuvre », nous ne produisons rien par notre effort en raison de la parcellisation des tâches. Le résultat est que nous sommes supposément libérés du travail, mais que ce serait en réalité par le retour d'un travail véritable que nous ne serions plus aliénés. Ce travail est épanouissant à condition d'être producteur d'une œuvre. Le gain est alors double : nous gagnons l'œuvre (car même si nous la vendons, nous lui avons toutefois donné naissance), et nous gagnons la réalisation de soi que procure la production d'une unité de sens telle que l'œuvre. Dans *Éloge du carburateur*, Matthew Crawford défend la nécessité de la compréhension technique par le travailleur de l'objet qu'il manipule : sans celle-ci, son travail est nécessairement aliénant. Il plaide pour une valorisation du travail manuel, qui serait la condition de l'épanouissement de l'individu.

# L'ignorance mène-t-elle au complotisme ?

## 1. Oui, l'ignorant est piégé par les illusions

À première vue, il semble que le complotiste soit celui qui est piégé par une illusion et qui ne parvient pas à s'en défaire. Le complotiste serait comparable au prisonnier de la caverne, dans le livre VII de *La République* de Platon, qui interprète les ombres comme des êtres doués de volonté. Il s'agit là d'un **biais d'intentionnalité** (*cf.* Annexes) : on prête spontanément une intention lorsque l'on observe un mouvement. À partir de la seule observation des ombres, les prisonniers imaginent un monde, associent les voix aux ombres, et s'amusent à prédire.

## 2. Non, c'est le demi-habile qui est susceptible de devenir complotiste

Peut-être l'ignorant n'est-il pas le plus susceptible d'adhérer aux théories du complot : le complotisme, c'est la certitude de ceux qui croient savoir mieux que les autres et qui prétendent avoir compris les causes obscures qui expliqueraient tous les événements du monde. La prétention systémique de la causalité qu'ils décrivent intègre tous les événements comme confirmations de ce système. Cette prétention est l'apanage des « demi-habiles », que Pascal décrit comme ceux qui sont « sortis de l'ignorance naturelle », qui « ont quelque teinture de [la] science suffisante, et font les entendus ». Parce qu'ils ont reçu un début d'instruction, ils se sentent libérés de l'ignorance, mais s'ils s'étaient instruits davantage ils seraient plus modestes quant à leur capacité à expliquer le monde par eux-mêmes, et par un seul système qui le plus souvent est simpliste. C'est donc davantage le demi-habile que l'ignorant qui est le plus susceptible de devenir complotiste.

## 3. Le sens critique bien formé comme rempart au complotisme

Si ce n'est pas l'ignorance mais le semblant de savoir qui prédispose au complotisme, alors l'école peut ne pas être suffisante pour l'endiguer. En tant que l'école invite au développement de l'esprit critique, elle peut même parfois favoriser une future pensée complotiste. Dans *La Pensée extrême*, Gérald Bronner étudie la corrélation entre niveau d'études et idées extrêmes ou complotistes. Il observe qu'un niveau d'instruction primaire prédispose moins qu'un niveau d'enseignement secondaire à croire aux théories extrémistes (y compris au complotisme). Un niveau d'enseignement primaire suscite une plus grande confiance dans les figures d'autorité scientifiques. Autrement dit, la fréquentation de l'école pourrait donner assez de confiance dans son propre esprit critique pour se croire capable de tout comprendre mais, si elle n'est pas poursuivie, elle ne conduirait pas à l'humilité face à tout ce que l'on ne connaît pas.

# Avons-nous besoin de métaphysique ?

## 1. Le retour réflexif est naturel et nécessaire

En apparence, la métaphysique, si elle est la recherche de ce qui est au-delà de la nature (littéralement : au-delà de la physique), ne semble pas un besoin. Le besoin est, dans son premier sens, un besoin physiologique, c'est-à-dire un besoin essentiel à la survie du corps, comme boire ou manger. Or, personne ne meurt de ne pas avoir étudié la métaphysique. Pourtant, en tant que nous sommes des êtres finis et que nous ne parvenons ni à épuiser notre nature ni à épuiser la nature, nous connaissons toujours le besoin en raison de cette incomplétude. La métaphysique n'est-elle pas alors un besoin naturel de notre esprit puisque ce manque et ce désir d'aller au-delà de la nature viennent de notre finitude, et en particulier de notre mortalité ? La métaphysique n'a pas toujours eu la forme philosophique qu'elle a prise dans le monde occidental. Son objet est notamment la recherche de la cause première et elle constitue le fondement des croyances d'une société. « Tous les hommes désirent naturellement connaître », écrit Aristote dans le livre A de la *Métaphysique*. Le désir de connaissance ne se traduit pas en science positive dans toutes les sociétés, mais même les récits magiques ou mythologiques sont une expression de ce désir de connaître. Par ailleurs, si ce dernier n'était pas nécessaire, et s'il n'était pas avantageux pour l'homme, nous pourrions supposer qu'il ne serait pas un trait choisi par la sélection naturelle.

## 2. Une mystification asservissante

Pourtant, si l'élan métaphysique semble naturel, son institutionnalisation dans des textes philosophiques prend parfois les traits d'une mystification. Au lieu de nous éclairer, la métaphysique semble plutôt nous égarer et nous exclure par l'emploi de formulations obscures. Dans le *Crépuscule des idoles*, Nietzsche conteste l'existence d'une « autre réalité ». Par cette affirmation, il semble récuser la possibilité d'une métaphysique qui serait la recherche de la cause première, puisqu'il n'y aurait rien à chercher au-delà de notre monde, et au-delà des apparences. Si tel est le cas, la recherche métaphysique pourrait n'être qu'un discours auto-référencé, qui s'auto-justifierait en créant un arrière-monde, que ce même discours se proposerait ensuite d'explorer.

## 3. À la fin des sciences, la métaphysique

Cette mystification que produit le discours métaphysique, si elle semble obscurcir le monde, surgit pourtant au terme de la recherche scientifique. En effet, le positivisme, c'est-à-dire l'idéologie qui considère que seule la science moderne est à même d'expliquer la causalité naturelle, semble conduire à une métaphysique – alors même qu'il la rejette – en raison de l'impossibilité, pour la science positive, de remonter à la cause première des choses et de concevoir une causalité libre. Dans la *Critique de la raison pure*, Kant présente quatre antinomies, dont l'une (la troisième) démontre à la fois l'impossibilité et la nécessité d'une causalité libre : impossible, car cela contrarie la causalité universelle (la causalité libre n'est pas elle-même causée), mais nécessaire, si tous les phénomènes ne peuvent s'expliquer par l'enchaînement des causes et des effets. Si chaque effet est produit par une cause, quelle peut être la cause d'une action libre ? Celle-ci est impossible à comprendre (au sens de l'embrasser par la connaissance), mais on peut toutefois la penser : et c'est là que le besoin de métaphysique se fait jour, au cœur d'un monde scientifique. Ce qu'il y a au-delà de l'expérience peut seulement être pensé, et c'est là la prétention métaphysique.

# Y a-t-il une harmonie du monde ?

Lorsque nous nous demandons s'il y a une harmonie du monde, il s'agit de savoir si nous pouvons trouver, dans le monde, une cohérence. Cela ne revient pas à se demander si le monde est harmonieux, mais s'il existe une harmonie du monde, c'est-à-dire un chant qui vient de lui, ou qui *dit* ce monde et qui répond à cette exigence de cohérence. Ou bien il y a une harmonie du monde, nécessaire, mais cela supposerait un déterminisme universel, ou bien il est possible de concevoir le chaos du monde, notamment du monde humain, car nous ne parvenons pas à trouver le chant harmonique qui vient du monde.

## 1. Le monde est nécessairement harmonieux

Le monde n'a pas besoin de nous. Si nous détruisons l'espèce humaine, si une catastrophe nucléaire détruit la Terre, l'Univers, lui, survivra. Aussi, à condition de s'arracher à l'intérêt que nous portons à notre propre destin, il semble que l'harmonie du monde soit inébranlable : elle parvient toujours à s'équilibrer. Dans les *Essais de Théodicée*, Leibniz soutient que Dieu, lorsqu'il a créé le monde, l'a fait selon les lois de la logique : le monde tel que nous le connaissons est un *optimum*. S'il y a du mal dans notre monde, ce n'est pas que Dieu est imparfait ou impuissant : en raison de sa perfection, il doit créer le meilleur des mondes possibles, et non pas le meilleur des mondes dans l'absolu. Le mal que nous observons n'est pas la marque d'une dysharmonie du monde, mais seulement le symptôme de la logique qu'a dû respecter Dieu dans sa création. Si le monde est harmonieux, c'est aussi malgré nous, en tant que nous ne sommes pas libres : les stoïciens décrivent le cosmos comme un grand orchestre. Nous jouons, que nous le voulions ou non, la partition qui nous est imposée. Le son que nous produisons est harmonieux grâce à cette partition commune, que nous n'avons pas écrite. Le destin et le déterminisme universel sauvent l'harmonie du monde.

**Transition** : Mais si, métaphysiquement, le monde semble nécessairement harmonieux, que faire de notre sentiment de l'absurde ? N'y a-t-il d'harmonie que du monde métaphysique, dont nous n'aurons jamais d'expérience, mais pas d'harmonie du monde humain ?

## 2. Le sentiment de l'absurde face au chaos du monde

Les raisonnements métaphysiques ne suffisent pas à éteindre le sentiment intérieur que nous pouvons avoir que le monde ne tourne pas rond, comme le dit l'expression. Il nous est possible de concevoir que l'univers nous survivra, et pourtant notre monde nous semble souvent pris dans le chaos. Le sentiment de l'absurde nous invite à considérer, à tout le moins, que le monde humain, le monde que nous avons créé, n'est pas harmonieux. Dans *Le Baron perché*, Italo Calvino décrit les aventures d'un jeune garçon, Côme, qui décide de ne plus descendre de l'arbre sur lequel il est monté après avoir refusé de manger un plat d'escargots lors d'un déjeuner de famille. Si cette résolution paraît absurde, elle est peut-être une réponse cohérente à l'image du monde que se fait ce garçon. Son frère, le narrateur du récit, déclare : « On vivait perpétuellement chez nous comme si l'on eût pris part à la répétition générale d'une invitation à la Cour ; mais je sais pas trop laquelle. » Est-ce vraiment la décision de Côme qui est absurde, ou bien l'entêtement de sa famille à faire semblant en toute occasion ? Ce qui nous paraît ordinaire dans le monde n'est peut-être qu'apprentissage social menaçant l'harmonie de ce dernier. L'adulte pourrait être celui qui accepte de faire semblant de vivre dans un monde harmonieux alors qu'il entretient le chaos en produisant un pseudo-monde, celui de la représentation. Côme rétablit l'harmonie du monde en forçant la rupture de la répétition éternelle de mondanités qui lui paraissent insensées.

**Transition** : Si la seule harmonie du monde est une harmonie inaccessible, dont nous ne pouvons avoir d'expérience – puisque nous faisons l'expérience de la liberté, et non de la nécessité –, l'absurde semble la seule réponse humaine que nous puissions y apporter. Mais nous est-il impossible de traduire le monde, notamment lorsqu'il se donne l'apparence du chaos, afin d'entendre son harmonie ?

## 3. La musique des étoiles

L'harmonie du monde pourrait être considérée dans son sens littéral : le monde sonne-t-il juste, ou sonne-t-il faux ? Les mathématiques se divisent en arithmétique, géométrie, astronomie et musique. Si le monde respecte les lois de la logique, comme le soutient Leibniz, alors c'est un monde musical et harmonieux. Une dysharmonie supposerait une extériorité absolue, qui est incompatible avec la notion de monde. Nous pouvons associer à chaque astre un son, à chaque mouvement un rythme. Tout ce que l'on observe peut être traduit en sons et en rythmes, de sorte que toute dysharmonie peut se dissoudre dans la musique orchestrale de l'univers. Le monde est en harmonie, parce qu'il est nécessaire qu'il le soit. Aucun déséquilibre ne peut exister : la croissance de l'univers est harmonieuse, comme le sera sa rétractation. Dans le *Sermon sur la mort*, Bossuet décrit la nature comme nous signifiant « qu'elle ne peut pas nous laisser longtemps ce peu de matière qu'elle nous prête, qui ne doit pas demeurer dans les mêmes mains, et qui doit être éternellement dans le commerce » : le monde n'est que transformation et devenir, et nous nous transformons avec lui, mais lorsque nous le décrivons, nous l'arrêtons dans sa course, nous le figeons dans des mots, ce qui nous rend sourds au rythme de son devenir.

5

# Conclusion et conseils de lectures complémentaires

À ceux qui lisent la conclusion avant d'avoir pris connaissance des sujets : fuyez la tentation du miracle de la réussite sans travail, et mettez-vous à lire le cœur du livre !

Aux autres, qui, après la lecture de ces corrigés, seraient encore inquiets de manquer de références, je vous invite à faire l'acquisition de ces ouvrages :

- *L'Indispensable en culture générale*, de Jean-Marie Nicolle. Avec ce livre, vous vous assurez la maîtrise de toutes les références exigibles lors d'un oral de culture générale (mythologie, sciences et techniques, histoire des idées) ;
- un manuel de philosophie de classe de terminale : on pense rarement à les feuilleter lorsque l'on est élève au lycée, à part lorsque le professeur nous y invite, mais c'est pourtant une ressource précieuse. Les extraits de textes sont accessibles et les explications qui les accompagnent vous mettent, normalement, à l'abri d'un contresens ;
- un ou plusieurs ouvrages de la collection « GF Corpus », sur la ou les notion(s) pour lesquelles vous avez le moins de références, ou le moins d'idées de problèmes philosophiques classiques que l'on formule à partir de ces notions. Je vous conseille tout particulièrement ceux sur *Le Mal* (Claire Crignon), *La Technique* (Jeanne Guien, Hélène Vuillermet), *La Religion* (Michaël Fœssel), *Les Mathématiques* (Nathalie Chouchan), *La Justice* (Magali Bessone).

Au moment où vous découvrez votre sujet, surtout, ne sollicitez pas immédiatement votre mémoire. Répéter n'est pas penser. Et pour réussir, il faut penser.

# Partie 3

# Annexes

# Lexique

**Pour compléter ce lexique, révisez, à l'aide d'un manuel, les distinctions conceptuelles (dits « repères ») du programme de terminale :**

- Absolu/relatif
- Abstrait/concret
- En acte/en puissance
- Analyse/synthèse
- Concept/image/métaphore
- Contingent/nécessaire
- Croire/savoir
- Essentiel/accidentel
- Exemple/preuve
- Expliquer/comprendre
- En fait/en droit
- Formel/matériel
- Genre/espèce/individu
- Hypothèse/conséquence/conclusion
- Idéal/réel
- Identité/égalité/différence
- Impossible/possible
- Intuitif/discursif
- Légal/légitime
- Médiat/immédiat
- Objectif/subjectif/intersubjectif
- Obligation/contrainte
- Origine/fondement
- Persuader/convaincre
- Principe/cause/fin
- Public/privé
- Ressemblance/analogie
- Théorie/pratique
- Transcendant/immanent
- Universel/général/particulier/singulier
- Vrai/probable/certain

| | |
|---|---|
| **Biais cognitif** | Un biais cognitif fait partie du fonctionnement ordinaire du cerveau. Cet organe, comme tout autre organe, cherche à préserver son énergie. Pour cela, il doit parfois ignorer certains éléments de son environnement : les traiter tous serait épuisant. Si l'on parle de biais cognitif, c'est en tant qu'on peut repérer des régularités dans cette ignorance. Le biais de confirmation est un exemple de biais cognitif : le cerveau retient plus facilement les informations qui confirment une idée ou une croyance déjà présente, car il lui est plus facile de traiter le déjà-connu que le nouveau. |
| **Comparaison/ analogie** | La comparaison compare deux termes (un frère et une sœur) alors que l'analogie rapproche le **rapport** entre deux choses, par exemple la **relation** d'un frère à une sœur et la **relation** d'une sœur à une autre sœur. |
| **Complotisme et conspirationnisme** | Le **conspirationnisme** consiste à prêter, à tort, une cause malveillante et intentionnelle à un événement. Le **complotisme**, ou théorie du complot, repose sur la croyance en une organisation, un plan, qui aurait précipité cet événement. Le complotisme est plus restrictif que le conspirationnisme : il s'agit de considérer que le groupe d'individus à l'origine de cet événement est une tête pensante et organisatrice avec une stratégie ficelée, alors que le conspirationnisme n'exclut pas que les objectifs de ce groupe soient divers. |
| **Contrat social** | Contrat, pacte social passé entre des individus, qui scelle le passage de l'état de nature à l'état social. L'état de nature décrit par les philosophes n'est pas un état historique, mais un modèle théorique. |
| **Dichotomie** | Opposition stricte entre deux termes qui s'excluent mutuellement. Hilary Putnam conteste l'idée qu'il y aurait une dichotomie entre fait (associé à l'objectivité et à l'expérience) et valeur (associée à la subjectivité et au jugement moral) dans *Fait/valeur : la fin d'un dogme*. |
| **Doublepensée (ou doublepenser)** | Terme de « novlangue » inventé par George Orwell dans *1984*. Il désigne le fait de savoir une chose et de savoir en même temps son contraire, ou encore, savoir *et* ne pas savoir, ce qui constitue un obstacle au principe de non-contradiction. La doublepensée consiste à accepter cette contradiction, à ne pas l'analyser comme une entorse à la logique. |

| | |
|---|---|
| **Droit positif** | L'ensemble des **lois écrites**. Il s'oppose au **droit naturel**, qui correspondrait aux principes sur lesquels toute loi reposerait, et à l'ensemble des droits que tout individu posséderait en tant qu'être humain. Certains penseurs, notamment Hans Kelsen, contestent l'existence du droit naturel. |
| **En puissance/ en acte** | L'opposition entre la puissance et l'acte peut être expliquée par l'opposition entre la graine et la plante : la plante est en puissance dans la graine, c'est-à-dire qu'elle est déjà présente (sinon elle ne pourrait jamais pousser), mais sa présence est seulement potentielle. Lorsqu'elle grandit, elle passe de la puissance à l'acte, c'est-à-dire qu'elle réalise sa puissance. |
| **Lieu commun** | Autre façon de dire le « cliché ». C'est ce que nous devons éviter en philosophie… |
| **Microhistoire** | La microhistoire est un courant fondé sur la recherche de nouvelles perspectives sur l'histoire. En effet, celle-ci se confond habituellement, notamment dans les manuels scolaires, avec la « grande histoire » : chronologie des guerres, de la formation des États, description des supposés grands événements. La microhistoire prétend raconter le passé à travers la vie de ceux qui y vivaient : pas seulement la biographie des grands personnages de l'histoire, mais celle des individus ordinaires, de leur quotidien. C'est ce que fait notamment Alain Corbin dans *Le Monde retrouvé de Louis-François Pinagot : sur les traces d'un inconnu, 1798-1876*. L'historien a choisi au hasard un nom dans l'état civil et s'est ensuite aperçu que l'individu tiré au sort n'avait laissé, comme seule trace administrative, qu'une croix (il était donc analphabète) sur une pétition contre le tracé d'un chemin. À partir de cette seule trace, Alain Corbin reconstitue sa biographie. |
| **Outil/ instrument/ machine** | L'**outil** peut être actionné par la main. Il sert à réaliser une action, par exemple découper un aliment avec un couteau. L'**instrument** est le prolongement de la main et donne une information sur l'objet sur lequel on l'applique : un couteau plongé dans un gâteau pour vérifier si ce dernier est cuit. La **machine** se distingue par son autonomie : si elle n'est pas nécessairement pourvue d'un moteur, son mécanisme lui permet de produire son propre mouvement. C'est le cas par exemple d'un vélo. |

| | |
|---|---|
| **Parabole de la loi** | Dans *Le Procès* de Kafka, la parabole de la loi est un récit que fait le prêtre à K., l'accusé du roman. Ce récit est censé l'éclairer sur la loi et lui permettre de mieux comprendre sa condamnation, mais K. ne sait quelle morale en tirer. Le prêtre lui-même ne propose pas d'interprétation, mais indique que les « glossateurs » tentent de l'interpréter depuis qu'elle a été formulée. Il semble qu'une plus grande valeur soit accordée à l'interprétation du texte qu'au texte lui-même : ce qui renvoie à la possibilité que K. soit finalement condamné parce que sa propre interprétation de l'accusation l'amenait à se considérer lui-même comme tel. |
| **Relativisme** | Considérer que tous les points de vue se valent. Cela signifie qu'il ne peut y avoir de savoir car ce dernier suppose qu'on puisse distinguer ce qui est vrai de ce qui ne l'est pas. |
| **Sacré et profane** | Le sacré correspond aux objets, entités ou rituels codifiés, associés à une croyance spirituelle. Le profane est le monde de la quotidienneté, l'ensemble des objets qui ne sont pas encadrés par la spiritualité. |
| **Sociologie holiste** | Sociologie qui prend le parti de l'analyse du collectif pour comprendre les comportements de l'individu. Elle a été fondée notamment par Émile Durkheim. Elle s'oppose à la sociologie dite de l'individualisme méthodologique, défendue par Max Weber ou, en France, par Raymond Boudon, qui explique les phénomènes sociaux en s'appuyant sur l'analyse des actions et motivations individuelles. |
| **Syncrétisme** | Le syncrétisme se rapporte le plus souvent au syncrétisme religieux : il correspond au mélange de pratiques et croyances de différentes religions ou doctrines. |

# 2

# Petit répertoire de références

Voici un exemple de répertoire de références. Nous y mentionnons des ouvrages cités dans les différents sujets mais aussi d'autres références. Le but est de vous montrer la liberté que l'on peut se donner dans le ton employé dans un répertoire de références, dans la mesure où on le constitue, idéalement, pour soi-même ! À partir de ce modèle, à vous de vous constituer le vôtre, en choisissant des références que vous comprenez et qui vous paraissent mobilisables sur un vaste éventail de sujets. Ne vous limitez pas à la philosophie : films, romans, poésies, performances artistiques peuvent enrichir votre répertoire.

Vous pouvez constituer ce répertoire sur une feuille de calcul, pour classer plus facilement vos références.

Exemple de tableau :

| Auteur | Titre de l'œuvre | Date | Bref résumé ou argument(s) à retenir | Citation(s) | Notion 1 | Notion 2 |
|---|---|---|---|---|---|---|
| | | | | | | |

| Auteur | Titre de l'œuvre | Date | Bref résumé ou argument(s) à retenir | Citation(s) | Notion 1 | Notion 2 |
|---|---|---|---|---|---|---|
| Walter Benjamin | *L'œuvre d'art à l'ère de sa reproductibilité technique* | 1939 | – L'œuvre d'art a toujours été reproductible. On peut imiter le tableau d'un maître. Ce qui change avec la reproductibilité technique ou mécanique, c'est qu'on ne peut plus distinguer l'original de la copie, or le sacré de l'œuvre d'art reposait sur cette distinction. L'aura de l'œuvre d'art semble reposer sur la possibilité qu'il y ait un original.<br>– La reproductibilité permet la plus grande « exposabilité » de l'œuvre d'art, mais le fait qu'elle soit visible de tous met en péril son aura.<br>– L'intérêt de la photographie pour le portrait (capture du visage humain) est peut-être l'ultime trace de l'aura de l'œuvre.<br>– Dans la photographie, la valeur d'exposition supplante la valeur rituelle.<br>– La guerre moderne comme point culminant de l'esthétisation de la vie politique (cf. futurisme). | « L'élan que l'homme de l'âge de la pierre dessine sur les murs de sa grotte est un instrument de magie, qu'il n'expose que par hasard à la vue d'autrui. » | Art | Technique |

| Auteur | Titre de l'œuvre | Date | Bref résumé ou argument(s) à retenir | Citation(s) | Notion 1 | Notion 2 |
|---|---|---|---|---|---|---|
| Donna Haraway | *Manifeste cyborg et autres essais* | 1984 | « Savoirs Situés » : elle reprend la théorie de Sandra Harding sur la nécessité de situer les savoirs, c'est-à-dire de dire d'où l'on parle. Elle conteste la notion d'objectivité, qu'elle considère comme un mythe.<br>« Le patriarcat de Teddy Bear » : Donna Haraway part de sa visite d'un musée de taxidermie de New-York pour montrer en quoi ce dernier est une refondation du mythe de l'homme occidental. Elle mentionne aussi la transformation de l'œil du chasseur en œil du photographe, dans la même volonté d'appropriation du monde.<br>« Le témoin modeste » : elle explique la construction du mythe du témoin modeste dans la science moderne, qui est un sujet pseudo-objectif. Dans la mesure où l'objectivité se construit autour de ce sujet et par ce sujet, tous ceux qui ne lui ressemblent pas sont exclus de l'objectivité scientifique (les femmes, les hommes non-blancs). | « Savoirs situés » : « Objectivité » : « truc divin qui consiste à voir tout depuis nulle part » ;<br>« Le relativisme est une façon d'être nulle part tout en prétendant être partout de la même manière. L'"égalité" de positionnement est un déni de responsabilité et de questionnement critique. »<br>« Le patriarcat de Teddy Bear » : « Dans cette comédie sérieuse qu'est le safari écologique, les fusils se sont métamorphosés en appareils-photos parce que la nature a cessé d'être ce qu'elle avait toujours été – ce dont les gens avaient besoin de se protéger. Maintenant, la nature – apprivo sée, exposée au danger, mortelle – a besoin d'être protégée. Quand on a peur, on tire. Mais quand on est nostalgique, on prend des photos. (Sontag 1977 : 15). »<br>« Le témoin modeste » : « Il témoigne ; il est objectif ; il garantit la clarté et la pureté des objets. Sa subjectivité est son objectivité. Ses récits ont un pouvoir magique – ils perdent toute trace de leur histoire comme narrations, comme produits de projets partisans, comme représentations contestables, comme documents construits capables de définir les faits. Les récits deviennent des miroirs clairs, des miroirs complètement magiques, sans jamais faire appel à ce qui relève du transcendantal ou du magique. » | Science | Nature |

| Auteur | Titre de l'œuvre | Date | Bref résumé ou argument(s) à retenir | Citation(s) | Notion 1 | Notion 2 |
|---|---|---|---|---|---|---|
| Jacques Tati | *Playtime* | 1967 | – Début : aéroport, différents plans.<br>– Dans les bureaux : chassé-croisé ; la machine aux mille boutons de différentes couleurs, les bruitages plus forts que les voix. L'ascenseur autonome. Se manquer, quand on est de deux côtés d'une même cloison.<br>– Foire au mobilier : M. Hulot et ses gags. La poubelle colonne grecque, le balai avec deux phares, les portes qui claquent « dans un silence d'or ».<br>– Les quatre salons, comme des vitrines qu'on observe depuis la rue. Les télévisions dans les murs mitoyens : faux strip-tease.<br>– Le restaurant Royal Garden : la spirale fléchée qui force celui qui sort à faire demi-tour sur lui-même et à revenir dans le restaurant ; le bouton de porte que le portier tient dans sa main.<br>– Les marques des chaises dans le dos des clients : condition d'entrée à la soirée dans la soirée qu'organise l'Américain suite à la chute d'une partie du décor qui délimite un espace dans le restaurant.<br>– Le drugstore : les gâteaux qui ressemblent à de la pâte à modeler ; le tourniquet pour sortir qui ralentit M. Hulot, mais le foulard cadeau parvient à Barbara, accompagné d'un brin de muguet dont les lampadaires se font l'écho.<br>– Le rond-point manège ou carrousel : les voitures forment un ballet qui, un instant, s'arrête (on a confondu un paquet et un enfant). Quelqu'un met une pièce dans le parcmètre et le manège repart, on danse sur commande, au gré des pièces.<br>– **Fils conducteurs** : la fleuriste que Barbara veut prendre en photo ; le serveur qui sert de porte-pièces de rechange pour parer les ennuis qui arrivent aux autres serveurs (parallèle avec un corps qui sert pour ses organes ?). | | Société de consommation | Art |

| Auteur | Titre de l'œuvre | Date | Bref résumé ou argument(s) à retenir | Citation(s) | Notion 1 | Notion 2 |
|---|---|---|---|---|---|---|
| Jean-Luc Godard | *Alphaville, une étrange aventure de Lemmy Caution* | 1965 | Lemmy Caution arrive à Alphaville.<br>À l'hôtel, on lui parle de façon mécanique.<br>Il cherche Henry Dickson, un autre agent secret venu à Alphaville. Celui-ci lui dit qu'Alphaville n'est plus que technique. Il n'y a plus d'artiste. De fait, Alpha60 (un ordinateur) contrôle la ville, notamment par des statistiques et des probabilités. Il prévoit les conséquences dites logiques de chaque action.<br>E=mc2 et E=Hf apparaissent à de nombreuses reprises ; société contrôlée par les équations, la logique. | Scènes : cérémonie de mise à mort à la piscine, le condamné crie son indignation, puis est fusillé sur le plongeoir, cinq nageuses récupèrent le corps tout en pratiquant un semblant de nage synchronisée.<br>Dans le taxi : « Qu'est-ce que vous faites dans la vie ? » « Je travaille » (long silence avant la profession). | Technique | Travail |

| Auteur | Titre de l'œuvre | Date | Bref résumé ou argument(s) à retenir | Citation(s) | Notion 1 | Notion 2 |
|---|---|---|---|---|---|---|
| Ivan Gontcharov | *Oblomov* | 1859 | Casta Diva, chante Olga ; elle émeut Ilia Ilitch aux larmes : l'encroûté Oblomov ne part plus à Paris rejoindre Stolz, son ami d'enfance allemand. Surtout, il n'a plus peur de se mettre debout, de marcher : il multiplie les promenades au jardin, pour croiser Olga, et le déménagement qui l'inquiétait durant deux cents pages n'est plus qu'une formalité que le narrateur s'abstient alors de mentionner. On retrouve Oblomov dans sa nouvelle villa, sans poussière et sans les parasites qu'étaient les amis d'avant qui venaient pour dîner ou souper et, si l'opportunité se présentait, pour récupérer quelques pièces de monnaie qui traînaient sur une table. Oblomov, maladif, gras, noyé dans le sommeil, retrouve un instant l'éclat diamantin de l'œil pris dans un rêve, celui de se retirer dans l'Oblomovka en compagnie de la douce Olga. Avant cette rencontre, il projette au loin le songe de cette vie paisible, la même que celle de tous ses ancêtres, pendant qu'autour de lui les mouchoirs et les vieux papiers s'entassent et qu'il mène une vie que Stolz qualifie d'Oblomovtchina, une version éteinte de l'Oblomovka, une vie d'attente et de rentier, quand Stolz plaide pour une vie d'affaires, d'investissement et d'agitation, en voyage dans toutes les capitales. Stolz c'est Pétersbourg, tourné vers l'Europe de l'Ouest, quand Oblomov est Moscou – quoique n'y ayant jamais vécu –, nostalgique d'une Russie centrée sur elle-même et qui n'appartient à aucun temps. Mais la rencontre fane comme le lilas : le chant d'Olga portait en lui le drame de la vie d'Oblomov, et sa chute du jardin au divan. | « La position allongée n'était pas pour Oblomov un besoin, comme elle l'est pour un malade ou quelqu'un qui a sommeil. Ce n'était pas un hasard, comme pour un homme fatigué ; pas non plus une volupté, comme elle peut l'être pour un paresseux : c'était l'état normal. » | Métaphysique | Temps |

| Auteur | Titre de l'œuvre | Date | Bref résumé ou argument(s) à retenir | Citation(s) | Notion 1 | Notion 2 |
|---|---|---|---|---|---|---|
| Pierre Bourdieu | *La Distinction* | 1979 | Ouvrage appuyé par des enquêtes au sujet des goûts esthétiques (musique, peinture) des individus interrogés. Bourdieu formule la thèse que la classe sociale dominante se distingue par ses goûts esthétiques : elle est anticonformiste, refuse les références connues de tous.<br>Cette distinction peut en partie expliquer pourquoi l'école échoue dans son projet méritocratique : elle transmet seulement les classiques, qui ne permettent pas de se distinguer (notamment lors d'un concours). Ce qui fait l'excellente note d'un étudiant, ce sont ses références distinctives, celles que l'école ne lui donne pas. | « La distinction bourgeoise se définit toujours, tant dans la manière de parler que dans la manière de tenir le corps, par la détente dans la tension, l'aisance dans la tenue et la retenue, combinaison rare, hautement improbable, de propriétés antagonistes. »<br>« L'"œil" est un produit de l'histoire reproduit par l'éducation. […]<br>Le regard "pur" est une invention historique qui est corrélative de l'apparition d'un champ de production artistique autonome, c'est-à-dire capable d'imposer ses propres normes tant dans la production que dans la consommation de ses produits. » | Art | Société |

| Auteur | Titre de l'œuvre | Date | Bref résumé ou argument(s) à retenir | Citation(s) | Notion 1 | Notion 2 |
|---|---|---|---|---|---|---|
| Simone Weil | *La Condition ouvrière* | 1937 | Après avoir été reçue à l'agrégation de philosophie, Simone Weil travaille à l'usine pendant plusieurs mois pour comprendre ce travail de l'intérieur. Elle en fait le récit dans plusieurs lettres.<br>Simone Weil se demande comment rendre le travail ouvrier moins aliénant. Elle ne plaide pas pour la disparition du travail manuel. Les ouvriers n'ont pas les outils pour penser leur propre travail, ni pour parler de celui-ci, ce qui constitue un obstacle à la prise de conscience sociale des conditions du travail à l'usine.<br>Pour rendre ce travail épanouissant, il faut limiter la répétition imposée aux ouvriers, par exemple en confiant ces tâches à des machines. Il faut aussi rendre l'usine familière aux ouvriers, qui devraient visiter tous les postes de travail et comprendre la position qu'ils occupent dans la production. Il faut changer le moteur de l'ouvrier, et remplacer la peur d'être licencié en fierté de travailler au sein d'une usine que l'on connaît, et que l'on peut même faire visiter à ses proches. | « Quand je dis machinal, ne croyez pas qu'on puisse rêver à autre chose en le faisant, encore moins réfléchir. Non, le tragique de cette situation, c'est que le travail est trop machinal pour offrir matière à la pensée, et que néanmoins il interdit toute autre pensée. Penser, c'est aller moins vite ; or il y a des normes de vitesse, établies par des bureaucrates impitoyables, et qu'il faut réaliser, à la fois pour ne pas être renvoyé et pour gagner suffisamment (le salaire étant aux pièces). » | Travail | Technique |

| Auteur | Titre de l'œuvre | Date | Bref résumé ou argument(s) à retenir | Citation(s) | Notion 1 | Notion 2 |
|---|---|---|---|---|---|---|
| Simone de Beauvoir | *Le Deuxième Sexe* | 1949 | – L'histoire de la femme se « confond » avec l'histoire de l'héritage. La femme exclue de la succession, de la propriété privée. Nécessité que les femmes soient monogames pour assurer que la succession soit transmise à des enfants **légitimes**, c'est-à-dire les enfants du mari légitime.<br>– Comparaison entre la femelle dans le règne animal et la femme en société : l'opposition entre mâle et femelle n'est pas universelle. Les gamètes des deux sexes peuvent appartenir à un même individu dans le règne animal.<br>– Montre comment la femme a été définie comme « l'Autre ».<br>– Son raisonnement (livre I) s'organise en trois étapes : une analyse des arguments biologiques, psychanalytiques, et de ceux du matérialisme historique. | « Il y a dans l'attitude des hommes d'aujourd'hui une duplicité qui crée chez la femme un déchirement douloureux ; ils acceptent dans une assez grande mesure que la femme soit une semblable, une égale ; et cependant ils continuent à exiger qu'elle demeure l'inessentiel ; pour elle, ces deux destins ne sont pas conciliables ; elle hésite entre l'un et l'autre sans être exactement adaptée à aucun et c'est de là que vient son manque d'équilibre. »<br>« Les femmes – sauf en certains congrès qui restent des manifestations abstraites – ne disent pas "nous" ; les hommes disent "les femmes" et elles reprennent ces mots pour se désigner elles-mêmes ; mais elles ne se posent pas authentiquement comme Sujet. » | Nature | Société |

| Auteur | Titre de l'œuvre | Date | Bref résumé ou argument(s) à retenir | Citation(s) | Notion 1 | Notion 2 |
|---|---|---|---|---|---|---|
| Kiki Smith | *Woman on Pyre* | 2001 | Statue de bronze qui représente une femme sur un bûcher. Les représentations des femmes de Kiki Smith se distinguent des représentations habituelles du corps des femmes qui est soit sexualisé, soit loué en raison de sa pureté (qu'on suppose virginale). Les statues et gravures de Kiki Smith mettent en scène des femmes en action, ou dans des situations autres que celle du désir ou de la foi. Par exemple, dans *Woman on Pyre*, Kiki Smith dédie un monument honorifique à une sorcière. Celle-ci n'est pas supposée maléfique, elle écarte les bras en signe de rassemblement, ou de paix, au moment même où elle est condamnée à être brûlée vive. Le matériau (bronze) donne au corps une force que n'a pas, par exemple, la douceur du marbre poli. |  | Art | Féminisme |

| Auteur | Titre de l'œuvre | Date | Bref résumé ou argument(s) à retenir | Citation(s) | Notion 1 | Notion 2 |
|---|---|---|---|---|---|---|
| Nassim Nicholas Taleb | *Le Cygne noir*<br>*Antifragile* | 2007, 2012 | – Pourquoi les modèles ne peuvent prévoir les crises ; ces modèles s'appuient sur des probabilités et sur des données **passées**. Ils ne peuvent pas prévoir de nouveauté, donc celle-ci ne peut émerger de données **existantes**. Pour fonctionner, les modèles sont obligés **d'ignorer les options très peu probables**, or ce sont ces options très peu probables (les « cygnes noirs ») qui produisent les plus grands bouleversements (crises).<br>– Solution : promouvoir notre **antifragilité**, qui fait partie du vivant, plutôt que d'essayer de l'ignorer par des algorithmes de prévision. | « Ce que nous appelons ici "cygne noir" est un événement qui présente les caractéristiques suivantes :<br>Premièrement, il s'agit d'une aberration ; de fait, il se situe en dehors du cadre de nos attentes ordinaires, car rien dans le passé n'indique de façon convaincante qu'il ait des chances de se produire. Deuxièmement, son impact est extrêmement fort. Troisièmement, en dépit de son statut d'aberration, notre nature humaine nous pousse à élaborer après-coup des explications concernant sa survenue, le rendant ainsi explicable et prévisible. » | Société | Science |

Achevé d'imprimer en mai 2021
sur les presses de la Nouvelle Imprimerie Laballery
58500 Clamecy
Numéro d'impression : 104294

*Imprimé en France*

La Nouvelle Imprimerie Laballery est titulaire de la marque Imprim'Vert®